片马茶山人及其语言
Chashan Nationality and Their Language in Pianma

戴庆厦　主编

Edited by
Dai Qingxia

作者　戴庆厦　余金枝　余成林　林新宇
　　　朱艳华　范丽君　普建雄

Authors　Dai Qingxia　Yu Jinzhi　Yu Chenglin　Lin Xinyu
　　　　Zhu Yanhua　Fan Lijun　Pu Jianxiong

特约审稿人　祝林荣（怒江景颇族）
Special Reviewer　Zhu Linrong（Jingpo）

商务印书馆
The Commercial Press
Beijing

图书在版编目(CIP)数据

片马茶山人及其语言/戴庆厦主编.—北京:商务印书馆,2010
(新时期中国少数民族语言使用情况研究丛书)
ISBN 978-7-100-06906-9

Ⅰ.片… Ⅱ.戴… Ⅲ.景颇语－语言调查－调查研究－中国　Ⅳ.H259

中国版本图书馆 CIP 数据核字(2009)第 235700 号

所有权利保留。
未经许可,不得以任何方式使用。

PIÀNMǍ CHÁSHĀNRÉN JÍQÍ YǓYÁN
片马茶山人及其语言
戴庆厦　主编

商 务 印 书 馆 出 版
(北京王府井大街36号 邮政编码 100710)
商 务 印 书 馆 发 行
北京瑞古冠中印刷厂印刷
ISBN 978-7-100-06906-9

2010年6月第1版　开本 787×1092 1/16
2010年6月北京第1次印刷　印张 14½
定价:60.00元

作者和特约审稿人在茶山人新居前

目　录

第一章　片马茶山人的社会人文状况 …………………………………… 1
　第一节　片马茶山人的人口、地理状况 ………………………………… 1
　第二节　片马茶山人及各支系的历史来源 ……………………………… 8
　第三节　片马茶山人的文化特色 ………………………………………… 11

第二章　片马茶山人的语言使用情况 …………………………………… 14
　第一节　茶山语仍是片马茶山人的主要交际工具 ……………………… 14
　第二节　片马茶山人普遍兼用汉语和其他民族语言 …………………… 19
　第三节　片马茶山人青少年的语言使用情况 …………………………… 23
　第四节　片马茶山人多语和谐的特点、成因及其意义 ………………… 42

第三章　片马、岗房、古浪语言使用个案研究 ………………………… 52
　第一节　片马语言使用情况个案分析 …………………………………… 52
　第二节　岗房语言使用情况个案分析 …………………………………… 65
　第三节　古浪语言使用情况个案分析 …………………………………… 77

第四章　片马茶山人的语言特点 ………………………………………… 84
　第一节　片马茶山语的语音系统 ………………………………………… 84
　第二节　片马茶山语的语法特点 ………………………………………… 88
　第三节　片马茶山语的词汇特点 ………………………………………… 106
　第四节　片马茶山语与勒期语的比较 …………………………………… 118

附录 ………………………………………………………………………… 144
　一　访谈录 ………………………………………………………………… 144
　二　片马茶山语与潞西勒期语 1000 词对照 …………………………… 151
　三　片马茶山语例句集 …………………………………………………… 175
　四　调查日志 ……………………………………………………………… 182
　五　有关片马的记录照片 ………………………………………………… 184

历史篇 ………………………………………………………………… 184

现状篇 ………………………………………………………………… 193

田野调查篇 …………………………………………………………… 218

参考文献 ………………………………………………………………… 226

后记 ……………………………………………………………………… 227

Contents

Chapter 1 Social and Human Conditions of Chashan Nationality in Pianma ·················· 1

1.1 The population and geographical conditions in Pianma ················ 1
1.2 The historical origin of each branch of Chashan nationality ················ 8
1.3 The ethnic and cultural identity of Chashan nationality ················ 11

Chapter 2 The Language Use of Chashan Nationality in Pianma ·················· 14

2.1 The Chashan language is still the most important language of the Chashan nationality for communication ················ 14
2.2 The Chashan people in Pianma can generally use either Chinese or other ethnic languages ················ 19
2.3 The status quo of language use of Chashan teenagers in Pianma ················ 23
2.4 The characteristics, causes and significance of the harmonious multi-lingual use in Pianma ················ 42

Chapter 3 Case Studies of Language Use in Pianma, Gangfang and Gulang ·················· 52

3.1 Analysis of language use in Pianma ················ 52
3.2 Analysis of language use in Gangfang ················ 65
3.3 Analysis of language use in Gulang ················ 77

Chapter 4 The Characteristics of the Chashan Language in Pianma ·················· 84

4.1 The phonological system of the Chashan language in Pianma ················ 84
4.2 The grammatical features of the Chashan language in Pianma ················ 88
4.3 The lexical features of the Chashan language in Pianma ················ 106
4.4 The contrast of Leqi language and Chashan language ················ 118

Appendices 144
   I Interviews 144
   II 1000 words of the Chashan language and Leqi language 151
   III Selected sentences of the Chashan language 175
   IV The journal of this investigation 182
   V Photographs of Pianma 184
       Photographs of Pianma's history 184
       Photographs of today's Pianma 193
       Photographs of our field investigation 218

References 226

Postscript 227

第一章　片马茶山人的社会人文状况[①]

第一节　片马茶山人的人口、地理状况

一、泸水县概况

片马属于云南省泸水县。泸水县地处云南省西部偏北、怒江傈僳族自治州南部,位于东经98°34′—99°09′,北纬25°33′—26°32′之间。东靠碧罗雪山与兰坪、云龙两县相邻,南接保山市,西与腾冲县和缅甸联邦共和国毗邻,北连福贡县。县域东西横距58公里,南北纵距95公里。国境线长136.24公里。总面积3203.04平方公里。全县林地、草地等占全县总面积的94.2%,而耕地面积只有16.65万亩,仅占5.8%。

泸水,西汉时属益州郡的比苏县。东汉、西晋、东晋时属永昌郡。宋代属金齿郡。明末清初置老窝、六库、登埂、卯照、鲁掌五土司,分属大理府的云龙县及永昌府的保山县。民国2年（公元1913年）为边防需要,将五土司地设为泸水行政委员区,仍保留土司制度,隶属腾越道。民国18年（公元1929年）,云南沿边一线设置督办,泸水属第一殖边督办公署（驻腾冲）管辖。民国21年（公元1932年）,改设泸水设治局,仍属腾冲督办公署。民国26年（公元1937年）抗日战争爆发后,泸水先属第六区行政督察专员公署,后属第十二区行政督察专员公署（驻保山）。民国37年（公元1948年）1月,泸水由第十二区改属第十三区行政督察专员公署（驻维西）,同年11月又划回归第十二区管辖。1950年1月13日泸水宣布和平解放,同时成立泸水人民临时政务委员会,设置于鲁掌。同年6月1日成立泸水设治局,隶属于保山专区。1951年2月,成立泸水县人民政府。1954年,怒江傈僳族自治区成立,泸水由保山专区划归怒江区管辖。1957年成立怒江傈僳族自治州,泸水属怒江州管辖。

[①] 本章除了课题组的实地调查材料以及泸水县文化局和片马镇镇政府提供的相关资料外,还参考并引用了以下文献的部分内容:景颇族简史编写组（1983）,《景颇族简史》,云南人民出版社;云南省泸水县志编纂委员会（1995）,《泸水县志》,云南人民出版社;云南民族事务委员会（1999）,《景颇族文化大观》,云南民族出版社;郭老景（1999）,《景颇族风俗文化》,德宏民族出版社;龚佩华、陈克进、戴庆厦（2006）,《景颇族》,民族出版社;景颇族简史编写组、景颇族简史修订本编写组（2008）,《景颇族简史》,民族出版社。特此致谢。

图 1-1

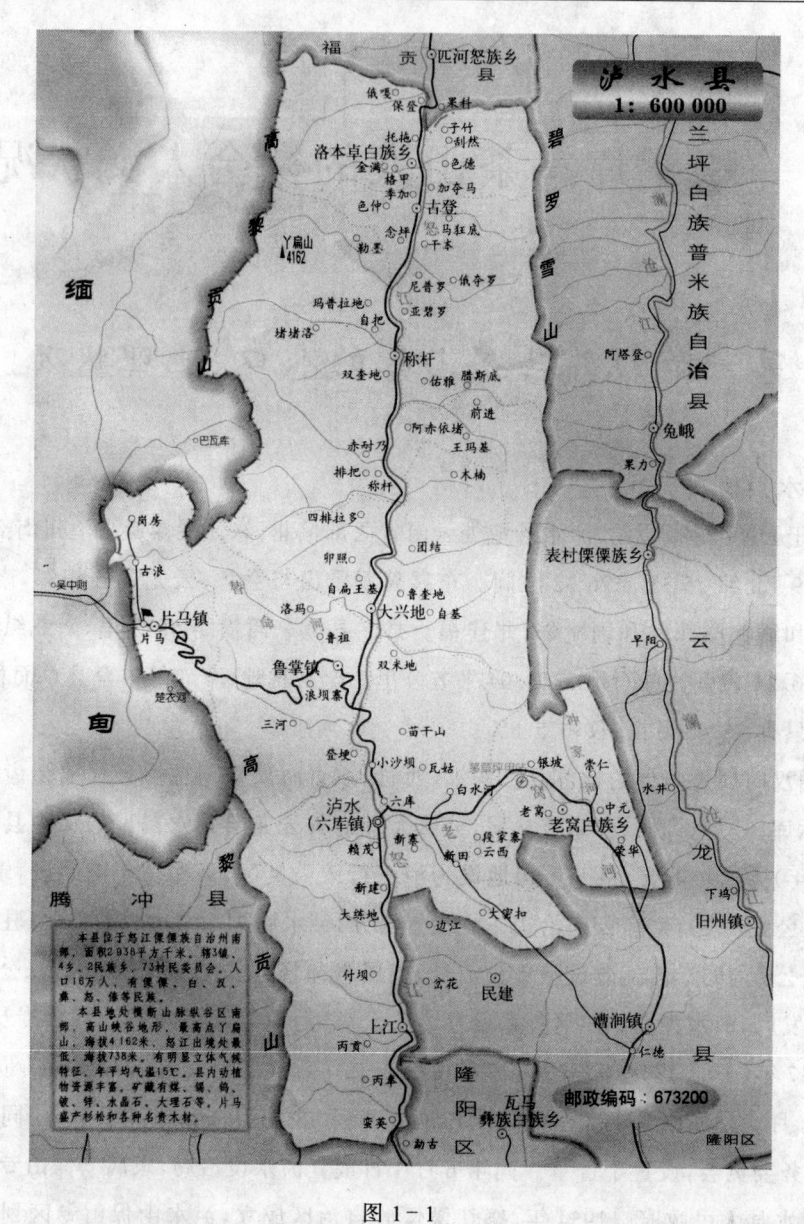

泸水县现辖六库镇、鲁掌镇、片马镇、老窝乡、上江乡、大兴地乡、称杆乡、古登乡、洛本卓乡,共3镇6乡,71个村民委员会,2个社区居委会。全县总人口171974人(2000年第五次人口普查)。境内有傈僳、汉、白、彝、景颇等21个民族,少数民族人口13.3万人,占总人口的77.3%。

2004年1月5日,民政部批准(民函[2004]1号)将泸水县人民政府驻地由鲁掌镇迁至六库镇。

泸水地处横断山脉南端的滇西纵谷区,是个高山峡谷县。东部碧罗雪山与西部高黎贡山夹怒江由北向南纵贯全境,呈"V"字地形,地势北高南低;东西两大山脉纵横交错,高峰林立,最高海拔达4161.6米,最低海拔为738米。有片马河、怒江、楚依大河等54条河流,分属伊洛瓦底江和怒江两大水系。怒江大峡谷属于世界第二大峡谷,山高谷深,地势险峻,被称为"神奇的东方大峡谷"。全县气候因海拔差异呈垂直分布,有着明显的立体气候特征,可分为南亚热带、中亚热带、北亚热带、暖温带、温带、寒温带、亚寒带、寒带等8个气候带。"一山有四季,十里不同天"。

特殊的地理环境,多样的气候类型,构成泸水极为丰富的自然资源。被生物学家誉为"植物王国"、"哺乳动物祖先分化的发源地"、"世界雉鹑类的乐园"。

泸水由于地处峡谷,山高坡陡,故耕地旱地多、水田少。县境海拔1500米以下的河谷区年均气温20℃左右,极高气温39.8℃,长夏无冬和霜冻,是泸水粮食和经济作物的主产区。泸水县地形地貌的复杂性,立体气候显著,适合多种植物的生长发育。主要农作物有玉米、水稻、小麦以及蚕豆、大豆、薯类等。主要经济作物有油菜、甘蔗、麻类、烟草、棉花、芝麻、向日葵等。气候、土壤和森林植被随海拔的升高,都有着明显的不同,构成了泸水山地森林的垂直分布。主要的经济林木有核桃、油桐、漆树、橘子、棕榈、木瓜、花椒、茶叶、梅子、草果等。全县森林面积355.24万亩,森林覆盖率为44.2%。

全县已经探明和开采的有锡、铜、铍、钨、铅、锌、钢等金属矿和大理石、水晶石、煤、汉白玉、闪锌石等非金属矿。

境内植物共有180余科,600多属,1300多种。鸟类528种,兽类103种,昆虫2400种。其中列入国家重点保护的有羚羊、白眉长臂猿、印度虎、金钱豹、穿山甲、毛额黄麂、水鹿以及红腹角雉、绿孔雀、白鹇、锦鸡等。境内有高等植物1000多种,其中楠木、铁杉、红椿、鹅掌楸、桢楠、水莲、垂枝香柏、白克木、大树杜鹃、红豆杉、杜仲、厚朴等20多种为国家保护的珍稀树种。

全县水能资源理论蕴藏量为47.43万千瓦(不包括怒江和糯千卡河)。目前,水能利用仅占总量的12.6%。

境内雄、奇、险、秀的峡谷和山川,孕育了各具特色的旅游景点和景观。有高黎贡山、碧罗雪山神秘的原始森林;有鲜为人知、清澈见底的高山听命湖;有雄伟壮观的滴水河"阴阳瀑布";有历史悲壮的片马抗英胜利纪念馆、纪念碑;有享誉中外的抗日驼峰航线以及曾经穿越高黎贡山挑战生命极限飞行区的驼峰C-53坠机;有被世人誉为"天籁之音"的傈僳族无伴奏多声部合唱"摆时"和"上刀杆"、"下火海"等民间特技,以及傈僳族、彝族特有的绚丽多姿的民族风情等。它们正以其无穷的魅力成为无数旅游者心目中一睹为快的神秘胜地。

多年来,通过历届县委、县政府卓有成效的工作,泸水在基础设施、生态环保、扶贫攻坚、计划生育、科教文卫、精神文明和民主法制建设等方面取得了令人瞩目的成就,各项事业得到了长足的发展。2002年,全县GDP完成4.4亿元,实现工农业总产值3.37亿元,农村经济总收入1.59亿元,农民人均纯收入1005元,农民人均有粮429公斤。

二、片马镇概况

片马镇是中国云南省怒江傈僳族自治州泸水县下属的一个镇,位于横断山脉高黎贡山西坡,西、南、北三面与缅甸克钦邦接壤,东与泸水县鲁掌镇相连。

片马地区在历史上多属云南地方政权的管辖。唐、宋时期为南诏、大理国西域领地。元属云龙甸军民府。明永乐二年(公元1404年)设茶山长官司,属永昌府。清顺治五年(公元1684年),六库土司段绚因镇压片马茶山人民反抗长官司有"功",得地"三百里",于是,片马属六库土司管辖。清雍正年间(公元1723—1735年)分设登埂土司,片马归登埂土司管辖。光绪十一年(公元1885年),英国并吞缅甸,继而向云南边境进犯,中缅边境问题日渐突出。清朝末年,由于清政府的昏庸腐败,英国同清政府驻英公使薛福成于1894年签订《中英续议滇缅界务商务条款》,1897年又签订《中英滇缅界务商务续议附款》,这两个不平等条约错误地规定中国和缅甸以高黎贡山分水岭为界,并据此认为片马应当归属英属缅甸。由此产生了边界纠纷。

1900年2月3日,英军千余人试图占领片马,但是遭到当地土司守备左孝臣的抵抗。左孝臣战死。"片马事件"发生后,腾越总兵张松林派部往援,英军撤回缅甸。1905年3月7日(清光绪三十一年二月初二),英国驻腾越领事列敦与中方代表腾越关道石鸿韶会勘两地边界,列敦表示承认片马地区中国主权,但提出以1500银元"永租"之,遭到石的拒绝。

1910年底,英国派出一支2000人的部队进攻片马。次年1月4日,英军占领片马,遭到登埂土司派驻当地的头人勒墨夺扒率当地景颇、傈僳、独龙等群众的反抗。直到辛亥革命后的1913年,英军方遭到中华民国正规军的抵抗,迫使英国侵略军投降,部分英军被迫撤出片马。但是英国侵略军侵占片马的野心不死,部分英军仍赖在片马不走。此后,英国在片马设立官吏进行实际管理,但中国政府一直未予承认。1941年,英国趁中国对日抗战处于困难时期,以关闭滇缅公路为威胁,与中国政府签订了边界换文,企图形成对片马占领的合法化。但是具体界限尚未勘定时,爆发了太平洋战争。日军占领了缅甸,并入侵云南西部,片马也被占领。

1944年5月17日,中国军队收复片马。但在英方压力下,不久又退出。1948年缅甸独立后接管了片马。1960年1月28日,中、缅在北京签订《中缅边界协定》,缅甸政府同意将片马、古浪、岗房地区划归中国。6月4日,缅方正式将片古岗地区归还中国。

片马与古浪、岗房地区回归祖国怀抱后,建立了片古岗特区,为县级建制。于上片马设置"中共片古岗工作委员会"和"片古岗行政管理委员会"机构,直接受丽江地委和丽江专署领导。1966年9月,云南省委批准将片古岗特区划归泸水县管辖,设为片古岗区,下设片马、古浪、岗房3个乡。1986年改为片马乡,1995年撤乡建片马镇。1991年,片马被云南省政府批准为滇西北的国家级二类对外开放口岸。1998年,怒江州委、州政府批准成立泸水县片马口岸管理委员会,对片马口岸实行统一管理,口岸逐步走向规范化管理。

在这块曾经被外国侵略者践踏的国土上,现在盖起了一幢又一幢的新式楼房,修建了国防公路,建立了多座水力发电站,开办了学校、医院,开展了民族贸易。各族人民走上了奔小康的道路,生产一年比一年发展,生活一年比一年改善,各民族的干部不断茁壮成长。边民互市活动,增进了中缅两国边民的交流和团结。

片马镇的面积为153平方公里,东西宽8公里,南北长24公里。国境线全长64.44公里。

镇政府所在地距怒江州府六库96公里，距省会昆明731公里，距缅甸北部密支那195公里（直线距离不到50公里），距边境线（国门）1.5公里。

片马镇政府所在地海拔1897米。片马镇下辖片马、古浪、岗房、片四河4个村委会和景朗居委会，共有13个村民小组和8个居民小组。共有居民595户，常住人口1844人。平均每平方公里11.37人。其中，少数民族人口1670人，占全镇总人口的90.56%，主要有景颇、傈僳、白、汉等8个民族。耕地面积2236亩，其中水田815亩，旱地1421亩。粮食作物主要是水稻、玉米和苦荞。经济作物主要是木瓜、梅子、核桃、木耳和草果等。

片马虽然地处西部偏僻的边陲，却有着得天独厚的地理优势和鲜为人知的革命传统。在我国的近代史上，写下了光荣的一页。

为了纪念片马人民的英勇斗争，也为了给后世留下永久的纪念，1985年初开始筹建"片马抗英英雄纪念馆"和"片马抗英英雄纪念碑"。当年总书记胡耀邦到怒江视察工作时，高度评价和赞扬了片马人民的抗英斗争精神，并亲自题字"片马人民抗英胜利纪念碑"。

还为了纪念二战阵亡战士，在片马镇修建了"怒江驼峰航线纪念馆"。驼峰航线，是二战时期的空中走廊，是一条世界上海拔最高、地理环境最艰险、气候条件最恶劣的航空运输线。航线所经过的地区，长年冰天雪地，有地球上最高的山峰——珠穆朗玛峰，有世界上最深的峡谷——怒江大峡谷。从飞机上俯瞰，山峦起伏如驼峰，故美军飞行员浪漫地称之为"驼峰航线"。在1942年至1945年的1000余个日日夜夜里，驼峰航线为中国的抗日战争运输物资70万吨，对中国抗日战争的胜利起到了非常重大的作用，为中国抗日战争和世界反法西斯战争的胜利作出了巨大贡献。但是这条航线也损失了468架飞机和1579名中美飞行员和机组人员，其中90%的飞机因为恶劣的气候而坠毁。因此，这条航线也是世界航空史上最惨烈的一条"死亡航线"。

二战时期，为了打通滇缅地区的交通，这里开辟了最奇险的滇缅公路。滇缅公路是二战时期援华物资的唯一陆上通道。通过这条通道，解决了中国—缅甸—印度之间的交通运输问题，承担了抗战军用物资和经贸货物出口的繁重任务，被称为祖国西南地区的"大动脉"，为二战的最后胜利起到了关键的作用。由于有两三千人为修筑滇缅公路献出了自己的生命，这条公路又被称为血肉筑成的"新长城"。

这里还是祖国的边防前哨，是怒江傈僳族自治州唯一的省级开放口岸，是云南省二级经贸口岸。风雪丫口是高黎贡山西出缅甸最重要的制高点，曾经是片马人民抗英斗争和二战时期的重要关隘。四周是绵延的崇山峻岭，两侧是高耸云端的山峰。这里常年云雾缭绕，湿气很大。上世纪60年代周恩来总理曾在春节期间亲自电话慰问了丫口哨所官兵。

片马生物资源非常丰富，是泸水县乃至怒江州生物资源多样性的典型代表。全镇森林覆盖率达80%。有秃杉、红豆杉、黄杨木、枫木、大树杜鹃等珍贵树种，珍贵中药材到处可见，动物种类繁多。有钼矿、铅锌矿、铜矿、硅矿、银矿等多种矿床。有可供水电开发的大小河流5条。包括伊洛瓦底江的上游支流片马河、古浪河和岗房河。

片马出产的杉松板,历史上畅销于腾越、永昌。片马的藤竹手杖,很早即驰名于外地。具有祛风医用价值的酸木瓜,挂满每个村边的枝头。沁人心脾的雪兰、绿兰、珍珠兰、虎头兰,处处随风飘香。山林财宝遍地,取之不竭,因此素有"片马自古无穷山"之称。

改革开放20多年来,片马各族人民协助公安、边检站查获走私案上百件,收缴海洛因13000克、黄色光盘录像带数百箱。片马人高尚的国格、人格让世人震惊。在世界第二十一届禁毒大会上,时任联合国秘书长安南称:"片马是世界上唯一让黄、赌、毒无法生存的一方净土。"

由于这里地广人稀,人均资源非常丰富。40多年来,片马人民在党的民族政策指引下,不断发展少数民族地区经济,建立了具有民族特色的种植业。苦荞、草果、核桃等经济作物的种植已初具规模,五年之后,人均年收入有望达到10万元。

片马回归之时,由于敌对分子的破坏和恶意宣传,片马原居民大量涌入国外。现在的片马人已今非昔比,都深深感到作为中国人的骄傲。随着经济的不断发展,片马人不仅住上了青砖瓦房,都有了自己的电话、电视,手机、摩托车也随处可见,有的家庭甚至有了自己的汽车。这里,上世纪七八十年代就已经开始通水通电,从缅甸嫁过来的姑娘日渐增多。在岗房村,一个才500余人的村寨,从缅甸嫁过来的姑娘就有20余人。这充分体现了党的民族政策的英明伟大,显示了我国制度的优越性。

三、片马景颇族概况

片马茶山人是景颇族的一个支系。景颇族是一个跨境民族,位于印度支那半岛西北部,中缅两国交界的边境地区。大致东起东经98°40′(耿马、孟定则超过东经99°),西至东经96°,南自北纬23°,北至北纬27°25′,即东起高黎贡山、怒江,西至更底宛河及印度阿萨姆边境,北起喜马拉雅山麓的坎底、岔角江,南至腊戌、摩哥克山区一带。南北直线约700公里,北部宽处东西直线约200—300公里。其中密支那以北,东起高黎贡山西麓与恩迈开江北段山上,北至贡山与西藏的察隅地区边境,西越胡康河谷至印度阿萨密边缘,这一广大地区,为景颇族主要聚居区,约有7万余平方公里。

在中国,景颇族主要分布在云南省德宏傣族景颇族自治州的潞西、陇川、瑞丽、盈江、梁河和畹町等县(市)的亚热带山区,在怒江傈僳族自治州的泸水县,西双版纳州的勐海县,临沧地区孟连傣族拉祜族佤族自治县和思茅地区的澜沧县等地也有少数分布,人口有13万余人。国外的景颇(又称克钦"Kachin")主要分布在缅甸的亲敦江和伊洛瓦底江上游的克钦邦,少数散居于南北掸邦及缅中、缅印边境山区。据《世界民族常识》记载,缅甸景颇族共有116万余人。此外,在印度主要分布在阿萨姆邦、阿鲁拉察尔和西孟加拉邦内,人口有5万多人。

景颇族下分多个支系,有景颇、载瓦、浪峨、勒期、波拉、茶山等支系。各个支系不仅有对自己支系的称法,还有对别的支系的称法。比如:景颇支系称自己是"景颇",称载瓦支系为"阿即",称勒期支系为"勒西",称浪峨(浪速)支系为"墨人",称波拉支系为"波罗"。又如:载瓦支系称自己是"载瓦",称景颇支系为"石东",称勒期支系为"载勿",称浪峨(浪速)支系为"查峨",称波拉支系为"第瓦"。在中国,这几个支系中以载瓦支系的人口为最多,其次是景颇支系,勒期、浪峨、波拉三个支系的人口较少,茶山支系人口最少。缅甸的景颇族被称为"克钦",以景颇支系的人口为多。我国不同支系人口的分布大致是:景颇支系(约35000人)主要聚居区是盈江县的铜壁关、卡场、太平、平原、姐帽、芒允和瑞丽市的弄岛、勐秀,陇川县的清平、护国、拢把、王子树、景罕,潞西市的芒海等县(市)乡镇以及临沧地区耿马县贺派、福荣、景信等乡镇。载瓦支系(约69000人)主要聚居区是陇川县的邦瓦、拱瓦区、清平、护国、拢把、王子树、章凤、景罕,盈江县的支那、盏西、弄章、芒允,潞西市的西山、东山、五岔路、中山、芒海、三台山,瑞丽市的户育、勐秀,梁河县的芒东、勐养,畹町市的芒棒等县(市)乡镇以及西双版纳州勐海县勐海乡,思茅地区澜沧县、孟连县等。勒期支系(约9800人)主要聚居区是盈江县的盏西、支那,陇川县的护国,潞西市的西山、中山、东山,瑞丽市的勐秀,梁河县的勐养、芒东等县(市)乡镇的部分地区。浪峨支系(约5000人)主要聚居区是潞西市的营盘、孟广、引欠、拱卡,梁河县的勐养、芒东,陇川县的王子树,瑞丽市的勐秀、户育,盈江县的铜壁关等县市乡镇的部分地区以及怒江州泸水县的部分地区。波拉支系(400多人)主要分布在梁河县的勐养、芒东,陇川县的王子树、护国、拢把,盈江县的铜壁关、盏西、支那,潞西市的西山、五岔路、中山,瑞丽市的勐秀等县(市)乡镇的少部分地区与其他支系杂居在一起。茶山支系分布在泸水县的片马、岗房、古浪一带(100余人)。

景颇族的支系分别使用多种互不相通的语言。其中,景颇支系使用的景颇语属汉藏语系藏缅语族景颇语支,其他几种语言——载瓦语、勒期语、浪峨语、波拉语、茶山语属于汉藏语系藏缅语族缅语支,与缅甸语、阿昌语比较接近。茶山语与勒期语比较接近,但各自还有一些不同的特点,二者的关系是同一语言还是不同的语言,有待进一步确定。本书暂以不同的语言对待。

居住在怒江州的景颇族,主要是茶山支系和浪峨支系。他们主要分布在泸水县的片马镇、鲁掌镇的登埂和古炭河、六库镇的赖茂和新村等地。集中居住在片马,其余地方少数散居。景颇族是怒江古老的世居民族,也是片马的主体民族,他们大聚住、小杂居。1964年第一次人口普查时景颇族61人,1982年第二次人口普查时景颇族165人,1986年第三次人口普查时景颇族149人,2000年第五次人口普查时景颇族129人(不包括缅甸嫁过来的姑娘)。

片马的景颇族主要分布在岗房村一组、片马村下片马、古浪村等地方。过去一直认为片马景颇族属于勒期支系,通过我们的这次调查发现,片马的景颇族属于茶山支系。其中包括岗房村一组12户,片马村下片马16户,古浪村11户以及其他地方的散居人口。

第二节　片马茶山人及各支系的历史来源

景颇族民间流传着这样一个故事：景颇族的阿祖阿公原居住在"木拽省腊崩"，景颇语意思是"天然平顶山"。这座山终年积雪，非常寒冷，五谷不茂，人们过着十分艰苦的生活。当时景颇族的祖先与藏族为邻，后来逐渐往南迁徙。现在景颇族老人逝世后，家人要把他们的"灵魂"送回祖先居住的地方。从"董萨"（景颇族宗教师）念的送魂词中，有一条回"老家"的路线，就是沿着金沙江、澜沧江、怒江、伊洛瓦底江而上，一直到今天青藏高原的"木拽省腊"山。"木拽省腊"山究竟是青藏高原的哪座山，尚未有定论。而青藏高原的大片土地，在古代正是我国氐羌人各部落集团生息、活动的地区，其中包括今天的藏族先民和羌语支、彝语支许多民族的先民在内。

这些古代民族为了生计，游耕、游牧，以及因氏族部落之间的战争等原因，常常迁徙不定。在交通闭塞的古代，有些部落集团虽然同出一源，但因分散到不同地区，缺乏必要的经济联系，加上各自受不同自然条件的制约，久而久之，语言、风俗习惯发生了变化，分化成不同的部落。而有些部落因共处一地，有共同的经济生活，相互通婚，出现了融合。

公元 3 世纪初至 6 世纪末，相当于我国历史上的三国、两晋、南北朝时期，西南夷地区被称为南中地区，居住在这里的居民大部分仍然是氐羌各部落，平坝地区有称为滇僰、叟、爨（音 cuàn 窜）等族；山区则有"昆明诸种"，其中包括嶲、邛等族部落。这些部落的社会发展日渐不平衡，其中一些部落的首领占据了一片地区后称王称霸，成为"大姓"、"夷帅"。蜀汉诸葛亮平定南中地区以后，继续委任这些"大姓"、"夷帅"管理原来由他们管辖的地方，并颁发了"瑞锦铁券"加以笼络。但是诸葛亮为了防止"大姓"、"夷帅"的扩张和兼并，又把大郡划分成小郡，并改建郡县，同时派遣内地官吏担任副职，促使少数民族上层人士附属于蜀汉官吏。

魏晋时期因统治者司马氏集团政治腐化，导致南中地区政局动荡，再次出现割据分裂局面，各部落继续分化，史书上出现了"摩沙"、"和蛮"、"施蛮"、"顺蛮"、"乌蛮"等族称，其中"乌蛮"与后来唐朝时期的景颇族先民"寻传蛮"（指东部寻传蛮）关系十分密切。

唐肃宗年间，南诏地方势力兴起，南诏首领阁罗凤于公元 762 年冬天，率领大军西征。《南诏德化碑》上篆刻了"寻传、禄郫、丽水、祁鲜"等名称。据考证，"寻传"就是今天的景颇族先民；"丽水"就是今天的伊洛瓦底江；"禄郫"则是丽水的支流，即今天片马的小江。小江自片马、岗房、古浪边境西北流入伊洛瓦底江上游的恩梅开江。上述大片地区迄今为止仍是景颇族分布的地区，即中缅边界的茶山人地区。至于"祁鲜"，就是今天伊洛瓦底江西岸的甘高山，属我国唐宋元时期丽水节度管辖的地区，也是景颇族分布的地区。《南诏德化碑》还记载了阁罗凤的赫赫战功，他西进征讨，恩威并施，使西部地区的景颇族先民以及与景颇族先民有关的一些部落集团都归附了阁罗凤的南诏地方政权。

樊绰《蛮书》卷四记载,"裸形蛮"在寻传城西面 300 里的地方聚居,被称为"野蛮"。另外,《蛮书》卷六中又说:丽水渡西南到祁鲜山,祁鲜山的西边有神龙河栅,那里也是裸形蛮的聚居之地。从上述记载看,丽水渡的西南边是祁鲜山,祁鲜山的西面是裸形蛮,而阁罗凤"西开寻传"是自东到西,"祁鲜望风而至"则祁鲜在寻传之西,"裸形"或"野蛮"则更在祁鲜之西,这些地区也正是今天景颇族的分布区,当然其间也杂居有一些其他部落集团。

《蛮书》卷二载:大雪山,在永昌西北。从腾充(今腾冲)过宝山城,又过金宝城以北大赕,周围百余里,都是"野蛮",没有君长管束。这里所说的"大赕",就是今天江心坡西北的葡萄(坎底),也是今天景颇族分布的地区。

《蛮书》卷七又说"犀,出越赕(腾越,今之腾冲),高丽共人以陷阱取之。""高丽共"一词,景颇语意思是高里(高黎、高日、高丽)部落的山(山冈或山腰)。所谓高丽共人,即当时住居高黎贡山的景颇族高里(高黎、高丽、高日)部落。由此可见,至少约公元 8 世纪时,景颇族高丽部落已居住在高黎贡山一带了。

公元 13 世纪至 19 世纪是我国历史上的元明清时期。在元明的史书中,"寻传"等族称不见记载,却出现了"峨昌"、"莪昌"、"蛾昌"等族称。《元史·地理志》有关金齿等处宣抚司的史料记载,他们居住在大理西南,与缅甸接壤,东边以澜沧江为界,该地土蛮有八种,称为金齿、白夷、㝿、峨昌、骠、缥、渠罗、比苏等。南赕在镇西路西北,其地有阿赛赕、午真赕、白夷、峨昌居住。《元混一方舆胜览》记载:"麓川江(今龙川江)出尊昌(即峨昌),经越赕(今腾冲)傍高黎贡山,由茫施(今芒市)、孟乃甸入缅中。"从上述地理范围看,澜沧江以西,与缅甸接壤的大片地区,以及发源于泸水县西部的麓川江向西南经腾冲、芒市至缅甸的大片地区,元明时期都出现了"峨昌"的族称,而这片地区历史上也正是寻传蛮居住的地区。《云南图经志书·云龙州》明确记载"境内多峨昌蛮,即寻传蛮"。

"峨昌"原是阿昌族和景颇族中载瓦支、茶山支、浪峨支的族称。长期以来,与景颇族共处一地的傣族称载瓦支、茶山支、浪峨支为"阿茶"、"阿昌"或"峨昌"。当时,景颇族先民各部落经过分化、融合已开始形成四个主要支系。与此同时,由于阿昌族接受汉族文化,比较先进,所以"峨昌"或"阿昌"的称呼便突出了,但他们与景颇族的载瓦支、茶山支、浪峨支历来关系密切。而且两个民族又居住在相邻地区,从而族称有可能混淆,既指阿昌族又指景颇族中的载瓦、茶山、浪峨等支系。今日的茶山人还自称"峨昌",便是其中的一例。从其语言方面看,今天阿昌族语言与载瓦支、浪峨支、勒期支的语言同属缅语支,基本的词汇、语音、语法特点都有相似之处,可见其关系是十分密切的。

明朝中叶以后,自云龙州往西至里麻(今缅甸境内克钦邦地区)地区内的"峨昌"或"寻传"部落,在政治、经济、文化上受内地先进民族不同程度的影响,发展不平衡,逐渐正式分化成现在的阿昌族和景颇族中的载瓦支、浪峨支、勒期支、茶山支。

根据史书记载及社会调查材料可以认定,当时的"峨昌蛮"(包括今天的阿昌族先民)即"寻传蛮",历史上分布在东起雅砻江,西至伊洛瓦底江上游的大片地区内。汉晋以后东部的"寻传蛮"或"峨昌蛮"逐步西迁,自巂州经云龙县往西,又经德宏州以北直至江心坡、密支那一带。明朝统一云南后,开始了大规模的移民殖边,这样一来,又促使了各民族的频繁迁徙和分化、融合。

由此推测,景颇族的一部分(主要是景颇支)可能自康藏高原分支后,自德钦南下沿澜沧江以西、怒江及伊洛瓦底江源头南下,并进入江心坡及其西部地区;另一部分景颇族(主要是载瓦、浪峨、勒期、波拉、茶山,分支较晚),南迁至澜沧江以东、金沙江及东泸水的大片地区,其中维西以南,在兰坪、云龙之间构成的古浪速地,就是浪峨支的主要聚居地之一,也即浪峨支传说他们的老家的"浪门",汉语意为浪速地,即今云龙县澜沧江西岸的表村、早阳一带。清代的浪速地则在片马以北,两地东西相距数百里,中间隔着怒山山脉、怒江和高黎贡山山脉,但两地之间还保持着"老窝"(或作"拉窝",为浪速人自称"浪峨"的异译)及浪峨寨、阿昌寨(元明两代部分景颇族也称"阿昌"、"峨昌")等地名,而这显然是东部景颇族在后来西迁过程中(由金沙江向怒江流域迁徙)留下的痕迹。

从勒期支的送魂路线看,自澜沧江以东,越过澜沧江、怒山山脉、怒江及高黎贡山而西迁至小江、片马、拖角、之非河一带,即旧茶山长官司地,也是清代以后的浪速地。据茶山支最老的两家家谱调查,他们能数出四十代祖先,前数代祖先名称与浪峨支基本相同,因此,勒期支与浪峨支可能有着更为密切的关系,也可能是从浪峨支中分出的。另外,迁到片马以北小江流域的,载瓦语称为"子丕子黑"的地方,据说是载瓦支的老家,可以看出澜沧江以东的景颇族,在西迁后再次南迁的过程中,先后分化出浪峨支、勒期支和载瓦支等支系。从语言、服饰、风俗习惯看,上述三支更为接近,各支谱系的最初数代祖先名字基本上是相同的。

至于澜沧江以西,即从康藏高原南迁,分布到恩梅开江、迈立开江流域及其周围地带的那部分景颇族,从若干家谱及传说推算,居住江心坡的景颇族已有40代或50余代。据史书记载,公元前383年前后(战国秦献公时)有部分羌族南下直到今大渡河、安宁河流域,与当地氐羌部落会合。如果这部分羌族与景颇族先民有关的话,那么,景颇族先民南迁定居江心坡及安宁河流域的时间已有1500年至2000年。后来,他们又从江心坡等地向西迁移,有的迁坎底转孙布拉蚌,向西越过更底宛河到印度的阿萨姆地区;有的向西南迁到玉石厂、雾露河一带;有的由江心坡、迈立开江迁到胡康河谷一带;还有沿伊洛瓦底江两岸而下至南北掸邦一带;另有一部分迁到云南省西南部,以后大部分聚居在今德宏傣族景颇族自治州境内。

泸水境内茶山人和浪峨人系景颇族支系,是古老的世居民族之一。在泸水的上江、片马、老窝、六库等地,至今还有许多景颇语的村名。茶山人自称"峨昌",他称"茶山"。浪峨人自称"浪峨",他称"浪速"。泸水茶山人主要居住在片马地区。这一地区属于伊洛瓦底江的上游支流地区,距离缅甸的恩梅开江和迈立开江以及江心坡比较近,与小江一河之隔的缅甸密支那省基本都是茶山支系。

宣统二年(公元1910年),茶山人居住在上片马40户,下片马40余户,古浪20户和小帕迭河寨(今岗房的小巴底河)五六十户。1960年,中缅划界前,住上、下片马的茶山人有125

户,住古浪23户,岗房25户,共173户846人。

在片马、古浪、岗房(简称片古岗)地区归还中国的前夕,境外敌特对当地群众进行威胁诱惑,迫使当地居民200多户、1000余人全部外迁,致使中方接管片马地区时,全区田园荒芜、空无一人。片马回归祖国后,我接管人员以自己的模范行动严格遵守群众纪律,尊重少数民族的风俗习惯,积极开展文化、医疗和贸易活动,热情接待来往边民,逐步消除边民的思想顾虑,使外迁边民陆续回归,从而维护了民族团结。同时,在生活上不断地对他们给予帮助,如帮助盖房子、发放口粮、衣物、铺盖、家具等;生产上给予扶持,如发放耕牛、种子等,组织群众积极发展生产。1963年,还在片马建成28个千瓦的水电站,供片马地区机关和居民部分用电。1962年吴中边民回归8户、岗房回归4户、上片马回归3户。至1965年,全区回归68户,共314人。这些迁过去和迁回来的主要是茶山人,也有部分傈僳人。1974年和1976年政府又分别在吴中和坡西(岗房)建成两座小型水电站,使全区机关、居民都用上了电。由于政府的民族优惠政策,片马镇村村都通上了公路,百姓出行都有公共交通工具和自己的现代化交通工具,使这里的景颇族生活条件得到更大的改善。现在缅甸姑娘(主要是茶山人)嫁到中国来做媳妇的越来越多。

第三节 片马茶山人的文化特色

片马茶山人在文化方面与景颇族其他支系有许多相同的地方,但是也有他们自己的特色。

片马茶山人的舞蹈,有"支高"、"戈板高"、"开死麻支高"、"春节舞"、"婚礼舞"。茶山舞蹈可分为娱乐性和祭祀性两大类。如"支高"是茶山人在盖新房、进新房时跳的一种娱乐性集体舞。在茶山语中,"支"是唱,"高"是跳,合起来即是又唱又跳。婚礼舞,舞步与"支高"相同,唱词多以美妙的比喻、夸张,从日月星辰、万物生长,一直联系到人类的感情、爱情、婚嫁、繁衍等。

茶山人实行一夫一妻制,婚前可自由恋爱,但婚姻要征得父母允许。婚聘常以牛作价,视家庭经济状况,至少要一头牛。此外,大米、鸡蛋、酒、猪肉等礼品是不可缺少的。娶亲当日,新郎、媒人及陪伴携带礼品和铓锣去迎亲。到女方家后,媒人代表男方交上聘礼,女方家杀猪宰羊招待,先喝米酒,吃画有红十字的熟鸡蛋。开宴前先祭"天神",后祭铁三脚和祖宗,表示男女双方从此正式结为夫妻。后由老人给新郎一一介绍女方亲戚,晚上男女青年唱歌跳舞,热烈祝贺。新郎要在女方家住一天两夜后,才迎接新娘回家。新娘离家时父母要送一个新背箩,内装新衣服和日用品,还送一套新铺盖,一面铓锣。把新娘接到后,男家开宴待客,先杀公母鸡一对,祭"天神"、铁三脚和祖先。接着男方父母向新娘介绍本家亲戚,再由族长给新郎、新娘讲家谱。婚宴后,由婆婆领着新娘在家走一圈,把家堂、卧室、仓房、厨房和畜厩作一一介绍。晚上,唱歌跳舞以示欢庆。婚后三个月,新郎新娘回门,回门要带2.5公斤酒,一只猪腿,10公斤大米和40个鸡蛋,表示对父母的孝敬。

茶山人行木棺土葬。人死后,派家中人或亲戚,耳夹青蒿枝到亲戚好友家报丧。亲朋得悉噩耗后,要给报丧者一个木碗,或5角、1元钱,或者一把刀,以示知晓。吊丧者,每户约送2.5公斤至5公斤粮食,或钱,或一只鸡。至亲户还要加送一头小猪。行至丧家附近要嚎哭,以示哀悼。人死后,尸体置于原睡床上。死者若为女性要给其梳头,若为男性要给其理发,并用干布蘸温水为其洗脸及手和脚,统称洗尸。然后帮其穿上新衣服,将死者移放在临时支撑的床上,给死者盖上一床被子,并将死者生前用物如刀、口袋、烟袋、烟锅、织麻工具、针线等挂于死者头旁或枕头边。由祭师手持长竹竿,正对死者头部的屋顶捅开一洞,使之透光,表示向天神报死讯,接着祭师高声朗诵口头神话传说的"丧经"。当讲到死人经过天使"查验",在星籍簿上除名时将尸体用白布包好入殓,棺木要停放在原放尸处,尔后盖棺盖。等外村亲戚赶到掀盖观遗容后,用木橛把棺盖钉死。祭师给死者念引路词,念毕,守灵人中由十多个小伙子装扮成"天使",边敲锣边围灵柩跳"绕棺舞"。死者是男就跳九圈,死者是女就跳七圈。每绕一圈都要跑到屋外齐声大呼"奥呼",意为驱赶屋内的"妖魔鬼怪",使死者顺利"启程"。死者在家中一般停放一天,出殡时,先把挨近房门的左侧或右侧板墙拆开一个"口子",由数名男子将灵柩尾部朝前,从这个"口子"中抬出,停放在屋外,宰牛祭献后,扎一传统的抬棺架,由八个男子抬往坟地安葬。

茶山妇女,头戴青布包头,包头饰有一簇蓬松的红线顺头部左侧下垂。上衣为黑色或蓝色对襟短衫,有十二对银制泡纽,每对纽扣外侧均有一串银质三穗下垂,衣领绣花,袖口镶有红蓝两色花边,且绣有各种图案。脖子上挂着红白两色琉璃珠各四串,下垂胸前,腰系海贝交叉成的带子,带子串有蓝色琉璃珠和小铜铃。下着白色细麻布织成的裙子,裙脚镶有各色图案的花边。年轻女子衣服色彩鲜艳,装饰华丽。老年妇女服饰大方,色彩素雅。茶山男子,上着蓝色对襟短衣,无领。下着黑色大裆裤,头戴黑布包头,出门腰配长刀,刀不离手。

茶山、浪峨人主食大米,杂粮有荞、麦。常用蔬菜有青、白菜和瓜、豆类。肉类以猪、鸡肉为主,其次是牛、羊肉。煮饭一般用锣锅,很少用木甑。农闲时一日两餐,农忙时一日三餐。男女均喜欢饮酒。

茶山人住房均为楼房,下层关猪鸡,上层住人。房屋以木为架,多数以蔑笆为墙,有的以木板为墙,屋顶一般盖茅草,也有盖杉板的。一幢屋为三大间,中间为堂屋,堂屋内设有四方火塘,火塘两边支两张床,给老人睡。靠墙正中设祖先台,堂屋门前支一梯子供客人上下用。堂屋左右两间为宿舍,两边也支楼梯,供家人出入。随着经济文化的发展,现在茶山人一般已人畜分开。

茶山人盖房子和进新房别具特色。每当村里人盖新房,全村人都主动带上斧子、刀子等工具前往帮忙。有的还送蔬菜、水酒、大米,甚至送羊、猪资助。茶山人盖房,通常是清晨破土动工,早上做完屋架,中午盖房顶,下午装修,傍晚一幢新房落成。新房竣工后,主人拿出火药枪对天鸣放,寨里人听到枪声,便前来祝贺。主人领着全家老小列队于新房前恭迎徐徐到来的客人。男主人用草烟敬客,女主人用金竹筒向客人敬酒。山寨里的歌手们,身背象脚鼓,手执铓锣,跳起古老的舞蹈。猎手们到新房一侧列队,高举火药枪朝天鸣放。然后客人在主人的陪同下走进新房,向主人赠送米酒、粮食等贺礼,并围坐在火塘边,主人再次依先老后幼的次序给客人敬酒,真诚感谢乡亲们的帮助。酒过数巡,在主人的邀请下,客人欢快起舞,主人给每人送来一碗象征团结友爱的糯米饭,饭上装有荤素相间的菜,人们边吃边舞,直到深夜才散。

茶山人的节日有新年和新米节。新年,一般休息三天,年前家家户户煮米酒,炒五谷花,做糯米粑粑。新年早上,杀鸡祭献天神和祖先。白天,穿上新衣服,带上酒和粑粑走亲戚,互祝新年万事如意,谷物丰收,牲畜兴旺。晚间,男女青年欢聚,唱歌跳舞,欢庆新年。

农历十月间是茶山人的新米节。秋收之后,家家户户煮好新米饭,摆上酒、米,祭天神、铁三脚和祖先。祭祀时在屋外鸣放火药枪,以示庆祝。从十月十五日起,连续五、六天亲戚之间轮流请客喝酒,尝新米,分享一年的劳动成果。席间,交流生产技术等。遇有粮食歉收户,在新米节期间,亲戚要背上10至15公斤新谷或其他粮食送上门,共庆节日。

茶山人素来尊敬老人,每逢过节或办红白事,都把老人请至家中热情款待,第一桌酒席先请老人入座,每道菜先让老人品尝。宰鸡杀猪都要用鸡翅、猪肝等敬老人品尝,以示对老人的尊敬。老人用饭毕,晚辈上前挽老人到火塘边或床上休息。夜晚,备好火把送老人回家。长辈进屋,年轻人主动让座,并给长辈煨茶。路遇长辈,晚辈主动问好并让行。这种美德一直流传至今。

由于和周围民族的不断交往,茶山人由信仰原始宗教开始向信仰基督教转变。

第二章 片马茶山人的语言使用情况

片马茶山人人口少,居住分散,而且处在多个民族的包围之中,其语言使用状况究竟如何,有无可能出现母语衰变或濒危的迹象,怎样对片马茶山人语言使用的现状进行科学的分析,这是本章所要关注的问题。

第一节 茶山语仍是片马茶山人的主要交际工具

我们从不同村寨、不同代际(年龄段)、不同场合等视角,对茶山语的使用情况进行了多角度、立体式的考察。在考察中,重视共时与历时相结合,比较不同时间、空间、场合茶山语使用的共性和差异。

茶山语使用的基本特点是:1. 茶山语仍是片马茶山人的主要交际工具;2. 茶山语在不同村寨、不同场合的使用出现一定程度的差异;3. 青少年的茶山语已出现衰退的迹象。

一、片马茶山人较完整地保留茶山语的表现

我们逐村走访、入户调查了3个村寨茶山人使用母语的情况,统计对象共计78人,均为6岁以上具有正常语言能力的人。调查结果显示,片马茶山人普遍稳定地使用自己的母语——茶山语,同时兼用汉语。一部分茶山人在兼用汉语之外,还兼用傈僳语、白语、缅语等其他语言。

1. 茶山语仍是多数片马茶山人的主要交际工具,保持着强大的活力。

实地调查显示,茶山人基本上都能掌握自己的母语,各村寨茶山人母语的使用水平统计见下表2-1:

表 2-1

调查点	总人口	熟练 人口	熟练 百分比	略懂 人口	略懂 百分比	不懂 人口	不懂 百分比
岗房	40	38	95%	2	5%	0	0%
古浪	15	15	100%	0	0%	0	0%
片马	23	21	91.3%	2	8.7%	0	0%

从上表可以看到,3个调查点的茶山语使用情况基本一致。表现在两个方面:一是各村寨

熟练使用茶山语的比例都很高,其中,古浪的"熟练"级比例最高,达100%。"熟练"级比例最低的是片马,也达到91.3%。绝大多数人熟练使用茶山语的客观事实,表明片马茶山语仍保持着强大的活力。

二是各村寨茶山语水平属"不懂"级的人数均为零,说明在片马既不会听、也不会说茶山语的茶山人是不存在的。各村寨中茶山语水平属"略懂"级的比例也较低,3个调查点共有4人,占调查总人口的5%。见下表2-2:

表2-2

姓名	年龄	民族	学历	第一语言	第二语言	第三语言
李咏春	7	景颇(茶山)	小一在读	傈僳,熟练	茶山,略懂	汉,略懂
车毅	10	景颇(茶山)	小三在读	汉,熟练	傈僳,略懂	茶山,略懂
赵彭成	10	景颇(茶山)	小四在读	汉,熟练	茶山,略懂	——
李是林	10	景颇(茶山)	小五在读	汉,熟练	茶山,略懂	

为什么这四个孩子的茶山语水平为"略懂"级呢?通过调查,我们看到,他们都来自族际婚姻家庭。其中,李咏春的爸爸是傈僳族;赵彭成的爸爸是白族;李是林和车毅的爸爸都是汉族。由此,李咏春的第一语言是傈僳语,赵彭成、李是林和车毅的第一语言都是汉语,李咏春、赵彭成和李是林的第二语言是茶山语,车毅的茶山语是第三语言,使用能力都为"略懂"级。

在这几个村寨里,无论是在村头巷尾还是在家庭里,无论是在劳动中还是在休息时间,茶山人都能通过茶山语交流信息、表达感情。我们的调查对象与我们交谈时用的是汉语,但中途来了其他茶山村民,他们之间就马上转用茶山语交谈。在全国通用语——汉语和地方亚强势语言——傈僳语的包围下,人口如此之少的片马茶山人却能稳定地传承自己的母语并在日常生活中坚持使用自己的母语,实属难得。

2. 茶山语在不同年龄段的使用出现一定程度的差异。见表2-3:

表2-3

年龄段	人数	熟练 人数	熟练 百分比	略懂 人数	略懂 百分比	不懂 人数	不懂 百分比
6—19岁	20	16	80%	4	20%	0	0%
20—39岁	37	37	100%	0	0%	0	0%
40—59岁	17	17	100%	0	0%	0	0%
60岁以上	4	4	100%	0	0%	0	0%
合计	78	74	95%	4	5%	0	0%

上表显示,茶山人各年龄段茶山语的使用能力没有出现明显的代际差别。6—19岁青少年中能够熟练使用茶山语的占80%,其他年龄段均为100%。但实际上,这种熟练程度只表现在一般日常交际上。从我们进行的400词测试结果中可以看出明显的代际差异。以董绍军(32岁)和董雯(14岁)为例,见下表2-4:

表 2-4

姓名	年龄	词汇等级及其所占比例							
		A	比例	B	比例	C	比例	D	比例
董绍军	32	376	94%	7	1.75%	11	2.75%	6	1.5%
董 雯	14	145	36.25%	72	18%	70	17.5%	113	28.25%

董绍军的 A 级 (能脱口而出的) 词汇和 B 级 (思考之后说出的) 词汇的总数是 383 个, 占 400 词总数的 95% 以上。而董雯的 A、B 级词汇总和为 217 个, 只占到 54.25%; D 级 (经提示仍不知道的) 词汇的比例已经接近 30%。由此可以看出, 片马茶山人茶山语使用能力已出现代际差异。

我们再来看岗房村董雯 (14 岁) 和陈昌路 (12 岁) 的母语 (400 词) 能力。测试结果见表 2-5:

表 2-5

姓名	年龄	词汇等级及其所占比例							
		A	比例	B	比例	C	比例	D	比例
陈昌路	12	239	59.75%	37	9.25%	2	0.5%	122	30.5%
董 雯	14	145	36.25%	72	18%	70	17.5%	113	28.25%

陈昌路 A 级和 B 级词汇总和是 276 个, 占 400 词总数的 69%。董雯 A 级和 B 级词汇总数是 217 个, 占 54.25%。而他们两人的 D 级词汇的比例都在 30% 上下。这说明片马茶山青少年的茶山语已出现不同程度的衰退迹象。究其原因: 一是族际婚姻家庭因素对家庭成员语言使用的影响。如陈昌路的妈妈虽然是茶山人, 但外婆是傈僳族, 所以妈妈的傈僳语十分熟练, 平时妈妈和昌路在一起的机会较多, 主要是用傈僳语交流。二是在村里的村小只能读到三年级, 四年级以后要到片马镇民族完小住读, 中学更要到鲁掌或六库去住读。学校里都是用汉语交流, 说茶山语的机会少, 这也是青少年母语使用能力下降的原因之一。董雯就是这样的例子。

二、茶山语在具体场合中的使用情况

1. 家庭内部

茶山语的使用情况在族内婚姻家庭与族际婚姻家庭存在一些差异。具体有以下几种情况:

(1) 族内婚姻家庭以茶山语为主要的交际工具。

族内婚姻家庭所有的成员都是茶山人, 有的是三口之家, 有的是父母亲与子女几代人生活在一起。在这样的家庭里, 其成员之间 (长辈之间、长辈与晚辈之间、晚辈之间) 的饮食起居、生活劳动, 一般都是用茶山语交流。以岗房为例, 我们统计的 13 户茶山人中, 有 9 户是茶山人族内婚姻, 其中 7 户的媳妇是从缅甸的茶山寨嫁过来的。这样, 家庭语言必然要用茶山语。见下表 2-6:

表 2-6

姓名	年龄	民族	学历	第一语言	第二语言	第三语言
张忠秀	38	景颇(茶山)	小学	茶山,熟练	傈僳,熟练	汉,熟练
董玉会	28	景颇(茶山)	小三	茶山,熟练	傈僳,熟练	汉,熟练
德 双	39	景颇(茶山)	小二	茶山,熟练	傈僳,熟练	汉,略懂,缅甸嫁过来
阿库妹	29	景颇(茶山)	小二	茶山,熟练	傈僳,熟练	汉,略懂,缅甸嫁过来
江 罗	31	景颇(茶山)	小二	茶山,熟练	傈僳,熟练	汉,略懂,缅甸嫁过来
中 追	29	景颇(茶山)	小一	茶山,熟练	傈僳,熟练	汉,略懂,缅甸嫁过来
浪 罗	33	景颇(茶山)	小一	茶山,熟练	傈僳,熟练	汉,略懂,缅甸嫁过来
崩 双	61	景颇(茶山)	文盲	茶山,熟练	——	缅甸嫁过来
浪 旺	34	景颇(茶山)	小四	茶山,熟练	傈僳,熟练	汉,略懂,缅甸嫁过来

(2) 族际婚姻家庭中,有些以茶山语为主要交际工具,有些则是使用"茶山语—汉语"、"茶山语—傈僳语"。

片马茶山人的家庭形式虽然大多是族内婚姻,但也有一些族际婚姻家庭。这些族际婚姻家庭的外族妻子或丈夫主要是傈僳族、白族或汉族。他们受周围茶山语环境的影响,婚后三、五年左右一般都能听懂茶山语,一些结婚时间较长的,已能熟练使用茶山语。

以岗房村为例,在我们调查的 13 户中,族际婚姻家庭有 3 户,都是和白族通婚。这三人年龄在 22—27 岁,结婚时间不长,但都已经掌握了一定程度的茶山语,茶山语使用能力为"略懂"级。具体情况见下表 2-7:

表 2-7

姓名	年龄	民族	学历	第一语言	第二语言	第三语言
张忠杰	27	白	初中	傈僳,熟练	茶山,略懂	汉,熟练
段新莲	22	白	小四	傈僳,熟练	汉,熟练	茶山,略懂
何娟萍	25	白	初中	白,熟练	汉,熟练	茶山、傈僳,略懂

片马村的非茶山人配偶有 6 人,其中 1 人能够熟练使用茶山语,3 人为"略懂"级,2 人不懂。见下表 2-8:

表 2-8

姓名	年龄	民族	学历	第一语言	第二语言	第三语言
蜜玉强	26	傈僳	小学	傈僳,熟练	汉,熟练	茶山,熟练
李淑军	32	汉	初中	汉,熟练	茶山,略懂	——
赵喜勇	24	白	小学	白,熟练	汉,熟练	茶山,略懂
周三付	41	傈僳	大专	傈僳,熟练	汉,熟练	茶山,略懂
赵喜松	35	白	初中	白,熟练	汉,熟练	茶山,不懂
苏李花	35	白	初中	白,熟练	汉,熟练	傈僳、茶山,不懂

上表中,苏李花是白族,她的家在离寨子不远的公路旁,两个孩子在学校住读,夫妻之间主要用汉语交流。她的丈夫是片马村党支部书记,家里常常有很多客人,说汉语的机会很多,所以虽然嫁过来一些年头了,还不会说茶山语。赵喜松的妻子刘家翠虽是茶山人,但汉语熟练,

所以他们的家庭语言是汉语,不但赵喜松本人不会茶山语,儿子赵彭成的第一语言也是汉语。

古浪村有三个家庭的配偶是非茶山人,其语言情况见下表 2-9:

表 2-9

姓名	年龄	民族	学历	第一语言	第二语言	第三语言
姜丽芬	20	汉	初中	汉,熟练	—	—
胡玉妹	41	傈僳	小学	傈僳,熟练	茶山,熟练	汉,略懂
欧向英	42	白	初中	傈僳,熟练	汉,熟练	茶山,熟练

上表中,姜丽芬是汉族,嫁到这里时间不长,她还不会说茶山语。胡玉妹和欧向英都嫁到该村已近20年,家庭用语都是茶山语,所以她的茶山语说得十分熟练。

2. 学校

岗房、古浪和片马都是一村一校,适龄儿童基本上都有条件入学接受基础教育。在村小通常是从学前班读到三年级。学校里学生不多,课堂上讲汉语普通话,课间做游戏或下课后和同族孩子单独相处时主要讲茶山语,与他族孩子在一起时则讲傈僳语或汉语。四年级到六年级要到片马镇民族完小住读。在完小,茶山学生以说汉语为主,和同村来的同学说茶山语,打电话回家时也用母语茶山语。初中开始要到鲁掌或六库去住读。升入高中的茶山学生不太多,一般读到高中的茶山青少年的茶山语水平低于村里的同龄人。

3. 田间劳作

茶山人居住的村寨,临近中缅边界。岗房与缅甸大田坝区云洞村以小江为界,隔河相望;片马村在14、15、16号界桩旁,田地和缅甸边民的田地都连在一起。主要种植水稻、玉米等作物。两地居民平时干农活的时候接触很多。上世纪80年代时,还和缅甸的茶山人换过工。村里很多人在缅甸有亲戚,娶进来的缅甸媳妇也有不少。村民们都有边民通行证,到了播种或收割的农忙季节,这边的小伙子还要到对面岳父家帮忙干农活。所以他们相互之间讲的自然都是茶山语。

综上所述,在茶山村寨的各种不同场合中,茶山语都得到了稳定的使用,起到了表情达意、沟通思想的重要作用。

三、片马茶山人稳定保留茶山语的原因

片马茶山人能够稳定使用、传承母语的原因主要有四个:

1. 景颇族(茶山人)是片马的世居民族,有自己独特的文化

据《泸水县志》记载,1000多年前,景颇族就已南迁到怒江西岸和片马地区,这一区域是景颇族重要的发源地和迁移地之一。如今的片马茶山人还保留着自己独特的民族文化、民居建筑方式和传统服饰。他们有创世纪、历史传说、民间故事等丰富的口头文学作品,有"新米节"等传统节日,有传统的婚丧嫁娶习俗和"建新房"仪式。这些明显的茶山支系特征,为茶山人传承母语提供了有利的土壤。

2. 境外有大量茶山人,边民自由接触扩大了茶山语的使用范围

片马镇南、西、北三面与缅甸接壤,国境线长 64.44 公里,是中缅边境北段交通要道和商业往来的重要通道。两国边民交往频繁。片马与缅甸的茶山人同出一支,血脉相通,很多人有缅甸亲戚,有些人还娶了缅甸茶山人做媳妇。因此,与缅甸茶山寨往来频繁是茶山语保持活力的一个原因。

3. 茶山人母语感情深厚是稳定使用茶山语的情感基础

茶山语不仅是片马茶山人的重要交际工具,还是当地茶山人的民族心理、民族习惯、民族文化、民族感情的重要载体。茶山人对自己的民族语言有着很深厚的感情。语言是一个民族的重要标志之一,只有掌握本民族的语言,把语言传承下去才能真正保护、传承本民族的传统。茶山人这种强烈的民族意识和语言情感有利于茶山语的传承。连岗房村 14 岁的小董雯都说:"茶山语自小就学,而且是自己民族的语言,以后也不会忘记。"

4. 政治决定民族和谐

中华人民共和国宪法所规定的"各民族都有使用和发展本民族语言文字的自由"的政策,从根本上保障了各少数民族都可以根据自己的条件和意愿使用和发展本民族的语言和文字,茶山语的情况也不例外。茶山人虽然人口较少,但同全国其他少数民族一样享有国家民族语言政策所赋予的权利。国家民族语言政策是茶山语得以广泛使用的有利保障,是茶山语能够较完整保留下来的制度性前提。

第二节 片马茶山人普遍兼用汉语和其他民族语言

茶山语虽然能满足茶山人在村寨内的交际需要,但离开村寨必然需要使用通用语进行交际。因此,片马茶山人普遍能够熟练兼用汉语和傈僳语。还有一部分人能够兼用白语、缅语等其他语言。

一、片马茶山人的兼语类型

1. 双语型

片马茶山人的兼用状态从兼用语种来看可以分为两类:一是兼用汉语;二是除了兼用汉语外还兼用其他民族语言。茶山人兼语现象的产生和发展是由它所处的客观环境和自身需要决定的。

双语通常指个人或语言(方言)集团除了使用自己的母语外,还能够使用另一种语言进行日常交际。双语现象是随着民族接触、语言接触而产生的。片马茶山人多能在熟练使用母语的同时,熟练地兼用汉语。我们把这种熟练掌握茶山语、汉语两种语言,同时不会使用别的少数民族语言的兼语现象称为"双语型"。

为了方便与外界的交流,3个村寨的景颇族都大多能熟练运用汉语进行日常交际。各村寨汉语使用水平,见下表2-10:

表 2-10

调查点	总人口	熟练 人口	熟练 百分比	略懂 人口	略懂 百分比	不懂 人口	不懂 百分比
岗房	40	23	57.5%	16	40%	1	2.5%
古浪	15	12	80%	0	0%	3	20%
片马	23	21	91.3%	2	8.7%	0	0%

熟练掌握汉语的能力与茶山人的年龄、受教育程度及居住地域有关。一般而言,中青年茶山人的汉语水平高于老年人及未入学的儿童;受教育程度越高汉语表达能力越好,汉语水平越高。岗房村离片马镇有35公里,古浪村离片马镇20公里,交通不便,村民外出机会少;片马村紧挨着片马镇,村民来镇上很容易,加上片马镇有三万多的外来人口,使用汉语的机会比岗房和古浪要多得多,片马村村民的汉语水平就要高一些。下面是3个村寨按年龄段汉语能力统计数据。见表2-11:

表 2-11

年龄段	人数	熟练 人数	熟练 百分比	略懂 人数	略懂 百分比	不懂 人数	不懂 百分比
6—19岁	20	16	80%	4	20%	0	0%
20—39岁	37	29	78.4%	8	21.6%	0	0%
40—59岁	17	10	58.9%	4	23.5%	3	17.6%
60岁以上	4	1	25%	2	50%	1	25%
合计	78	56	72%	18	23%	4	5%

上表显示,片马茶山人基本上能够全民兼用汉语,但在不同年龄段上汉语水平有细微差别。适龄儿童一般6—7岁入学。在入小学之前,在村寨居住的儿童接触到的大多是茶山语。进入小学以后,汉语才慢慢熟练起来。因此,共有4个6—19岁的青少年汉语水平只是"略懂"级。20—39岁中壮年虽然熟练程度较高,但仍有8人为"略懂"级。见下表2-12:

表 2-12

姓名	年龄	民族	学历	第一语言	第二语言	第三语言
德 双	39	景颇(茶山)	小二	茶山,熟练	傈僳,熟练	汉,略懂
浪 旺	34	景颇(茶山)	小四	茶山,熟练	傈僳,熟练	汉,略懂
浪 罗	33	景颇(茶山)	小一	茶山,熟练	傈僳,熟练	汉,略懂
江 罗	31	景颇(茶山)	小二	茶山,熟练	傈僳,熟练	汉,略懂
阿库妹	29	景颇(茶山)	小二	茶山,熟练	傈僳,熟练	汉,略懂
中 追	29	景颇(茶山)	小一	茶山,熟练	傈僳,熟练	汉,略懂
麻志华	24	景颇(茶山)	小二	茶山,熟练	傈僳,熟练	汉,略懂
枪 吕	26	景颇(茶山)	文盲	茶山,熟练	傈僳,略懂	汉,略懂

通过调查,我们发现其中浪旺、德双、阿库妹、江罗、中追、浪罗、枪吕等7人是缅甸嫁过来

的媳妇,日常家庭语言是茶山语。嫁过来后就一直在村子里干农活、带孩子,没有机会去寨子以外的其他地方。有的最远只去过州府六库,但去时总会有会汉语的茶山人陪同。她们没有学习汉语的需求,所以汉语说得都不太好。

40—59岁中壮年中有三个不懂汉语的,都集中在古浪村。见下表2-13:

表2-13

姓名	年龄	民族	学历	第一语言	第二语言	第三语言
德珍	55	景颇(茶山)	文盲	茶山,熟练	傈僳,熟练	汉,不懂
崩宗	52	景颇(茶山)	文盲	茶山,熟练	傈僳,熟练	汉,不懂
德江	45	景颇(茶山)	文盲	茶山,熟练	傈僳,熟练	汉,不懂

这与古浪村所处的地域有关。古浪村在半山腰,海拔1887米,离片马镇较远,交通不太方便。村民居住分散,生活基本能够自给自足。上表中的三个人除都没上过学之外,基本上没有外出过,在村里茶山话和傈僳语已足够日常交际,因此不会说汉语。

60岁以上的老年人里有1人完全不懂汉语。崩双,61岁,片马镇岗房村人。她是缅甸嫁过来的,没有读过书,也几乎没有到过寨子以外的地方,所以除茶山语以外,不会别的语言。

2. 三语型

片马属怒江傈僳族自治州,在这里的8个少数民族中,傈僳族占较大的比例,所以大多茶山人在使用茶山话和汉语的同时,也不同程度地掌握傈僳语。见表2-14:

表2-14

调查点	人数	熟练		略懂		不懂	
		人数	百分比	人数	百分比	人数	百分比
片马	23	16	70%	4	17%	3	13%
岗房	40	38	95%	1	2.5%	1	2.5%
古浪	15	15	100%	0	0%	0	0%

从上表中可以看出,茶山人傈僳语掌握程度存在地域性差别。岗房村和古浪村离片马镇较远,交通不便,相对闭塞,傈僳语掌握程度较高,分别是95%和100%。片马村紧邻片马镇,兼用汉语的机会更多,傈僳语的掌握程度就低一些,为70%。

3. 多语型

少数茶山人除了使用茶山语、汉语、傈僳语之外,还能熟练兼用白语、缅语等多种语言。我们把这种兼语状态称为"多语型"。不同的民族杂居,存在不同的兼语能力。

比如,片马村的宗雷一家曾在缅甸住过,所以除汉语、茶山语和傈僳语外,还会缅语和景颇支系语言。片马村卫生员董绍军负责片马村五个组的消毒和儿童接种工作,因此,他不仅会茶山语、傈僳语和汉语,在工作中还学会了一点儿白语。片马村党支部书记褚玉强也能够不同程度地使用茶山、汉、傈僳、景颇族波拉支系等多种语言。

综上所述,无论是双语型还是多语型,当与别的民族在一起时,茶山人都会根据具体的环境、场合、交际目的自由地转换使用语言,建立起具有和谐气氛的双语、多语语言环境。

二、片马茶山人的兼语特点

1. 兼用语具有普遍性

片马茶山人普遍能够兼用汉语,部分人还能兼用其他语言,兼用语现象具有普遍性。无论是老人还是儿童,无论是男的还是女的,无论是文化程度高的还是低的,都能自如地使用汉语等兼用语。

2. 兼用语具有一定的层次性

片马茶山人的双语、多语除了具有一定的普遍性外,其内部还具有一定的层次性。形成层次的主要因素是年龄代际差异、受教育程度及不同的社会经历。老、中、青、少掌握汉语等兼用语的程度不同。通常是老人、少儿的汉语水平稍差一些,但老人的傈僳语水平高。中青年的汉语水平无论是发音还是词汇、语法,都比老年人要好一些,但兼用其他少数民族语言的水平低于老年人。

出现这种差别的原因之一是老年人和少儿一般受学校教育少,与外界交流接触少,汉语水平因而不高。此外,很多片马茶山老年人都有集体劳动和多次搬迁的经历,他们与傈僳族、白族等本地人口较多的少数民族有很长时间的共同生活、共同劳动的历史,因此,老人一般兼用少数民族语言的水平比较高。

3. 兼用语的使用功能存在差异

片马茶山人使用的不同语言,其社会功能存在差异。茶山话主要在家庭内部、村寨内部与同民族的人交谈时使用;在集市上、在村寨内部与其他民族的人交谈时等使用傈僳语和汉语;在学校、行政机关等特定场合中主要使用汉语。

三、片马茶山人全民兼用其他语言的成因

1. 多民族杂居分布是茶山人全民兼用其他语言的基础

片马茶山人主要分布在3个村寨,他们全部处于多民族杂居的分布状态。其中下片马属片马村五个自然组之一,由傈僳族、茶山、汉族、白族、壮族等多个民族构成。茶山人居住的古浪村寨,有茶山、傈僳和汉等民族。岗房村由傈僳、茶山和白等民族组成。这样的多民族杂居分布状态为茶山人学习、兼用其他民族语言提供了基础。这种分布状态必然带来各民族的频繁接触和交际往来。掌握更多的语言自然成为茶山人的需要。

2. 人口总数少使得茶山人需要全民兼用该地通用的语言

人口总数越多、分布越集中,其语言使用越稳定,越不需要学习别的语言;反之,人口总数越少、分布越分散,其语言使用越容易受到冲击,越需要学习、兼用别的语言。片马常住人口1844人,茶山人分布较为分散,有129人(2000年第五次全国人口普查)。人口总数过少,使得茶山人需要全民兼用别的语言,以便与人口占优势的民族沟通,互通有无。

3. 语言和谐营造了茶山人全民兼用其他语言的语言环境

无论是双语型还是多语型,茶山语与兼用语都是并存共用,互补互辅,形成了和谐统一的语言环境。这是茶山人全民兼语能力强的重要语言环境。

片马茶山语和其他语言在使用功能上是和谐互补的。茶山人的双语和多语现象都是随语言交际的实际需要而出现和发展的。随着茶山人对外联系的不断增多、经济交流的不断增强,只使用茶山语显然是不够的,必须学习、掌握别的语言。例如,在学校教育中、在政府机关的工作中以及与外族的接触中,都需要使用全国通用语汉语。在与当地少数民族的交往中,则是使用傈僳语等更方便沟通。因此,茶山语与汉语等语言在茶山人的语言生活中互相补充。不同语言的连续使用,促进茶山人兼语水平的提高。他们在家庭内部均用茶山语;会议、课堂、商贸往来常用汉语;傈僳语等少数民族语言则常用于田间劳动、村寨之间。总之,语言和谐成为茶山人全民兼语的重要条件。在这个和睦的环境里,茶山人自由选择使用语言,最大限度地发挥语言的交际功能。

4. 经济发展的需求是茶山人全民兼用其他语言的动力

茶山人曾经长期处于自给自足的小农经济状态。这种经济模式,母语茶山语足以应对所有的语言场景,承担全部的交际功能。但是,现在片马茶山人的经济收入有了较大幅度的提高,经济模式已由自给自足的传统农耕田猎状态转入现代化耕种运作状态。很多茶山人开始大量饲养牛羊,种植核桃、草果等经济作物。有的搞运输业,为附近的加工厂运材料,有的还出去经商、打工。这些经济交往,是促使茶山人学习汉语及其他民族语言的动力。经济的发展,通常会带动一个民族语言兼用的发展。因为,语言的最大功能毕竟是人们求生存、求发展的一种工具。

第三节 片马茶山人青少年的语言使用情况

如上所述,片马茶山人全民稳定地保留自己的母语,而且还兼用了汉语、傈僳语等其他语言。我们需要进一步探讨的是,在现代化进程日益加快、文化教育水平不断提高的现代社会里,青少年的母语能力是否出现下降?引起青少年语言能力下降的因素是什么?这是我们在这一节里要重点解决的问题。

一、片马镇茶山青少年语言使用状况

片马镇的茶山人共有39户,129人。其中片马村16户,岗房村12户,古浪村11户。我们对3个村部分青少年的语言使用情况进行考察、分析,看到片马大多数茶山青少年既全民保留自己的母语,又兼用汉语和其他少数民族语言。其语言使用情况分述如下:

1. 全民稳定地使用母语

3个村20位6—19岁的茶山青少年的母语使用数据:

表 2-15

调查点	人数	熟练		略懂		不懂	
		人数	百分比	人数	百分比	人数	百分比
岗房	11	9	81.8%	2	18.2%	0	0%
古浪	2	2	100%	0	0%	0	0%
片马	7	5	71.4%	2	28.6%	0	0%
合计	20	16	80%	4	20%	0	0%

上表显示:这3个村的20位青少年懂母语的比例是100%。除了4位青少年的母语使用水平是"略懂"以外,其余的16位都能熟练使用自己的母语,熟练使用母语的人数比例占青少年总人数的80%。这些数据说明片马的茶山青少年都稳定地保留自己的母语,母语是日常生活中重要的交际用语。

2. 全民兼用汉语

片马茶山青少年还全民兼用汉语。下面是这20位青少年的汉语使用水平统计表:

表 2-16

调查点	人数	熟练		略懂		不懂	
		人数	百分比	人数	百分比	人数	百分比
岗房	11	7	63.6%	4	36.4%	0	0%
古浪	2	2	100%	0	0%	0	0%
片马	7	7	100%	0	0%	0	0%
合计	20	16	80%	4	20%	0	0%

上表显示:青少年使用汉语的总体情况是,20位青少年都懂汉语,其中有16位的汉语水平是"熟练"级,占青少年人数的80%,有4位"略懂"级,占20%。这4位略懂汉语的青少年都来自岗房村坡西口寨。这个寨子距离片马镇区31公里,交通不便,与其他两个村寨相比,更闭塞一些。

我们在调查中发现一种新的兼用汉语现象:青少年不兼用当地汉语方言,而直接兼用普通话。如岗房村坡西口寨的陈昌路(12岁,茶山人)不会说当地汉语方言,但是能说一口比较流利的普通话。在这个寨子里,像他这种情况的不止陈昌路一人。他告诉我们说:"我的两个堂姐陈盯蕾(12岁,茶山人)和陈盯娃(18岁,茶山人)也和我一样,不会说方言,只会说普通话。"在下片马我们也发现类似的情况,在我们就餐的褚玉强(茶山人)家,我们多次听见他16岁的儿子褚学海跟他的妈妈说普通话,而不是当地方言。这与习得途径有关。他们习得汉语的途径主要是通过学校教育或电视、广播等媒体,耳濡目染的都是普通话。

3. 大部分人兼用傈僳语

片马青少年不仅人人都是懂茶山语和汉语的双语人,而且大部分人还兼用傈僳语,成为兼用茶山语、汉语、傈僳语的多语人。请看下表:

表 2-17

调查点	人数	熟练 人数	熟练 百分比	略懂 人数	略懂 百分比	不懂 人数	不懂 百分比
岗房	11	11	100%	0	0%	0	0%
古浪	2	2	100%	0	0%	0	0%
片马	7	3	42.86%	1	14.29%	3	42.86%
合计	20	16	80%	1	5%	3	15%

上表显示:20名青少年中有16位能熟练使用傈僳语,达到了青少年总数的80%;有1人略懂傈僳语,占5%的比例;3人不懂傈僳语,占15%的比例。青少年使用傈僳语的水平存在地域的不平衡性,不懂傈僳语的3人和略懂傈僳语的1人都集中在片马,其余2个村的青少年人人都能熟练地使用傈僳语。

二、片马镇茶山青少年语言使用状况的成因

片马镇茶山青少年之所以出现全民多语现象,既有客观因素,也有主观因素;既有现实因素,也有历史因素。是多种因素综合作用的结果。

1. 母语保留的成因

茶山青少年之所以能够保留母语,主要与以下三个因素有关:

第一,与缅甸茶山人的密切交往是片马青少年母语保留的重要因素。片马镇和缅甸的茶山寨子仅一山或一河之隔,缅甸茶山人居住的村寨与片马最近的只有半小时的行程。两地的茶山人交往相当方便。如我们的发音人胡玉兰(20岁,茶山人),上午11点还在缅甸的大田坝帮妈妈熬药,11点半就赶到片马给我们当发音合作人。片马镇岗房村的崩优(46岁,茶山人)告诉我们说:"我的缅甸亲戚经常过来看我。来的次数多了,跟我们村子里的人都熟了。"临近片马的缅甸村寨,大多是茶山人的聚居寨,寨中的茶山人都是熟练的母语人。缅甸的茶山人常到片马的茶山人家里聊天。崩优还告诉我们说:"我的缅甸亲戚还去村子里的老乡家里玩耍,跟大家一起聊天,都讲茶山话。"两国边境的茶山人如此密切的人际交往,必然会带来频繁的母语接触,从而促进了母语的保留。

第二,茶山语是支系认同、民族感情的纽带。在片马镇,茶山青少年都有自己的茶山名。他们认为用茶山语取的名是他们作为茶山人而不是别的民族的一个特征。当问到"你是什么民族?"时,得到的答案都是"茶山人"或"景颇族茶山人"。"你有没有茶山语名字?"得到的回答都是"有"。在他们的意识中,茶山是一个独立的群体,所以,在茶山青少年的心目中,他们把使用茶山语与保持自己的民族特点紧密联系在一起。这也是茶山语得以完好保存的一个重要因素。

第三,相对聚居是茶山青少年全民使用母语的客观条件。从片马全镇的角度看,茶山人以杂居状态分布,但从单一的自然村寨来看,茶山人的分布又呈相对聚居状态。我们调查的都是片马、岗房和古浪茶山人分布较为集中的寨子。这种相对聚居的分布局面,为青少年使用母语提供了极为有利的条件。因为寨中有较多的茶山人,青少年觉得用母语交流较为方便,从而增加用母语进行交际的信心。

2. 兼用汉语、傈僳语的成因

兼用汉语的成因主要有四点:一是汉语在我国各民族语言中的通用语地位。片马是傈僳、白、汉等多个民族以及景颇族茶山支系的居住地,只有兼用国家通用语才能满足不同民族之间的交际需要。二是九年制义务教育为茶山青少年全民学习汉语提供了强有力的保障。我们在访谈中了解到,居住在农村的茶山青少年在入学之前一般不会说汉语。6岁上学前班时,茶山儿童还需要借助母语或傈僳语来理解汉语课文。从一年级以后,随着汉语水平逐渐提高,民族语言也随之退出课堂。2003年,片马实现九年制义务教育;到2008年,片马政府实施"九年制义务教育一票否决制",即凡是没有达到政府规定的入学率要求的相关人员将受到相关处罚。现在,茶山青少年小学入学率达到100%,初中入学率达到90%。凡是接受了九年义务教育的青少年汉语水平都很好。三是现代化进程的加快,拓宽了茶山青少年习得汉语的途径。片马的茶山人,几乎户户有电视机、电话座机或手机,村村通公路,部分人家还有摩托车。与中老年人相比,他们获取外界的信息更多,与外界的联系更强。这些都有利于青少年习得汉语。四是族际婚姻家庭。因为茶山人在当地人数较少,所以与外族组成的族际婚姻家庭较多。族际婚姻家庭中的非茶山成员,有的使用汉语作为生活用语。这就为青少年早年习得汉语提供了语言环境。

茶山青少年兼用傈僳语的主要原因有两点:一是由于傈僳人在当地占优势,傈僳语在当地是仅次于汉语的亚强势语言。只有兼用傈僳语,才能够融入到更为广阔的人际环境中去。二是祖辈和父辈都是熟练的傈僳语使用者,傈僳语作为家庭用语自然传承给茶山青少年。

三、片马镇少部分茶山青少年母语能力下降

虽然片马镇的茶山青少年也一样能够使用母语满足日常交际的需要,但与中老年人相比,他们的母语能力在词汇的使用水平、"听"和"说"的能力以及母语的使用功能上已经出现了一定程度的下降。具体表现在以下几个方面:

(一)词汇的使用水平下降

1. 词汇量减少

片马镇茶山青少年都能用母语进行日常生活交流,仅仅通过对话的熟练度来考察母语能力,难以发现青少年与中老年人母语能力的差距。为此,我们选取不同年龄段的茶山人进行400词测试。下表是这17位测试对象的测试结果。

表 2-18

姓名	年龄	词汇等级 A	B	C	D	A+B	测试成绩
褚学梅	6	207	40	34	119	247	合格
陈昌路	12	239	37	2	122	276	合格
董 雯	14	145	72	70	113	217	不合格
褚学海	16	237	53	15	85	290	良好
胡玉兰	20	377	14	6	3	391	优秀
江 归	22	376	12	0	12	388	优秀
董绍琴	27	363	21	16	0	384	优秀
浪 罗	30	393	1	1	5	394	优秀
江 龙	30	381	8	0	8	389	优秀
刘家翠	31	374	13	4	9	387	优秀
宗 波	31	386	6	0	8	392	优秀
董绍军	32	376	7	11	6	383	优秀
科 则	36	363	5	13	19	368	优秀
张忠秀	37	322	39	23	16	361	优秀
董枪浪	38	397	3	0	0	400	优秀
董绍兰	38	395	5	0	0	400	优秀
董玉芳	43	381	15	3	1	396	优秀

上表是以年龄为序排列的。20岁以上的13位茶山人,"A+B"级词都在360个以上,远远超出了"优秀"标准。而20岁以下的4位青少年,1人"良好"、2人"合格"、1人"不合格","A+B"级词分别是290、276、247、217。他们的词汇量与20岁以上的所掌握的词汇量相比,出现明显下降。

一般的规律是词汇量的大小与语言能力成正比。词汇量越大,语言能力越强,反之亦然。但茶山青少年并没有意识到自己母语能力比中老年差。陈昌路和褚学海400词的测试结果,达到"熟练"级的分别是276个和290个,我们问他们:"你们觉得自己的茶山话怎么样?"他们两人都说:"还是可以的,对话一点问题都没有。我在家里跟爸爸都是说茶山话,在爸爸的亲戚家里也是说茶山话。我觉得自己的茶山话说得很流畅的。"为了检测他们的对话能力,我们叫我们的发音合作人胡玉兰跟他们用茶山话对话,发现他们也交谈得很好。看来掌握200多个常用词应付日常交流是没有问题的,难怪词汇量下降的青少年并没有意识到自己母语能力下降。

2. 词汇记忆模糊,需要回忆很久才能想起来

一些日常生活中使用频率较低的词,要想很久才想得起来。如:khjuŋ^{55}"喉咙"、nap^{55}"鼻涕"、maŋ^{31}"尸体"、zɔ^{33}"女婿"、la^{731} ŋjauk^{31}"猫"、kjɔ^{731} phɔ^{31}"公鸡"、tuŋ^{31}"翅膀"、khjiŋ^{33}"线"等词。又如,我们在给褚学海(16岁,茶山人)测400词时,tsap^{55}"花椒"和 jɛŋ^{33} saŋ^{33} ŋji$^{31/55}$"妻子"这两个词他怎么都说不出来。吃完晚饭后,他告诉我们说:"现在我想起来了,这两个词我都会说。"

3. 有些词单独不会说,要放在语境中才会说

如不会说"掉"、"雨"、"缝"、"叠"、"梦"、"旧"、"双"等词,但是会说"掉下"、"下雨"、"缝衣服"、"叠被子"、"做梦"、"旧东西"、"一双鞋"。

(二)"听"和"说"的能力发展不平衡

语言能力可以分为"听"、"说"、"读"、"写"四种能力。因为茶山语没有文字,因此运用茶山语的能力主要体现为"听"、"说"两种能力。通过访谈和词汇测试,我们发现茶山青少年的母语"听"、"说"能力发展不平衡,"听"的能力较强,"说"的能力较弱。如能听懂用茶山语唱的山歌和喜庆歌,但自己不会唱;能听懂用茶山语讲的民间故事,但自己不会讲。又如400词测试时,还出现这种情况:有些词他们自己不会说,当测试人用茶山语说出来后,他们表示是这么说。这说明他们对这些词的读音是有印象的,能判断测试人的读音是否符合他们对这些词的语音记忆。如在给褚学海测400词时,像 jen³³ san³¹ "主人"、pəi³¹ nɔm³¹ "亲戚"、kuk³¹ "水稻"、ju³¹ tsau³³ "巫师"等词,测试人提示后,他马上说:"是这样说,但我一下子说不出来。"

(三) 母语的使用功能缩小

语言能力不仅表现在交际者对语言本体的掌握水平上,还表现在语言的社会功能上,如语言使用范围的大小、使用人数的多少、使用程度的高低等方面。语言的使用范围越大、使用的人数越多、使用的程度越高,语言的社会功能就越强。在茶山青少年这个语言使用群体中,母语的功能定位应该是充当茶山青少年之间的交际用语。但我们在调查中发现,少数茶山青少年之间习惯于说傈僳语而不是自己的母语。如当我们问"在课余时间说什么话"时,岗房村坡西口寨的陈昌路告诉我们说:"下课时,我们3个茶山同学在一起时,也说傈僳话,不说茶山话。"可见,茶山语的使用功能缩小了。

四、个别青少年以母语为第二语言

语言习得的一般顺序是先习得自己的母语,后习得其他语言。片马镇的大多数茶山青少年的语言习得顺序是与此相符的。但已经有5人改变了这种顺序,先习得其他一种或两种语言,而后才习得母语。这5人占青少年人数的25%。他们是下片马的赵彭成和李是林、古浪村坡西口的车毅、李咏春和陈何生。

表 2 - 19

家庭关系	姓名	年龄	民族	文化程度	第一语言及水平	第二语言及水平	第三、第四语言及水平
户主	刘家翠	31	景颇(茶山)	初中	茶山,熟练	汉,熟练	傈僳,熟练
丈夫	赵喜松	35	白	初中	白,熟练	汉,熟练	——
儿子	赵彭成	10	景颇(茶山)	小四在读	汉,熟练	茶山,略懂	
户主	董绍琴	27	景颇(茶山)	小学	茶山,熟练	汉,熟练	傈僳,略懂
丈夫	李淑军	32	汉	初中	汉,熟练	茶山,略懂	——

儿子	李是林	10	景颇(茶山)	小五在读	汉,熟练	茶山,略懂	——
户主	董玉秀	33	景颇(茶山)	初二	茶山,熟练	傈僳,熟练	汉,熟练
长子	车毅	10	景颇(茶山)	小三在读	汉,熟练	傈僳,略懂	茶山,略懂
户主	陈玉归	33	景颇(茶山)	初中	茶山,熟练	傈僳,熟练	汉,熟练
妻子	何娟萍	25	白	初中	白,熟练	汉,熟练	茶山、傈僳,略懂
长女	陈何生	9	景颇(茶山)	小二在读	白,熟练	茶山,熟练	汉、傈僳,熟练
户主	李文新	28	傈僳	小四	傈僳,熟练	汉,熟练	茶山,略懂
妻子	董玉会	28	景颇(茶山)	小三	茶山,熟练	傈僳,熟练	汉,熟练
长子	李咏春	7	景颇(茶山)	小一在读	傈僳,熟练	茶山,略懂	汉,略懂
长女	李咏梅	2	景颇(茶山)	学前			

上表显示：赵彭成、李是林、陈何生和李咏春以茶山语为第二语言，车毅以茶山语为第三语言。这5人中除了陈何生的茶山语水平是"熟练"以外，其余的4人都是略懂。可见，改变母语习得顺序已经对他们的母语水平产生了影响。这5人改变母语习得顺序与族际婚姻有关。他们都出生于族际婚姻家庭，或选用了自己母亲的母语为第一语言，或选用了通用语——汉语为第一语言。族际婚姻家庭是引起青少年不以母语为第一语言的一个重要原因。

五、陈昌路语言使用情况调查

陈昌路是兼用茶山语、傈僳语、汉语普通话的三语人。像他这样直接兼用普通话的青少年，虽然人数不多，但是反映了茶山青少年兼用汉语的新现象：直接兼用国家通用语——普通话，而不兼用当地汉语方言。这种现象的产生既与国家实行九年制义务教育、推广普通话、媒体传播等多种客观因素有关，还与青少年对普通话的心理认同、对汉文化的文明崇拜等主观因素有关。这种现象的产生是必然现象还是偶然现象，是个别青少年自己的语言行为，还是具有群体意义的趋势性行为，会不会对青少年的母语能力产生较大影响？这些问题都值得我们研究。下面列出的是陈昌路语言使用情况的访谈录、语言观念调查表、400词测试。

访 谈 录

陈昌路：茶山人，12岁，小学毕业，家住岗房村坡西口寨。

访谈人：余金枝

问：现在我想问你一些问题，可以吗？

答：(笑笑)可以，可以。

问：小朋友，你家里有几口人，他们会说什么话？

答：我家有三口人：爸爸、妈妈和我。我爸爸和妈妈都是茶山人。我们一家人都会说茶山话、傈僳话和汉话三种话，但是我们各人喜欢说的语言不一样。爸爸最喜欢说的是茶山话，妈妈最喜欢说的是傈僳话，我最喜欢说的是汉话(普通话)。

问：为什么呢？

答：因为我的爷爷、奶奶都是茶山人，爸爸从小学会的是茶山话，他自然就喜欢说茶山话了。我的外公是茶山人，外婆是傈僳人。我妈妈从小跟我外婆学傈僳话，她很喜欢说傈僳话。我是在岗房长大的，小时候只会说茶山话，稍稍长大点，听懂点傈僳话，上学后傈僳话越来越好，还学会了普通话。可能是说普通话的时候多，也可能是我喜欢我的老师，原因说不清楚，我最喜欢说的话还是普通话。

问：你读几年级了？跟我谈谈你的学习生活好吗？

答：我今年12岁，刚刚小学毕业，下学期准备去六库的泸水一中读书了。我们村有初级小学。我6岁就去那里上学，一直读到9岁，从学前班读到三年级。

6岁到我们村的岗房小学读学前班时，班上共有8个同学，5个是傈僳人，3个是茶山人。这五个傈僳同学都只会说自己的傈僳话。无论是上课、下课，他们都用傈僳话说个不停。我喜欢跟他们一起玩，慢慢听懂了一些傈僳话。学校只有一个老师，是男老师，叫胡建华。他是我们村的傈僳人，傈僳话说得很好。他上课时总是先说傈僳话，然后才说普通话。他下课会跟我们打羽毛球、玩老鹰抓小鸡、弹玻璃弹子等游戏。我们很喜欢他。他跟我们做游戏时，都是说傈僳话。一、二、三年级都是开设语文、数学、品德、科学这四门课，都是胡老师一个人教。我的同年级同学只有我、董雯和陈盯蕾三个。我们三个都是茶山人。从一年级开始，老师上课都是说普通话，很少说傈僳话。下课跟我们玩的时候，老师还是爱说傈僳话，有时也说普通话。下课后，我们三个茶山同学在一起时，也说傈僳话，不说茶山话。我们的胡建华老师普通话说得很好。至今，我还记得他给我们朗读的课文《蒲公英》。我觉得他朗读得很好。我的普通话就是跟他学会的。

胡老师是个中年人，有一个孩子，是个女孩，现在上一年级。我们读书时，他女儿5岁，跟我们一起玩时喜欢说普通话。他爱人是傈僳族，不会茶山话，他们两个都不会茶山话。师母是我们岗房村的农民，她常常去干活，一般不跟我们在一起。偶尔跟我们说几句话，说的是傈僳话。胡老师教我们四年，我们跟他很亲。他喜欢说什么话，我就跟着学什么话，我的傈僳话主要是跟老师学会的。

问：那四年级呢？在哪里上学，在学校里大家都说什么话？

答：四年级以后就到片马镇完小读书去了。那个学校汉族比较多。老师上课都说普通话。有些老师的普通话说得很好。比如我们的杨老师，我最喜欢她的语文课。她跟我们在一起时都说普通话，我从来没听见她说过民族语。下课后，傈僳同学在一起就说傈僳话；茶山同学在一起就说茶山话；我跟傈僳同学在一起时，我也说傈僳话；跟其他同学在一起时就说普通话。

我们学校还举行演讲比赛。有一次我参加了，还得了个三等奖。我还参加过第一届运动会，得了三等奖。我的作文写得也不错，满分30分，我能得20多分。下学期就要上初中了。我很想上泸水县第一中学。但是县里有规定，片马镇民族小学只有前五名的学生才能上一中。我的爸爸正在想办法送我去泸水县一中上学。若去不了县城六库，就只好去鲁掌镇中学了。

问：你跟村里的伙伴们一起玩耍吗？在一起玩耍时，说哪种话？

答：我经常跟同伴上山找鸟窝、摘野果吃、守牛、放羊。我们在山上玩的时候好像都是说傈僳话。回到村里后，也是说傈僳话。因为村里的同伴大多是傈僳族的，只有跟会说茶山话的人才说茶山话。我觉得我的傈僳话比茶山话说得还要好一些。

问：那你跟你的爸爸、妈妈和亲戚都说什么话呢？

答：在家里，跟爸爸就说茶山话；跟妈妈就说傈僳话；聊到学习上的问题时才说汉语。我的亲戚大部分在岗房，也有的在片马和六库。我跟岗房的亲戚，有时说傈僳话，有时说茶山话。我跟片马和六库的亲戚都说茶山话。

问：想问问你"你觉得茶山话有用吗"？

答：茶山话很有用。因为茶山话是我们自己祖先的语言，如果我们不会说了，以后就没有人会说了。

陈昌路语言观念调查表

请在您所选答案前的拉丁字母下划"√"。

1. 您怎么看茶山人掌握汉语的作用？
   √A 很有用　　　B 有些用　　　C 没有用
2. 您认为学好汉语的目的是什么？
   A 找到好的工作，得到更多的收入　　√B 升学的需要　　C 便于与外族人交流
3. 您怎么看茶山人掌握茶山话的作用？
   √A 很有用　　　B 有些用　　　C 没有用
4. 您认为掌握茶山话的目的是什么？
   A 找到好工作，增加收入　　B 便与本族人交流　　√C 不忘自己的祖宗
5. 对您来说，下列哪种语言最重要？
   √A 汉语普通话　　B 当地汉语方言　　C 大山话　　D 茶山话
6. 如果景颇人成为汉语单语人，您的态度是什么？
   A 迫切希望　　√B 顺其自然　　C 无所谓　　D 不希望
7. 干部在村里开会发言时，你希望他们说什么语言？
   √A 普通话　　B 景颇话　　C 当地汉语方言　　D 大山话
8. 如果有人在外地学习或工作几年后回到家乡，不再说茶山话，您如何看待？
   √A 可以理解　　B 反感　　C 听着别扭　　D 不习惯　　E 无所谓
9. 您希望自己会说什么语言？
   A 普通话　　√B 茶山话　　C 当地汉语方言　　D 大山话　　E 傈僳语　　F 缅语
10. 您最想到什么学校上学？
    A 用汉语普通话授课的学校　　√B 用汉语普通话和景颇语授课的学校
    C 用汉语和英语授课的学校　　D 用汉语方言授课的学校

11. 如果家里的兄弟姐妹不会说景颇话或茶山话,您的态度是什么?
    √A 赞成   B 无所谓   C 反对
12. 如果家里的兄弟姐妹不肯说景颇话或茶山话,您的态度是什么?
    A 赞成   B 无所谓   C 反对   √D 顺其自然
13. 您自己学说话时,父母最先教给您的是哪种语言?
    A 普通话   B 景颇话   C 当地汉语方言   √D 茶山话

陈昌路 400 词测试情况

A 级词汇 239 个

1	天	mau$^{33/35}$ khuŋ^{31}	A
2	太阳	pəi^{31}	A
3	雨	mau^{33} (wu$^{31/53}$)	A
4	火	ŋji^{33}	A
5	(火) 烟	ŋji^{33} khau^{55}	A
6	气	sɔ^{55}	A
7	路	tʃhɔ^{31}	A
8	石头	luk^{31} kɔk^{31}	A
9	水	tʃəi^{31}	A
10	盐	tshɔ^{33}	A
11	身体	kuŋ^{31} tuaŋ^{33}	A
12	头	wu^{55} lɔm$^{31/53}$	A
13	头发	tsham^{31}	A
14	眼睛	ŋjə̆^{31} tʃəi^{33}	A
15	鼻子	nɔ̱^{33}	A
16	耳朵	nə̆^{33} khjap^{55} ; nɔ^{33}	A
17	脸	ŋjə̆^{31}	A
18	嘴	nɔ̱t^{55}	A
19	胡子	nɔ̱t^{55} mji^{33}	A
20	肚子	wɔm^{33} tau^{33}	A
21	脚	khjəi^{33}	A
22	手	b^{731}	A
23	手指	b^{731} ŋjau^{33}	A
24	血	sui^{55}	A
25	骨头	jau^{33}	A
26	牙齿	tsui^{31}	A
27	舌头	ljə̱^{33}	A
28	心脏	na̱ik^{55} lɔm^{33}	A
29	肠子	əu^{33}	A
30	屎	khjəi^{55}	A
31	尿	ji^{55}	A

32	尸体	maŋ³¹	A
33	汉族	la³¹ xɛ³¹	A
34	人	tju³¹	A
35	小孩儿	ɓ̆³³ ʃaŋ³³	A
36	老头儿	ɓ̆³³ khɔk⁵⁵ phau³³	A
37	老太太	ɓ̆³¹ khɔk⁵⁵ ŋji⁵⁵	A
38	士兵	tʃɛi³¹ lɔ³¹	A
39	客人	pəŋ⁵⁵	A
40	爷爷	a³¹ phau⁵⁵	A
41	奶奶	a³¹ jɔk³¹	A
42	父亲	a³¹ pa³³	A
43	母亲	a³¹ ŋuɛ³¹	A
44	儿子	zɔ³³	A
45	女儿	z̆ɔ³³ ŋji³¹/⁵⁵	A
46	女婿	zɔ³³	A
47	孙子	ŋji³¹ zɔ³³	A
48	哥哥	a³³ maŋ³³	A
49	姐姐	a³³ pəi³³	A
50	嫂子	a³¹ pəi³³	A
51	寡妇	tʃhau⁵⁵ mu⁵⁵	A
52	牛	n̆əu³³	A
53	马	ŋjaŋ³³	A
54	绵羊	ʃə̆⁵⁵ pɛ³¹	A
55	羊毛	pəm³¹ pɛ³¹ mau⁵⁵	A
56	猪	wuʔ³¹	A
57	狗	laʔ³¹ khui⁵⁵	A
58	猫	laʔ³¹ ŋjauk³¹	A
59	兔子	tan⁵⁵ lɔʔ³¹	A
60	鸡	kjɔʔ³¹	A
61	公鸡	kjɔʔ³¹ phɔ³¹	A
62	象	tshaŋ³¹	A
63	老鼠	kjuʔ³¹ nɔʔ³¹	A
64	鸟	ŋɔʔ⁵⁵	A
65	鸟窝	ŋɔʔ⁵⁵ sɔt⁵⁵	A
66	青蛙	pu̠⁵⁵	A
67	鱼	ŋ⁵⁵ tɔʔ³¹	A
68	蜜蜂	tjɔ³³ jaŋ³³	A
69	竹子	wu³³	A
70	刺儿	tsəu³³	A
71	梨	ʃɿ³³ li⁵⁵	A
72	核桃	pu³¹	A
73	秧	ləi⁵⁵	A
74	辣椒	la³¹ tsɿ³³	A

75	葱	xəu⁵⁵	A
76	木耳	mau³¹ kjɛŋ³¹	A
77	米	tʃhɛn³¹	A
78	饭	tsɔ³¹	A
79	粥 (稀饭)	la³¹ phɔ⁵⁵	A
80	花椒	tsap⁵⁵	A
81	(鸡) 蛋	əu⁵⁵	A
82	茶	khu⁵⁵ khjap⁵⁵	A
83	药	mu³¹ tʃhəi⁵⁵	A
84	布	mjɿ³¹ sɛ⁵⁵	A
85	衣服	tjɿ³³	A
86	裤子	lu⁵⁵	A
87	头帕	əu⁵⁵	A
88	帽子	əu⁵⁵ kjɔp⁵⁵	A
89	鞋	thjɿ⁵⁵ kɔk⁵⁵	A
90	房子	jɛn³³	A
91	柱子	khuŋ³³ tsan³¹	A
92	门	khɔm⁵⁵	A
93	镜子	paŋ³³ tək⁵⁵	A
94	刀	sam³¹	A
95	火钳	ŋjɿ³³ ŋjap³¹	A
96	钱 (货币)	ŋuɿ³¹	A
97	斧头	wuʔ³¹ tsuŋ³³	A
98	锯子	kjuɿ³³ tsɿ³³	A
99	锄头	khuɔ⁵⁵ mu³³	A
100	绳子	tuɿ⁵⁵	A
101	枪	ŋjɿ³¹ wɔm³³	A
102	书	məu³¹ sau⁵⁵	A
103	故事	mə̌³³ ŋjəi³³	A
104	锣	maŋ⁵⁵	A
105	鬼	sɿ⁵⁵ tjɔ³¹/⁵³	A
106	力气	jɔm³³	A
107	名字	ŋjiŋ³¹	A
108	梦	jɛt³¹/⁵³	A
109	中间	a³¹ kuŋ³¹/⁵³ ; a³¹ tʃɔ³¹	A
110	今天	khə̌⁵⁵ ŋjiʔ⁵⁵	A
111	昨天	ŋjiʔ⁵⁵ nap³¹	A
112	明天	phə⁵⁵ na⁵⁵ jɿ³³ kjɔʔ³¹	A
113	早晨	nap³¹ san⁵⁵	A
114	晚上	ŋjɛŋ³³ jɔ³³	A
115	年	tsan³¹	A
116	今年	khə̌⁵⁵ tsan³¹/⁵³	A
117	去年	a³¹ naik⁵⁵	A

118	明年	saŋ³³ naik⁵⁵	A
119	从前	xji³³ phɛ³³	A
120	现在	kə̆³¹ ʃɿ³³	A
121	一	ta³¹	A
122	二	ai⁵³	A
123	三	sɔm³³	A
124	四	ŋjəi³³	A
125	我	ŋ³¹	A
126	我们	ŋa⁵⁵ mɔʔ³¹/⁵³	A
127	你	naŋ³¹	A
128	他	ŋjaŋ³³	A
129	自己	ŋ³¹ ŋjaŋ³³	A
130	这	xai⁵⁵	A
131	(近指)那	thji⁵⁵	A
132	谁	xaŋ⁵⁵	A
133	哪里	kha³¹ ljɛʔ³¹	A
134	大	ku⁵⁵	A
135	小	ŋji³¹	A
136	高	ŋjaŋ³³	A
137	长	xjiŋ³³	A
138	短	ljɔŋ³³	A
139	远	wɛ³³	A
140	近	ni³³	A
141	厚	thəu³³	A
142	薄	pu³³	A
143	满	tjiŋ⁵⁵	A
144	弯(的)	ŋui³¹	A
145	黑	nɔʔ³¹	A
146	白	thju³³	A
147	红	nɛ³¹	A
148	黄	xjui³³	A
149	绿	ŋjau³¹	A
150	重	lji³³	A
151	轻	sɔm⁵⁵	A
152	快	ŋjəp³¹ ; thjɛʔ⁵⁵	A
153	(猪)肥	tʃhəu³³	A
154	瘦	kji³³	A
155	干	kjuʔ⁵⁵	A
156	湿	tʃuɛʔ⁵⁵	A
157	硬	than³¹ ; kjuŋ³³	A
158	错	ʃɔt⁵⁵	A
159	新	saik⁵⁵	A
160	旧	tshau⁵⁵	A

161	好	kji³¹	A
162	坏	ma³¹ kji³¹	A
163	(价钱)贵	phau⁵⁵	A
164	热	kjuɛ³¹	A
165	冷	ŋam⁵⁵	A
166	酸	tʃɛn³³	A
167	甜	tʃhau³¹	A
168	苦	khɔ⁵⁵	A
169	辣	thjiʔ⁵⁵	A
170	穷	ŋjuŋ³¹	A
171	好吃	ŋam⁵⁵	A
172	饱	tʃɔ³³	A
173	抱	pɔ³³	A
174	病	nɔ³¹	A
175	擦(桌子)	puɔʔ³¹	A
176	唱	khun⁵⁵	A
177	吃	tsɔ³³	A
178	抽(出)	ʃɛ³³	A
179	出去	thuʔ⁵⁵ lɔ³³	A
180	穿(衣)	wɔt³¹	A
181	吹(喇叭)	muɔt³¹	A
182	打(人)	pat³¹	A
183	掉(下)	kjɔ⁵⁵	A
184	叠(被)	nap³¹	A
185	懂	sɛʔ⁵⁵	A
186	读	ŋap⁵⁵;tɔ³¹	A
187	(线)断	tjɛt³¹	A
188	饿	jɔt³¹	A
189	发抖	nam³¹	A
190	飞	taŋ³³	A
191	分(东西)	kaŋ³¹	A
192	缝	tʃuɔp⁵⁵	A
193	给	tji³³	A
194	害羞	xjɔʔ⁵⁵	A
195	害怕	kjuk³¹	A
196	换	thai³¹	A
197	回	lɔʔ³¹	A
198	结婚	lɔʔ³¹ tshɔʔ⁵⁵	A
199	借(借钱)	ŋɔ³³	A
200	借(工具)	ŋɔ³³	A
201	开(门)	phaŋ³¹	A
202	看	ju⁵⁵	A
203	看见	ju⁵⁵ ŋjaŋ³¹	A

204	咳嗽	tsau⁵⁵	A
205	渴	ʃəʔ⁵⁵	A
206	哭	ŋau³¹	A
207	累	ʃaŋ⁵⁵	A
208	骂	ŋjɔ³¹	A
209	埋	ŋjɔp⁵⁵	A
210	买	wui³¹	A
211	卖	ɔŋ⁵⁵	A
212	跑	wui⁵⁵	A
213	骑	tʃi³³	A
214	扫地	ʃəŋ³³	A
215	杀	sat⁵⁵	A
216	(饭) 熟	ŋjɔʔ³¹	A
217	数 (数)	sɔn³³	A
218	睡	jet⁵⁵	A
219	说	tai³¹	A
220	躺	laiŋ³¹	A
221	舔	ljɔʔ³¹	A
222	听	kjɔ³³	A
223	听见	xjau⁵⁵ kjɔ³³	A
224	停止	nɔ³³	A
225	偷	khau³³	A
226	吞	thuɔn⁵⁵	A
227	(蛇) 蜕皮	thaik³¹	A
228	忘记	tɔ⁵⁵ ŋjit³¹	A
229	闻 (嗅)	nam³³	A
230	问	ŋjəi³³	A
231	洗 (衣)	tʃhəi³³	A
232	笑	ji³¹	A
233	痒	jɔ³³	A
234	咬	ŋat³¹	A
235	站	jɔʔ³¹	A
236	煮	tʃau⁵³	A
237	坐	tsɔŋ³³	A
238	做	kuɔt⁵⁵	A
239	做梦	mɔʔ³¹	A

B 级词汇 37 个

1	坟	lɔp⁵⁵	B
2	眼泪	ŋjɔ⁽³¹ tji³¹	B
3	朋友	pəi³¹ nɔ³¹ ; tjɛn³¹ tʃhaŋ³³	B
4	瞎子	ŋjɔ⁽³¹ tʃɛt³¹	B
5	主人	jɛn³³ san³¹	B
6	岳父	ju⁽³¹ phɔ³¹	B
7	妻子	jɛn³³ saŋ³³ ŋji³¹/⁵⁵	B
8	孤儿	tʃhau⁵⁵ zɔ³³/³¹	B
9	黄牛	nə̆u³³ tʃuŋ⁵³	B
10	水牛	nə̆u³³ lui³³	B
11	老虎	tsə̆³³ lu³³	B
12	蛇	laŋ³¹ ŋji³¹	B
13	跳蚤	khə̆³¹ lai³³	B
14	树	sa̠ik⁵⁵	B
15	花	pan³³	B
16	甘蔗	pəŋ³³ tʃhau³¹	B
17	水稻	kuk³¹	B
18	糯米	kuk³¹ ŋjaŋ³³	B
19	稻草	xu⁵⁵ jau³³	B
20	姜	tʃhaŋ⁵⁵ kɔ̠⁽⁵⁵ ; tʃhaŋ⁵⁵	B
21	黄豆	nuk³¹	B
22	肉	ʃɔ⁵⁵	B
23	酒	jəi³³	B
24	枕头	wu⁵⁵ khəuk⁵⁵	B
25	园子	khjaŋ³³ khauk⁵⁵	B
26	扫帚	ʃɛn⁵⁵ puŋ³¹	B
27	三脚架	kjɔ³¹	B
28	针	ŋap⁵⁵	B
29	礼物	tʃuŋ³³ ʃuk⁵⁵	B
30	前	xjip⁵⁵ phɛ³³	B
31	后	thaŋ³¹ phɛ³³	B
32	百	xjɔ³³	B
33	(一) 双 (鞋)	tsɔm³³	B
34	教	kjau⁵⁵	B
35	呕吐	təu⁽³¹	B
36	晒 (衣服)	lap⁵⁵	B
37	挑选	khjɛn³³	B

C 级词汇 2 个

1	玉米	la³¹ mji⁵⁵	C
2	跳舞	kɔ³³	C

D 级词汇 122 个

1	月亮	la̠⁵⁵ mu⁵⁵	D
2	星星	kji̠³³	D
3	云	tʃum³³ mau³³	D
4	风	ləi³¹	D
5	山	pɔm³¹ ; tʃiŋ³³	D
6	洞	tuaŋ³³	D
7	井	tʃəi³¹ luŋ³³	D
8	土	tʃɔ⁵⁵	D
9	水田	tʃəi³¹ ta̠n³³	D
10	沙子	sə̆⁵⁵ ʃɔk³¹	D
11	金子	xji̠ŋ³³	D
12	银子	ŋui³¹	D
13	铜	thuŋ³¹	D
14	铁	thje³¹	D
15	村子	wu³¹ khau³¹	D
16	桥	tsam³¹	D
17	辫子	tsham³¹ tsai³¹	D
18	脖子	laŋ³¹ tsai³³	D
19	肩膀	kə̆⁵⁵ thɔʔ⁵⁵	D
20	背	nuŋ⁵⁵ khuŋ³¹	D
21	肚脐	tʃhɔʔ⁵⁵	D
22	指甲	bɔʔ³¹ san³³	D
23	筋	kji̠³³	D
24	脑髓	ɔ⁵⁵ nuʔ³¹	D
25	肋骨	nam³¹	D
26	喉咙	khjuŋ⁵⁵	D
27	肺	tshɔt⁵⁵	D
28	肝	san⁵⁵	D
29	胆	kjəi³¹	D
30	汗	kji³³ tʃəi³¹	D
31	鼻涕	na̠p⁵⁵	D
32	脓	xuɔt⁵⁵	D
33	姑娘	bə̆³³ ŋji³³	D
34	巫师	juʔ³¹ tsau³³	D
35	贼	khau⁵⁵ səuʔ³¹	D
36	亲戚	pəi³¹ nɔm³¹	D

37	岳母	juʔ31 ŋji31/55	D
38	丈夫	jɛŋ33 saŋ33 phɔʔ31	D
39	犄角	khjau31	D
40	毛	mau55	D
41	尾巴	ljaŋ31	D
42	翅膀	tuŋ31	D
43	鸭子	pu31 tʃap31	D
44	鹅	khjaŋ31 mu33	D
45	龙	san31	D
46	猴子	(la31) ŋjuk31	D
47	熊	wɔm31	D
48	野猪	wu̯ʔ31 au31/33	D
49	麂子	ʃə̌55 tʃhəiʔ31	D
50	老鹰	tsɔn31	D
51	猫头鹰	khuŋ55 pɔp31	D
52	麻雀	tʃɿ31 jap55	D
53	孔雀	thaŋ33 kji33; mau33 laiŋ33 ŋɔʔ31	D
54	鳞	nɔ33 phjɛn33	D
55	苍蝇	jaŋ31 thuŋ55	D
56	蚊子	tuɔk55	D
57	蚯蚓	pu55 tɛ31 laʔ31 liaŋ55	D
58	蚂蟥	laʔ31 suʔ31	D
59	蚂蚁	laʔ31 jɛt31	D
60	蝴蝶	phə̌55 ljap31	D
61	根	a31 pɔn33	D
62	叶子	saik55 xuʔ55	D
63	水果	ʃɿ33	D
64	松树	xju55 tsan31	D
65	藤子	nui31	D
66	芭蕉	ŋɔʔ31 ŋjuk55	D
67	种子	ŋjau33 ʃɿ55; a31 ŋjau33	D
68	穗	na̱m33	D
69	棉花	təu33	D
70	南瓜	tʃiŋ33 kuʔ55	D
71	黄瓜	tuŋ31 xu33	D
72	花生	xua33 sɛŋ33	D
73	芝麻	nam55	D
74	草	man55	D
75	蘑菇	mau31	D
76	线	khjiŋ33	D
77	戒指	bʔ31 kjɔp55	D
78	手镯	bʔ31 thəŋ55	D
79	墙	tjɔ31 jaŋ31	D

80	窗子	khum⁵⁵ pai³¹	D
81	桌子	tsɿ³¹ pɛ⁵⁵	D
82	盖子	a³¹ ŋji⁵⁵ ; a³¹ ŋuɔk⁵⁵	D
83	蒸笼	pɔŋ³³	D
84	勺子	mɔt³¹	D
85	梯子	tsaŋ⁵⁵ laŋ⁵⁵	D
86	船	pau⁷⁵⁵	D
87	锤子	təu³¹	D
88	臼	tshɔm³¹	D
89	杵	thuŋ⁵⁵ kən³³	D
90	弓	pəi³¹ taŋ³³	D
91	箭	ŋjɔ³³	D
92	话	taŋ³³ tʃɿ³¹ ; ŋjəi³³	D
93	鼓	tsan³¹	D
94	灵魂	tjɔ³¹	D
95	旁边	a³¹ jam³¹	D
96	左	bɔ⁷³¹ pai³³	D
97	右	bɔ⁷³¹ jɔ³¹	D
98	月	khjap⁵⁵	D
99	五	ŋ³³	D
100	六	khjuk⁵⁵	D
101	七	ŋjɛt⁵⁵	D
102	八	xjɛt³¹	D
103	九	kau³³	D
104	十	tshɿ³³	D
105	千	khjiŋ⁵⁵	D
106	万	mun³¹	D
107	(一) 堆(粪)	pɔm³¹	D
108	(一) 庹	lam³¹	D
109	深	nau⁵⁵	D
110	锋利	thɔ⁷⁵⁵	D
111	耙(田)	kjɛ⁷³¹	D
112	踩	thaŋ⁵⁵	D
113	炒	lji³³	D
114	舂	thuŋ⁵⁵	D
115	钓鱼	nɔ⁵⁵	D
116	嚼	lji⁵⁵	D
117	摸	suɔp⁵⁵	D
118	欺骗	xua³³	D
119	筛(米)	khjiŋ³¹	D
120	挖	khuɔp⁵⁵	D
121	蒸	pɔŋ³³	D
122	织	jɔ⁷³¹	D

第四节 片马茶山人多语和谐的特点、成因及其意义

片马镇辖片马、片四河、古浪、岗房4个行政村13个村民小组和景朗社区居委会,是一个景颇(茶山支系)、傈僳、白、汉、彝等8个民族的杂居镇。该镇的茶山人,既稳定地使用自己的母语,又兼用汉、傈僳等其他语言,成为具有几种语言能力的多语人。片马茶山人能够根据不同的交际对象、不同的交际内容、不同的交际场合,选择使用不同的语言,以协调语言生活,从而使自己的语言生活形成了多语共存、和谐互补的良性系统。以下对茶山人的多语特点、成因及其意义进行分析。

一、茶山人多语生活的特点

所谓"多语",是指某一民族或某一群体除了使用自己的母语以外,还兼用另外两种或两种以上语言的现象。多语是由于民族交往、语言接触而形成的语言现象。片马茶山人在与其他民族的长期接触中,在习得自己的母语以后,又先后习得了汉语、傈僳语等其他民族语言,成为具有多种语言能力的人。茶山人多语生活具有以下特点:

1. 全民性

我们选取了岗房、片马、古浪茶山人分布较多的3个村寨,对茶山人掌握母语和兼用语的水平进行了调查。结果如下(表2-20):

表 2-20

调查点	人数	懂母语		懂傈僳语		懂汉语	
		人数	百分比	人数	百分比	人数	百分比
岗房	40	40	100%	40	100%	39	97.5%
古浪	15	15	100%	15	100%	12	80%
片马	23	21	91.3%	20	87%	23	100%
合计	78	76	97.4%	75	96.2%	74	94.9%

上表显示,3个村寨78位茶山人中懂母语的有76人,占97.4%;懂傈僳语的有75人,占96.2%;懂汉语的有74人,占94.9%。这个数字说明,茶山人绝大多数是具有3种语言能力的多语人。就是说,多语是片马茶山人语言生活的共同特征。

这个统计数据与我们在茶山寨子的见闻是一致的。我们所遇到的茶山人,大多能说三种语言。在岗房村的坡西口寨,我们与该寨的张宗秀(37岁)、宗波(29岁)、绍路(26岁)等多位茶山人交谈时,他们跟我们说汉语,跟旁边的同伴说茶山语或傈僳语。在古浪村二组座谈时,茶山人崩绍(56岁)告诉我们说:"我们古浪二组有10户人家,其中茶山6户,都会说茶山

语、汉语和傈僳语。"片马村下片马的情况也是如此。我们每天去吃饭的那户茶山人家,他跟儿子讲茶山语,跟我们讲普通话,跟片马镇姬书记讲傈僳语。有的茶山人的傈僳语甚至比母语还要好。

部分茶山人除了兼用茶山、傈僳、汉三种语言以外,还兼用白、缅、景颇和波拉等多种语言。如片马村卫生员董绍军会茶山、傈僳、汉、白等4种语言;宗雷一家懂汉、茶山、傈僳、缅和景颇等5种语言;片马村党支部书记褚玉强也能够使用茶山、汉、傈僳、白、景颇、波拉等6种语言;20岁的茶山女孩胡玉兰懂茶山、景颇、汉、缅、傈僳、白等6种语言。在片马镇,当我们对会讲以上多种语言的人表示赞扬时,被赞扬者总是谦虚地说一句:"这没什么,我们这里的茶山人都会说茶山语、傈僳语和汉语,会说四五种语言一点也不稀罕。"

2. 稳定性

片马茶山人不仅使用母语具有稳定性的特点,而且兼用汉、傈僳等语言也具有稳定性特点。下面是片马茶山人不同年龄段兼用汉语、傈僳语的分类统计:

表 2-21

年龄段	人数	汉语熟练		汉语略懂		汉语不懂	
		人数	百分比	人数	百分比	人数	百分比
6—19岁	20	16	80%	4	20%	0	0%
20—39岁	37	29	78.4%	8	21.6%	0	0%
40—59岁	17	10	58.9%	4	23.5%	3	17.6%
60岁以上	4	1	25%	2	50%	1	25%
合计	78	56	72%	18	23%	4	5%

上表显示汉语水平与年龄之间的关系是:年龄越大,汉语水平越差。年龄越小,汉语水平越高。不懂汉语的4人都是40岁以上的中老年人,青少年的汉语水平普遍较好。

表 2-22

年龄段	人数	傈僳语熟练		傈僳语略懂		傈僳语不懂	
		人数	百分比	人数	百分比	人数	百分比
6—19岁	20	17	85%	2	10%	1	5%
20—39岁	37	34	91.9%	2	5.4%	1	2.7%
40—59岁	17	15	88.2%	1	5.9%	1	5.9%
60岁以上	4	3	75%	1	25%	0	0%
合计	78	69	88.5%	6	7.7%	3	3.8%

上表显示:不同年龄段的茶山人熟练使用傈僳语的比例从75%到91.9%,这个数字反映傈僳语在不同年龄段之间没有明显的差距。傈僳语在不同代际之间得到较好的传承。

3. 和谐性

语言的和谐性,是指同一个民族或同一群体能够和谐使用多种语言,这些语言互补互利,既不相互排斥,也不发生冲突。不同语言在使用中各就各位,协调有序,在和谐中各尽其责,在和谐中发展。片马镇的茶山人能够根据自己的需要选择使用什么语言,而且还尊重他人使用什么语言,营造了语言的和谐。

不同的语言功能有差异,存在强弱之分。汉语是国家的通用语,使用人口多,是强势语言;少数民族语言只在大小不同的局部地区使用,相对于汉语而言是弱势语言。茶山人虽然人数不多,但茶山语是茶山人自己的母语,茶山人对母语有深厚的情感。因此,从语言的交际功能上来说,汉语、傈僳语比茶山语功能强一些,但从语言的情感表达功能上来看,茶山语的功能又比这两种语言的功能大一些。总之,片马镇茶山语与汉语、傈僳语始终处于互补的关系之中,不同语言在不同的交际场合都发挥着各自的作用。

在片马镇,茶山人族内婚姻和族际婚姻都很普遍。族内婚姻家庭,家庭成员不论辈分高低,不管年龄大小,都习惯使用母语交流。当问到"在家里用什么语言"时,几乎都无一例外地选择"母语"。他们对母语有深厚的情感。对"如果家里的兄弟姐妹不肯说自己的母语,您的态度是什么?"这一问题的回答,大多数选择了"反对"。可见,语言的交际功能和语言的情感功能在族内婚姻家庭里得到充分的发挥。

在片马镇,族际婚姻家庭也很多。族际婚姻家庭成员之间的交际有多种选择:长辈之间,用茶山语或傈僳语;长辈与晚辈之间,晚辈迁就长辈,选用长辈喜欢说的语言,大多是说茶山语或傈僳语,有时也用汉语。晚辈之间用茶山语、傈僳语或汉语。如:岗房村坡西口的村民崩优(46岁)是缅甸嫁过来的茶山人,她的丈夫是傈僳族。她告诉我说:"我只会讲茶山话和傈僳话,汉话讲不好。我的爱人和我的五个小孩都会茶山话、傈僳话和汉语三种语言。我爱人是傈僳话比茶山话讲得好一些,汉话讲得差一些。孩子是茶山话讲得最好,汉话也不错,傈僳话稍微差一些。我跟我小孩之间都讲茶山话;我和我爱人之间讲茶山话或者傈僳话。我的爱人跟孩子讲傈僳话,跟我有时讲傈僳话,有时讲茶山话。孩子之间多讲茶山话,有时也讲汉话或傈僳话。一家人在一起时都说茶山话。"崩优家的家庭语言使用情况具有一定的代表性,因为缅甸茶山人嫁给片马镇傈僳人、勒墨(白族支系)人等民族的不少。境内的族际婚姻家庭稍有不同,选用汉语多一些。如褚学海(16岁,茶山人)家,他爸爸是茶山人,妈妈是白族人。他告诉我们说:"我跟爸爸和爸爸那边的亲戚就说茶山话,跟妈妈就说汉语。"

片马镇的4个行政村各自然寨中,茶山人较多的寨子只有下片马、坡西口和古浪二组,并且这3个寨茶山人与傈僳族杂居。这种分布状态,为茶山人习得傈僳语提供了很好的条件,很多茶山人说傈僳语就跟说母语一样。因此在寨子里,一般是茶山人之间说母语;茶山人与傈僳或其他民族多说傈僳语;跟外地嫁来的媳妇或客人说汉语。但总的来说,还是使用傈僳语的时候多。如我们在岗房村向一位茶山人测400词时,她们一边听我们用普通话读400词,一边用傈僳语问身边的茶山人这些词是什么意思,然后用茶山语说出这个词。这个寨子的长者宗枪(曾任镇人大主席)告诉我们说:"这个寨子里的茶山人,不管是本寨的,还是缅甸嫁过来的,傈僳语都说得很好,因为在寨子里说傈僳语的机会比茶山语多。"下片马和古浪二组的情况也类似。

片马镇有5所学校:4所村小,1所镇完小,一村一校。四年级以前到村小就读,四年级以后到镇完小就读。从2009年9月1日起,撤销村小,全镇小孩都集中到镇完小宿读。

村小一般是一校一师,一个老师从学前班教到三年级。学生也不多,三五个或十来个,多数是傈僳族。一年级之前,学生大多不会说汉语,但能听懂一些。上学前班时,老师需要先用傈僳语解释,然后再说汉语。从一年级开始,课堂用傈僳语的量逐渐减少,到三年级时,就完全不需要借助傈僳语了。课余时间,学生之间或师生之间大多说傈僳语。学生选用哪种语言交际,受老师的影响。因为一个老师教所有课程,孩子整天跟老师在一起,师生关系很近。老师喜欢说什么话,学生就跟着说什么话。岗房村的陈昌路(12岁,茶山人)告诉我们说:"我6岁到我们村的岗房小学读学前班时,班上共有8个同学,有5个是傈僳族,3个是茶山人。这五个傈僳族同学都只会说自己的傈僳话。我喜欢跟他们一起玩,慢慢听懂了一些傈僳话。学校只有一个老师,是位男老师,叫胡建华。他是我们村的傈僳人,傈僳话说得很好。他上课时总是先用傈僳话,然后才用汉话。课后,他跟我们做游戏,都说傈僳话。我的同班同学有董雯和陈盯蕾,都是茶山人。从一年级开始,老师上课都是说普通话了,很少说傈僳话。下课跟我们玩的时候,老师还是多说傈僳话,有时也说普通话。下课时,我们三个茶山同学在一起时,也说傈僳话,不说茶山话。胡老师教我们四年,我们跟他很亲。他喜欢说什么话,我就跟着学什么话,我的傈僳话主要是跟老师学会的。"

镇完小的学生来自全镇,民族成分较多,学校的通用语用的是普通话。师生之间或同学之间多用汉语交流。只有本族同学在一起时,才说自己的母语。

二、片马镇茶山人多语和谐的成因

片马镇茶山人的语言生活之所以能够多语和谐,其成因主要有以下几点:

1. 我国的民族语言方针政策是多语和谐的基本保障

我国政府十分重视民族语文工作,建国后颁布了一系列有关民族语言文字的方针政策。从我国的宪法到各历史时期的民族语文政策,核心思想都是强调语言平等和语言的自由使用。其中"各民族都有使用和发展自己语言文字的自由"是我国政府对待少数民族语言文字一贯坚持的立场。它主要包括两方面的内容:一是各民族不分大小,对自己的语言如何使用、如何发展都有自己的权利,其他人不能干涉,更不能歧视。二是政府对各民族使用和发展自己语言的权利,一律予以保障,根据各民族的意愿帮助他们使用和发展自己的语言。上述"自由"的规定,体现了我国政府对民族平等、语言平等的原则。在现代化建设的新时期,我国的语言状况和语言关系有了新的发展。国家对少数民族语言不仅实行语言平等政策,还对少数民族和少数民族语言都有特殊照顾的政策,对弱势语言都给予照顾。

在片马镇,我们看到各民族都能随时随地使用自己的语言,不会受到别人的阻拦和干涉。他们还可以根据自己的意愿选择兼用语言,协调个人的语言生活。无论是在机关、学校,还是在广大的农村,我们到处都可以听到茶山语、傈僳语、汉语在使用。这已经是一个习以为常的语言生活。任何人使用自己的语言都不会受到反对或歧视。

2. 民族关系的和谐是多语和谐的前提条件

语言是民族的一个重要特征,与民族意识、民族感情密切相关。民族关系直接影响到语言关系。民族关系好,语言关系就好;反之,民族关系不好,语言关系也会受到消极的影响。和谐的民族关系是构建语言和谐的前提条件。

片马镇是有悠久历史的多民族杂居镇。茶山人是这个镇的世居民族之一。各个民族之所以迁移到这里,或者由于在原居住地遭到了生存上的挑战,或者由于民族矛盾,或者由于瘟疫被迫离乡背井。来到这里的共同目的,都是为了开始新的生活,更好地生存发展。生活在片马镇的各民族之间没有历史的瓜葛和纠纷,各民族来到片马的共同愿望就是与周围的民族和谐相处,共同发展。片马镇的茶山人不仅在生活中与其他民族友好相处,还在1911年爆发的"片马事件"中与傈僳、汉等民族一起奋起抗英,与英军展开了长达10余年的浴血奋战。在战争中与傈僳族以及其他民族结下了深厚的情感。

在片马镇,不仅镇内的民族和睦相处,而且还与毗邻的缅甸人友好往来。片马的南、西、北与缅甸接壤。与片马镇临近的是缅甸的大田坝区,这个区所辖的12个自然寨与片马镇所辖的13个自然寨山水相连。如下片马对面是王开河和麻利平两个寨子,王开河是茶山人聚居寨,麻利平是傈僳人聚居寨。古浪村对面是达嘟和腊吾科两个寨子,这两个寨子是茶山人和傈僳人的聚居寨。两边的茶山人和傈僳人说的是一样的语言,交往密切,贸易自由,通婚自由。不同国籍的族内婚姻在片马镇很常见。两国的茶山人和傈僳人互相探访,农忙时节还互相帮助。

民族关系的和谐还体现在民族文化的相互交融上。大家住一样的房子,说一样的话,过一样的节日。茶山、傈僳、汉、白等不同民族都同样过春节、吃年夜饭、看春节联欢晚会。一个民族的节日,不同的民族一起过。如茶山人过新米节时,全寨人都聚在一起,不管你是傈僳族、汉族还是其他民族,大家都穿上各自的民族服装,一起唱茶山语歌曲和跳茶山舞蹈。又如傈僳族过阔时节,茶山人和其他民族的人也会前去祝贺。进新房、办喜事丧事,大家都一起帮忙,根本不问你的民族成分。庆祝新居落成是片马人最隆重的活动,哪家人新居落成,同寨的乡亲、远近的亲朋都来庆贺。来客中有茶山、傈僳、汉、白等不同民族的人,大家在一起载歌载舞、喝酒言欢,其乐融融。我们问科则(女,36岁,下片马村民)、普才(男,31岁,片四河村委副书记)、崩优(女,46岁,岗房村坡西口村民)、崩绍(56岁,古浪二组村民)等不同寨子的村民或村干部"你们寨子民族关系好不好?有没有出现过民族矛盾?",得到的回答都是"关系很好,就像一家人。大家互帮互助,就像一个民族。"

多么友好的民族关系啊!这样友好的民族关系其语言关系自然是和谐的。因为友好的交往,营造了不同民族悦纳彼此语言和文化的氛围,而不同民族的彼此接纳必然会促成语言关系的和谐互补。民族关系和语言关系是双向互动的。

3. 开放包容的语言态度是多语和谐的心理基础

片马镇茶山人对语言的兼用是一种包容开放的态度。他们热爱自己的母语,认为母语是祖宗的语言不能忘记,不能丢失。但也认同别的民族语言,认为只有掌握别的民族语言才能很好地与其他民族交流沟通。所以茶山人除了使用母语外,还兼用傈僳、汉、白、缅、景颇语等多种语言。他们认为:需要使用哪种语言就学习哪种语言,多掌握一种语言,就等于多了一门技能,多了一条走进那个民族的路径。

茶山人开放包容的语言态度与片马镇的民族构成有关。片马镇分布着景颇、傈僳、白、汉、彝、壮等八个民族。这些不同的民族在这里聚集,他们不同的语言文化也在这里交融。各民族既保留自己的母语,以满足本民族的交际需要和族群认同,又兼用共同语——汉语以满足民族自身发展的需要,同时还使用当地通行面较广的傈僳语或其他民族语以满足友好的邻里交往。

语言具有交际功能、情感功能、文化传承功能、族群认同功能等多种功能。母语和兼用语在这些功能里发挥的作用大小是不同的。母语用于同一族群之间的交际时,其多种功能都得以实现。因此,茶山人在家庭内和同族之间都选择使用自己的母语。这是茶山语得以代代相传的根本原因。但是,由于母语的使用范围受到一定程度的制约,人们需要选择跨地域、跨族群的全民共同语或地域共同语来补充母语交际功能的不足。人口只有1844人的片马镇,傈僳族的人口最多,占了总人口的38.7%。在茶山人聚居村寨或其毗邻村寨,都有大量的傈僳人分布,傈僳语以人口优势而成为片马镇村寨的族际交际语,茶山人有兼用傈僳语以满足族际交往的需要。同时,汉语是国家的通用语,承载着先进的文化和丰富的信息,从日常生活中的看电视、进城购物,到外出打工、学习新技术等方方面面,都离不开汉语。汉语成为茶山村寨走向外面世界的桥梁,因此茶山人兼用了汉语。而且,现在的年轻父母对子女的汉语教育越来越重视,把汉语教育与小孩的前途联系在一起。如陈昌路(12岁,茶山人)的父亲对我们说:"在现代社会,不重视汉语教育,对小孩的前途是不利的。我打算把我的小孩送到泸水一中去读书,那里的师资比鲁掌中学好。"

在我们的语言观念问卷调查中,也能够看到茶山人开放包容的语言态度。如关于"您认为掌握茶山话的目的是什么?"这一问题,大部分人的回答是"便于与同族人沟通或为了不忘自己的祖宗。"可见茶山语的功用主要是族内交际和族群认同,茶山语在茶山人的心目中具有兼用语不能替代的情感地位。泸水县文化局局长告诉我们说:"一听到你们来研究我们景颇语,我们就非常高兴;又听见你们会唱我们景颇族的歌,我的心里就特别温暖。我们茶山人本来就少,我们把你们也看作我们茶山人了。"当我们对为调查工作提供方便的茶山人说"谢谢"时,从公务员、村干部到村民,每一个茶山人都是这样回答我们的:"应该是我们谢谢你们才对,你们从那么远的地方来,帮我们茶山人研究我们的茶山语。"又如"把普通话、汉语方言、茶山语、傈僳语四种语言按重要程度排序"这一测试题,我们的11位调查对象中有8位是这样排序的:普通话—茶山语—傈僳语—汉语方言。这个答案反映出通用语普通话在多数人的心目中实际功用最大。正是这种对不同语言各取所需的兼容态度,成就了茶山人的多语生活。为了满足与当地主体民族交际的需要,茶山人兼用了傈僳语,为了自身生存发展的需要,促使茶山人兼用汉语。茶山人认为,什么语言有用,就学什么语言,多掌握一种语言就多一种本事。正是这种开放包容的态度,为和谐地习得多种语言奠定了良好的心理基础。

4. 九年制义务教育的普及促进了片马镇茶山人的多语和谐

九年制义务教育对傈僳语,特别是汉语的习得发挥了重要的作用。2003年片马镇实现九年制义务教育,小学生入学率达到100%。因为傈僳族学生最多,而且入学前大多是母语单语人或母语——汉语半双语人,即只能听懂汉语但不会说的双语人。所以,在村小里,不仅傈僳族学生说傈僳语,有的老师也说傈僳语。学前班或一年级时,傈僳语还是课堂教学的辅助语。与傈僳同学同窗三年的茶山儿童自然而然地习得了傈僳语。九年义务教育对青少年学习汉语发挥了至关重要的作用。汉语能力的训练可以分为"听"、"说"、"读"、"写"四个方面。在村小接受了三、四年教育后,茶山儿童汉语的"听"和"说"能力得到了较大提高,能熟练地使用汉语进行口语交际。四年级后,全镇各族学生都到镇完小寄宿就读,课上和课下都说汉语。汉语的口语和书面语能力都得到提高。从2009年9月起,片马镇取消村小,实行中心完小就读制,从一到六年级都到镇完小住宿就读。长达6年的寄宿学习,将为学生学习汉语提供更好的语言环境,茶山青少年的汉语文水平也将越来越高。片马镇没有中学,初中要到鲁掌镇或泸水县城去读,那里的学校用语是汉语。片马镇初中的入学率是90%,大部分茶山学生接受了九年制义务教育以后,汉语的"听、说、读、写"能力都得到较大提高,具有较强的汉语口语能力和书面语能力。有的茶山青少年的汉语能力甚至超过了母语,在日常生活用语中,也更习惯于选择汉语。

九年义务教育对茶山人语言和谐关系的促进,已经在青少年的语言生活中得到显现。虽然老、中、青三个年龄段的茶山人都兼用汉语,但他们的汉语水平和使用汉语的频率和意愿不同。与中老年人相比,青少年的汉语水平最高,使用汉语的频率也高,使用汉语的意愿也强。九年义务教育将使汉语在茶山人的多语和谐中发挥越来越重要的作用。

5. 社会的进步是促进片马多语和谐发展的原动力

语言是为社会生活服务的,有什么形式的社会生活,就有什么形式的语言生活。语言生活随着社会生活的发展而发展。

片马镇的茶山人多居住在山腰。上世纪80年代以前,不通公路,交通基本靠走。很多寨子都不通电。经济生活单一,日出而作日落而息。全镇只有古浪小学一所小学,学生读初中要走100多里山路。在这样的社会条件下,茶山人与外界的交往范围限于本寨或临近寨子,他们只要掌握茶山语或傈僳语即可满足日常交际的需要。

上世纪80年代以后,茶山人在经济生活和文化生活上都得到了很大的提高。1991年,片马被云南省列为省级二类开放口岸,同时,缅甸一方也开始向中国的私人老板出售当地自然资源——原始森林和矿产资源,片马经济在90年代曾一度繁荣。当时片马的本地居民只有1400多人,而外来的流动人口和暂住居民已经超过了三万人。现在,片马的经济虽然不及90年代繁荣,但与80年代以前相比,还是有了很大的进步。基本上实现了"三通"——村村通路、通水、通电。从片马镇到州府六库还通了班车。人均年收入达到1000多元,其中下片马人均收入达到了1840元。家家都有电视机、固定电话或手机。有的家庭还有洗衣机、电冰箱、摩托车。

社会的进步、经济的繁荣影响到人们生活的方方面面,具体到语言生活上,是年轻一代比祖辈们更加积极地学习使用普通话和当地方言,母语、傈僳语、汉语在不同年龄段的茶山人的语言生活里发挥着不同作用。他们根据自己的交际需要,妥善地调解不同语言的使用功能,使这些语言在自己的语言生活中各司其职、各有所用、和谐共存。

三、片马茶山人和谐的多语生活对民族发展的意义

语言是民族的重要特征之一,与人们的生活相依为伴。语言生活的状况如何,直接关系到一个民族的发展和繁荣。多语,是片马茶山人语言生活的一个重要方面,它对茶山人以及其他民族的发展、繁荣有什么作用呢?

1. 茶山人的多语生活是他们在片马得以生存、发展的重要条件之一

片马的茶山人,人口少,要在片马这块多民族杂居地区生存、发展下去,必须与其他民族相互沟通,也就是要有与其他民族都能相互了解的"共同语"。片马的各民族,都有自己稳定使用的语言,在日常生活中各自主要使用自己的母语,所以,不同民族之间的语言沟通,不能靠语言转用,而要靠语言兼用,也就是说,要靠一个民族兼用另一民族的语言来满足相互交际的需要。这一客观需求,形成了片马地区多语兼用的客观规则。在这一规则的作用下,片马的各民族语言兼用相当普遍。比如:茶山人大部分都能兼用汉语和傈僳语;傈僳族大部分人能兼用汉语,少部分人能兼用茶山语;白族都能兼用汉语,大部分人还能兼用傈僳语。当然,不同民族由于人口多少的不同,语言兼用存在不同的层次。主要是人口少的民族,语言兼用的能力强,兼用的语种多;反之亦然。茶山人属于人口较少的民族,所以能兼用其他语言的人数比较多,而傈僳族比茶山人多,所以,能兼用其他语言的人数相对较少。

在片马,茶山人几乎每天都处在与其他民族相互接触之中。不同民族的生产活动,比如种植农作物,都要与其他民族共同商议,相互约工;他们的产品,要与别的民族进行交换;各民族的节日活动,都要邀请其他民族来共同欢聚。这样一个不同民族聚合在一起的大家庭,没有共通的语言,是无法正常运转的。特别是人口少的民族,更需要具有兼用其他语言的能力。我们在片马地区到处都能看到,茶山人遇到汉族说汉语,转而遇到傈僳族就说傈僳语,与其他民族相处十分融洽。他们每一天的语言生活,几乎都在不同语码的转换中度过。近期,茶山人为了增加收入,将大力发展种植核桃,我们目睹了他们与几位汉族种植者一起用汉语签订核桃联合种植合同。我们还看到一位开饭馆的茶山人,他迎来了四方各民族的宾客,不同语言的转换使用是那么自然、流畅。

2. 茶山人的多语和谐使得他们与其他民族的友好团结不断增强

我们到达片马后,片马各民族之间友好团结的民族关系给我们留下了非常深刻的印象。有的茶山人告诉我们:"我们这里的不同民族好像没多大区别了。""我们从来没有发生过什么冲突和矛盾。""我们盖房子、种田,人手不够,就找别人来帮忙,包括其他民族的。""我们不同民

族过的节日都互相参加。"这些发自肺腑的话,使我们感到民族关系的真情。而这种美好的民族关系,要靠语言来传递信息,沟通情感,协调关系。

我们在下片马采访时,一位叫科则的茶山中年妇女告诉我们:"一般情况下,如果客人来了,是什么民族就说对方民族的语言,这样比较尊重对方。如果丈夫(丈夫是白族)的亲戚来了,就说白语。"有的村民说:"在村子里我主要说茶山语和傈僳语,见到傈僳族就说傈僳语,见到茶山人就说茶山语。有时也说汉语。说汉语和说民族语一样多。在聊天和生产劳动的时候,什么语言都说,见到什么人说什么话。"这里和谐的多语生活呈现给我们的是相互尊重、友好的民族关系。

茶山人的族际婚姻家庭的比例不断上升,是民族团结、民族和谐的一个重要表现。茶山男子娶傈僳族、白族、汉族女子为妻,茶山女子嫁给傈僳族、白族、汉族男子的现象比比皆是。在族际婚姻家庭里,不同民族的成员能够兼用对方的语言,孩子跟母亲说母亲的语言,跟父亲说父亲的语言;夫妻之间或者转用对方的语言,或者兼用对方的语言。我们知道,族际婚姻家庭的建立,要靠民族和谐来保证,靠语言和谐来支撑。没有和谐的语言关系,家庭成员之间就无法实现随心所欲的交流。

和谐的民族关系决定了和谐的多语关系,而和谐的多语关系又能促进民族关系和谐地发展。语言关系是民族关系的一部分,民族关系制约语言关系。民族关系和谐,不仅能够使一个民族尊重其他民族的语言和文化,带来民族之间频繁的语言接触,而且还能够促使相互间学习和使用语言,形成自然的语言兼用。而语言的兼用又促进了民族之间的相互往来,从而使语言关系和民族关系之间形成良性的双向互动关系。紧张的民族关系则往往导致语言歧视和语言冲突,很难出现自然的语言兼用现象。

3. 有助于维护边疆稳定

片马镇位于高黎贡山西坡,西、南、北三面与缅甸克钦邦接壤。历史上片马曾被英属缅甸占领,1960年重回祖国怀抱。在片马镇,不仅镇内的民族和睦相处,而且还与毗邻的缅甸人友好往来。与片马镇临近的是缅甸的大田坝区,这个区所辖的12个自然寨与片马镇所辖的13个自然寨山水相连。两边的茶山人和傈僳人说的是一样的语言,大多是多语者。两地居民交往密切,贸易自由,通婚自由。他们经常互相探访,农忙时节还互相帮助,来来去去非常方便。虽是两个国籍,但语言、文化的密切交融使得他们亲如一家。

茶山人还与境外的缅甸茶山人、傈僳人通婚。这种跨国婚姻家庭,也充满了语言和谐。语言和谐为跨国婚姻家庭提供了语言条件。

4. 和谐的语言生活有助于母语的保留

语言和谐,意味着语言尊重和语言使用的自由。片马茶山人虽然人口少,但他们的语言受到其他民族的尊重,他们可以自由使用自己的语言。片马人兼用其他语言,兼用语和母语互相补充,各自在不同的领域发挥作用,这有利于母语的保存。他们兼用的汉语虽然是各民族的共同语,在各个领域发挥着重要的作用,但并不能完全代替母语的功能。诚然,在现代化建设不断推进的新时代,人口少的民族语言的功能在年青一代人中会出现不同程度的衰退,但多语和谐对人口少的民族语言能起到一定的抑制作用,会稳定母语的地位和价值。

我们预计,茶山人的语言在今后几代人中将会在多语和谐的环境中得以保存下去,发挥其交际功能和保存民族文化的作用。

第三章　片马、岗房、古浪语言使用个案研究

第一节　片马语言使用情况个案分析

一、片马村下片马基本情况

下片马距离片马镇区 2 公里,在片马口岸的哨所附近,与缅甸大田坝相邻。茶山人是片马镇的世居民族之一。新中国成立前,下片马的茶山人很多。近 10 年来,下片马的经济生活比缅甸好,缅甸的茶山人及其他民族不断嫁到下片马来。现在,下片马的茶山人在逐渐增加。

下片马属片马村所辖的五个村民小组的第一组。片马村共有 184 户,614 人。人口最多的民族是傈僳族,约占全村总人口的 60% 左右;其次是汉族和白族,各占全村人口的 15% 左右;人口最少的是彝族和壮族,彝族 3 人,壮族 3 人。片马村的茶山人共有 31 户,57 人,占片马村人口的 9.3%。其中下片马(一组)有 23 户,49 人;中片马(二组)有 2 户,2 人;湾草坪(三组)有 6 户,6 人。下片马是个傈僳、茶山、白、汉、壮等民族的杂居寨,其中傈僳族人口最多。

全村年人均收入 1840 元左右。主要经济作物有核桃、梅子、木瓜、草果等。家家户户都有电视、手机,三分之二的家庭装有固定电话,三分之一的家庭有洗衣机,十多户家庭有冰箱,三分之一的家庭有摩托车。全村有 16 台拖拉机。

片马村有 1 所初级小学,一至三年级在本村读,四年级以后去片马镇中心完小就读。从 2009 年 9 月 1 日开始,镇里实行集中办学,所有学生都到片马镇完小住读。小学入学率是 100%,初中入学率是 90%。迄今为止,片马村一共培养了 6 位大学生,1 位研究生。

片马村的茶山人大多会说汉语和傈僳语。傈僳、白、汉等其他民族也有一些人会说茶山语。村里的各民族关系很好,不同民族之间和谐相处,互帮互助。村子的婚姻状况有族内婚姻、族际婚姻和跨国婚姻三种形式。村内的跨国婚姻多为片马男子娶缅甸的茶山、傈僳、勒期等少数民族女子。这个村有三分之一的村民信仰基督教,大部分是傈僳族,茶山人信仰基督教的不多。

二、片马村下片马的语言使用特点

下片马组共有 23 户茶山人家,由于大部分是缅甸嫁过来的茶山人,没有户籍,村组长手里又没有他们的家庭信息资料,所以只能通过采访的形式获取茶山人的相关信息。我们调查到的有户籍的茶山人家庭共 11 户,总人口为 39 人。除去 6 岁以下儿童 3 人、家庭成员中非茶山

16 人以外,共统计到的茶山人数为 23 人。下面我们对茶山人的语言使用情况进行统计、分析。

1. 全民使用母语

该组有 23 名茶山人,年龄都在 60 岁以下。他们使用母语的基本情况是,20—39 岁的 12 人和 40—59 岁的 4 人母语水平都为"熟练"级;6—19 岁的 7 人中,母语水平为"熟练"级的有 5 人,占 71.4%,"略懂"级的有 2 人,占 28.6%。没有人不懂自己的母语。数据见下表:

表 3-1

年龄段	人数	熟练		略懂		不懂	
		人数	百分比	人数	百分比	人数	百分比
6—19 岁	7	5	71.4%	2	28.6%	0	0%
20—39 岁	12	12	100%	0	0%	0	0%
40—59 岁	4	4	100%	0	0%	0	0%
60 岁以上	0	0	0%	0	0%	0	0%
合计	23	21	91.3%	2	8.7%	0	0%

上表显示:该组全民稳定地保留自己的母语。为了更清楚地了解该组茶山人的母语使用水平,我们选取了 400 个基本词汇对他们进行口试,分别测试他们对 400 词的掌握情况,并把测试成绩划分为三个等级。"A+B"级词在 320 个以上的,即掌握 400 词的 80% 以上的,为"优秀"级;掌握 280—319 个,即 70% 以上的,为"良好"级;掌握 260—279 个,即 60% 以上的,为"合格"级。我们随机抽取 9 名茶山人进行测试。他们的"A"级词都在 360—400 之间,其中宗雷的"A"级词达到 400 个,也就是说每一个词他都能脱口而出。下面是这 9 名茶山人的母语 400 词测试统计表:

表 3-2

姓名	年龄	词汇等级				A+B	测试成绩
		A	B	C	D		
胡玉兰	20	377	14	6	3	391	优秀
董绍琴	27	363	21	16	0	384	优秀
刘家翠	31	374	13	4	9	387	优秀
董绍军	32	376	7	11	6	383	优秀
科 则	36	363	5	13	19	368	优秀
董枪浪	38	397	3	0	0	400	优秀
董绍兰	38	395	5	0	0	400	优秀
董玉芳	43	381	15	3	1	396	优秀
宗 雷	51	400	0	0	0	400	优秀

母语词汇量的大小通常与母语水平成正比。母语词汇量大,母语水平就高;反之亦然。由于下片马茶山人掌握母语的词汇量大,母语水平高,母语成为他们日常生活中最重要的交际工具。

2. 全民兼用汉语

景颇族茶山支系全民兼用汉语。23 位茶山人，除了 2 位的汉语水平是"略懂"级以外，其余的 21 人都是"熟练"级。具体数据见下表：

表 3-3

年龄段	人数	熟练 人数	熟练 百分比	略懂 人数	略懂 百分比	不懂 人数	不懂 百分比
6—19 岁	7	7	100%	0	0%	0	0%
20—39 岁	12	11	91.6%	1	8.4%	0	0%
40—59 岁	4	3	75%	1	25%	0	0%
60 岁以上	0	0	0%	0	0%	0	0%
合计	23	21	91.3%	2	8.7%	0	0%

上表中汉语水平为"略懂"级的 2 名茶山人是宗雷和枪吕。他们的汉语水平低，这与语言习得顺序有关。他们都是把汉语作为第三语言习得的，习得汉语的时间不及其他人长。他们习得语言的顺序如下表所示：

表 3-4

姓名	年龄	支系	文化	第一语言	第二语言	第三语言
宗雷	51	茶山	初中	茶山,熟练	景颇,熟练	汉,略懂
枪吕	26	茶山	文盲	茶山,熟练	傈僳,略懂	汉,略懂

3. 大部分人兼用傈僳语

因村里傈僳人多，茶山人兼用傈僳语的水平也较高。23 人中，除了 3 人不懂傈僳语以外，其余的 20 人都懂傈僳语，并且有 16 人的傈僳语水平是"熟练"级，占总人数的 70%。见下表：

表 3-5

语言	人数	熟练 人数	熟练 百分比	略懂 人数	略懂 百分比	不懂 人数	不懂 百分比
傈僳	23	16	70%	4	17%	3	13%

这个寨子大多数茶山人兼用傈僳语，与傈僳族占该村 60% 的人数比例密切相关。傈僳语以使用人口的绝对优势获得了在下片马语言社区的相对强势地位，成为通行面较广的语言。作为下片马组中人数较少的民族，茶山人需要兼用傈僳语来满足社区生活的交际。

4. 少部分茶山人还兼用第三或第四种语言

除了兼用汉语、傈僳语以外，少数人还兼用缅语、白语、景颇语以及载瓦、波拉等景颇族的其他支系语言。具体的统计数据见下表：

表 3-6

语言及景颇族的支系语言	人数	熟练 人数	熟练 百分比	略懂 人数	略懂 百分比	不懂 人数	不懂 百分比
缅	23	2	9%	4	17%	17	74%
白	23	1	4.3%	0	0	22	95.7%
景颇	23	1	4.3%	2	8.7%	20	87%
波拉	23	0	0%	3	13%	20	87%
载瓦	23	0	0%	1	4.3%	22	95.7%

兼用以上语言的人数不多。其兼用原因与个人的经历和家庭语言环境有关。如胡玉兰和胡玉琴两姐妹兼用缅语和景颇语的原因与家庭出身有关。她们的妈妈是缅甸嫁过来的茶山人,她俩的舅舅还在缅甸做事,所以她们有条件去缅甸密支那上学,自然就学会了缅语。由于她俩的妈妈景颇语水平高,就跟妈妈学会了景颇语。

三、片马村下片马语言使用情况表

表 3-7

家庭关系	姓名	年龄	民族	文化程度	第一语言及水平	第二语言及水平	第三语言及水平	备注
户主	董绍军	32	景颇(茶山)	初中	茶山,熟练	傈僳,熟练	汉,熟练	白,略懂
妻子	枪昌	26	景颇(茶山)	文盲	茶山,熟练	傈僳,略懂	汉,略懂	
儿子	董江涛	5	景颇(茶山)	学前	茶山,熟练	傈僳,略懂	汉,略懂	
户主	刘家翠	31	景颇(茶山)	初中	茶山,熟练	汉,熟练	傈僳,熟练	
丈夫	赵喜松	35	白	初中	白,熟练	汉,熟练	——	
儿子	赵彭成	10	景颇(茶山)	小四在读	汉,熟练	茶山,略懂	——	
户主	董绍琴	27	景颇(茶山)	小学	茶山,熟练	汉,熟练	傈僳,略懂	
丈夫	李淑军	32	汉	初中	汉,熟练	茶山,略懂	——	
儿子	李是林	10	景颇(茶山)	小五在读	汉,熟练	茶山,略懂	——	
户主	宗雷	51	景颇(茶山)	初中	茶山,熟练	景颇,熟练	汉,略懂	傈僳,熟练
长女	胡玉兰	20	景颇(茶山)	高中	茶山,熟练	汉,熟练	景颇,略懂	傈僳,熟练;缅,熟练
次女	胡玉琴	17	景颇(茶山)	高中	茶山,熟练	汉,熟练	景颇,略懂	缅,熟练
户主	张启政	45	汉	初中	汉,熟练	傈僳,略懂	茶山,略懂	——
妻子	董玉芳	43	景颇(茶山)	初中	茶山,熟练	汉,熟练	傈僳,熟练	
长女	张春兰	24	汉	初二	汉,熟练	茶山,熟练	傈僳,熟练	
次女	张春天	22	汉	小学	汉,熟练	茶山,熟练	傈僳,熟练	
长女婿	蜜玉强	26	傈僳	小学	茶山,熟练	汉,熟练	茶山,熟练	

次女婿	赵喜勇	24	白	小学	白,熟练	汉,熟练	茶山,略懂	——
长孙女	张晶	5	汉	学前	——	——	——	——
次孙女	蜜文静	2	汉	学前	——	——	——	——
户主	董枪浪	38	景颇(茶山)	小学	茶山,熟练	汉,熟练	傈僳,熟练	
妻子	董绍兰	38	景颇(茶山)	初中	茶山,熟练	汉,熟练	傈僳,熟练	
长女	董梅	18	景颇(茶山)	初中	茶山,熟练	汉,熟练	傈僳,熟练	
次女	董杰	12	景颇(茶山)	小五在读	茶山,熟练	汉,熟练	傈僳,熟练	
户主	褚玉强	34	景颇(茶山)	小五	茶山,熟练	傈僳,熟练	汉,熟练	波拉,略懂;载瓦,略懂
妻子	苏李花	35	白	初中	白,熟练	汉,熟练	傈僳,略懂	
儿子	褚学海	16	景颇(茶山)	初中	茶山,熟练	傈僳,熟练	汉,熟练	
女儿	苏丽菊	16	白	初中	汉,熟练	白,熟练	——	
户主	褚玉凤	39	景颇(茶山)	中专	茶山,熟练	傈僳,熟练	汉,熟练	
丈夫	周三付	41	傈僳	大专	傈僳,熟练	汉,熟练	茶山,略懂	
女儿	周玲	13	傈僳	初一在读	汉,熟练	傈僳,熟练	——	
户主	褚玉新	27	景颇(茶山)	初中	茶山,熟练	傈僳,熟练	汉,熟练	缅,略懂
妻子	崩旺	24	景颇(茶山)	小四	茶山,熟练	汉,熟练	——	缅,略懂
大女儿	褚学梅	7	景颇(茶山)	小一在读	茶山,熟练	汉,熟练	——	
二女儿	褚学仙	1	景颇(茶山)	学前	——	——	——	
户主	科堂	54	景颇(茶山)	脱盲	茶山,熟练	傈僳,熟练	汉,熟练	
儿子	褚玉华	26	景颇(茶山)	初中	茶山,熟练	傈僳,熟练	汉,熟练	缅,略懂
孙子	褚新龙	4	景颇(茶山)	学前	——	——	——	
户主	勒梅三	54	景颇(茶山)	中专	茶山,熟练	傈僳,熟练	汉,熟练	

四、下片马组胡玉兰语言使用情况调查

1. 访谈录

访谈对象：胡玉兰,茶山人,20岁,缅甸密支那育成完全高级学校高中毕业
访谈地点：片马村委会
访谈时间：2009年7月18日
访谈人：余金枝

问：请说说你的家庭情况好吗？
答：我是在下片马出生的,爸爸是片马的茶山人,妈妈是缅甸密支那的茶山人,我的户口在片马。爸爸很早就不在了,母亲一个人带着我和妹妹。我今年已经20岁了。11岁以前我一直在片马生活,在片马完小读到小学四年级。12岁那年,我去了妈妈的老家——缅甸密支那,

在缅甸密支那育成完全高级学校从小学五年级一直读到高中毕业,在那里读了7年书。我妹妹叫胡玉琴,今年17岁,还在密支那上学。我母亲的哥哥、姐姐都在密支那。我家里的经济条件不是很好,妹妹就一直投靠妈妈在缅甸的亲戚。母亲身体不好,前年生了场病。我和我妹妹都回来看妈妈。现在,我留下照顾妈妈。妹妹还要去缅甸继续读书。

问:请谈谈你所读的缅甸密支那育成完全高级学校的语言使用情况吧。

答:育成完全高级学校是个华侨学校,专门招收从中国来的学生。这个学校设有幼儿园、小学、初中、高中。招收的学生从3岁的幼儿到19岁的青少年。培养学生的时段长达16年。

那个学校开设了中文、缅文、英文、数学、历史、地理、物理、化学、计算机、美术、音乐等多门课程。除了中文和英文课之外,其余课程都是用缅语授课。招收的学生有景颇、汉、缅、傣等多个民族。在学校里,我们大多讲普通话,因为是华侨学校,学校要求讲普通话。在校外,同学之间多讲缅语,也讲汉语,很少讲茶山语或景颇语,因为茶山语或景颇语只有跟景颇族同学才讲。在家里讲自己的民族话要多一些,有时也讲汉语。在公共场合就讲缅语了。学校里也有景颇族的老师,我认识的不多,如教我们语文的杨玉兴老师,还有几个只有景颇族名字没有汉语名字的老师。在课余时间,他们之间就讲茶山语,他们跟我们景颇族同学之间都讲茶山语;上课时才讲汉语。平时在校园里,他们都不穿自己民族服装,但是,当过节或者家里有什么喜事时,就会穿茶山人的服装。我有几个学姐,其实也是表姐,她们都是景颇族,只有茶山语名字,没有汉语名字。圣诞节、泼水节、春节等节日,我们都在一起,都讲茶山语。他们讲的茶山语和我讲的是一样的,相互之间的交流没有任何问题,我们相处得很融洽。

2. 语言观念调查

请在您所选答案前的拉丁字母下划"√"。

1. 您怎么看茶山人掌握汉语的作用?

　　√A 很有用　　B 有些用　　C 没有用

2. 您认为学好汉语的目的是什么?

　　√A 找到好的工作,得到更多的收入　　B 升学的需要　　√C 便于与外族人交流

3. 您怎么看茶山人掌握茶山话的作用?

　　A 很有用　　√B 有些用　　C 没有用

4. 您认为掌握茶山话的目的是什么?

　　A 找到好工作,增加收入　　B 便与本族人交流　　√C 不忘自己的祖宗

5. 对您来说,下列哪种语言最重要?

　　√A 汉语普通话　　√B 当地汉语方言　　√C 大山话　　√D 茶山话

6. 如果茶山人成为汉语单语人,您的态度是什么?

　　A 迫切希望　　√B 顺其自然　　C 无所谓　　D 不希望

7. 干部在村里开会发言时,你希望他们说什么语言?

A 普通话　　√B 景颇话　　C 当地汉语方言　　D 茶山话

8. 如果有人在外地学习或工作几年后回到家乡,不再说茶山话,您如何看待?

　　√A 可以理解　　B 反感　　C 听着别扭　　D 不习惯　　E 无所谓

9. 您希望自己会说什么语言?(可多选)

　　A 普通话　√B 景颇语　C 当地汉语方言　D 茶山话　E 傈僳语　F 缅语

10. 您最想到什么学校上学?

　　A 用汉语普通话授课的学校　　√B 用汉语普通话和景颇语授课的学校

　　C 用汉语和英语授课的学校　　D 用汉语方言授课的学校

11. 如果家里的兄弟姐妹不会说景颇话或茶山话,您的态度是什么?

　　A 赞成　　√B 无所谓　　C 反对

12. 如果家里的兄弟姐妹不肯说景颇话或茶山话,您的态度是什么?

　　A 赞成　　B 无所谓　　√C 反对　　D 顺其自然

13. 您自己学说话时,父母最先教给您的是哪种语言?

　　A 普通话　　B 景颇话　　C 当地汉语方言　　√D 茶山话

3. 不同场合语言使用情况调查表

请在所选用的语言下划上"√"。

交际对象 交际场合		本族人					非本族人		
							傈僳人	其他人	缅甸人
		茶山话	汉语	傈僳语	缅语	景颇语	傈僳语	汉语	缅语
家庭	聊生活	√					√	√	√
	聊学习	√					√	√	√
	聊生产劳动	√					√	√	√
村寨	见面打招呼	√					√	√	√
	聊天	√	√				√	√	√
	生产劳动	√					√	√	√
	买卖	√					√	√	√
	看病	√	√				√	√	√
村里开会	开场白		√				√	√	√
	传达上级指示		√				√	√	√
	讨论、发言		√				√	√	√
学校	课堂用语		√					√	
	课外用语	√	√					√	
节日、集会		√	√				√	√	√
婚嫁		√	√				√	√	√
丧葬		√	√				√	√	√

五、访谈

片马村党支部副书记去林访谈

访谈对象：去林，傈僳族，片马村党支部副书记

时间：2009 年 7 月 18 日

地点：片马村委会

访谈人：林新宇

问：您是本地土生土长的傈僳族吗？

答：不是。我们家以前是住在双纳瓦地秤杆乡，离这儿四公里。那里山高坡陡，交通不便，生活困难，实在是难以生存。1989 年我们就和其他几家人一起搬到了这里。

问：请您介绍一下您的家庭情况吧。

答：我家有五口人，妻子、女儿、女婿和孙女。我妻子也是傈僳族，会讲傈僳语，汉语只会听，不会讲。女儿是傈僳语、汉语都会讲。女婿是缅甸楚玉河的，会讲傈僳语，汉语也会讲一些。

问：家里人也会讲茶山话吗？

答：只有我会听一些茶山话。我们这里茶山人都会傈僳语，傈僳族等其他民族会茶山话的很少。

问：片马村有几个组？

答：有五个组，分别是下片马、中片马、湾草坪、飞机场和金索朗。下片马是片马村一组。

问：村里的人口有多少？经济情况怎么样？

答：全村 184 户，614 人，人均年收入 1840 元。经济作物主要有核桃、草果等，有的村民搞养殖，养鸡、鸭、猪、牛什么的。还有的种菜、卖菜。有条件的家庭安装了座机电话，手机比座机还要多。家家有电视，其他家电也比较普遍，大部分人家还都有碾米机。也有一些村民搞运输业，用拖拉机运石头、沙土、牲口什么的。比如我家里有摩托车和汽车，给飞机场组那边的烧炭工厂拉炭。每吨 20 块钱，每辆车可以拉 4 吨，天气好的时候一天可以拉四趟，下雨天路况不好，也能拉上两趟。

问：那您的收入还是很可观的。

答：是啊。还有就地打工的村民，飞机场那边的新区有很多烧炭工厂和木材加工厂，去那里打工每天能赚 50 元。

问：村子里有学校吗？

答：下片马、湾草坪和金索朗共有三所村小。中片马和飞机场的孩子就到片马镇上的民族完小去上学。今年九月份开始要把各村的孩子集中到片马镇上住读。孩子们集中到一起可

以互相学习,政府还管吃、管住、管教。我觉得这样真是太好了。

问:现在村里 30 岁以下的人有文盲吗?

答:没有,一般都能读几年小学。现在村子里的孩子一般能读到初中,九年义务教育嘛。读中学要到鲁掌去读。当然也有一些家庭特别困难的孩子不得不辍学。我们下片马出过三个大学生,两个已经工作了,一个刚刚毕业回来。

问:这里都住着哪些民族?

答:大部分是傈僳族和茶山人。飞机场那边白族多一些,下片马主要是傈僳族和茶山人,白族有三家,还有一家壮族,一家彝族。彝族和白族的那几家都和我们家的情况差不多,以前生活的地方太苦了,才搬到这里来的。那个壮族是广西人,在片马当兵,娶了我们村子里的傈僳族,复员后就和他爱人一起回到村子里来。他会说状语、傈僳语、汉语,不会茶山语。

问:平时和茶山人用什么语言交谈?

答:和村里的茶山人有时说傈僳语,有时说汉语,有时汉语、傈僳语混着说。

问:这里的民族关系怎么样?

答:民族关系很融洽的,大家都互相尊敬,互相交流。比如,相互通婚,不分什么民族,只要儿女愿意,就可以结婚。有的甚至是我的姑娘给你家做媳妇,你的姑娘再给我家做媳妇。

问:婚礼有哪些传统的习俗?

答:以前举行婚礼时,不用碗,用一个盆把饭和肉都放在一起,大家一起用手抓着吃;汤用木碗盛,一人一碗;酒用锅煮。大家穿起民族服装一起喝酒,一起唱歌,一起跳舞。现在不一样了,摆酒宴要用碗、筷,八人一桌,还要跳"八套舞"。

问:什么是"八套舞"?

答:是指包括傈僳族、普米族、白族、独龙族、怒族、汉族、景颇族和彝族,每个民族的一套舞,我们泸水地区各个民族的人都会跳。这也能体现出我们民族关系的融洽。

问:您的姓很特别,傈僳族姓"去"的多吗?

答:(笑)没有,我们村只有我一个。傈僳族大多姓乔、姓胡。我们家本来也姓乔。都是因为父母那时候没有文化,就随便给我们起名字。我有五个兄弟姐妹,姓都不一样。我哥哥姓周,叫周大益扒,姐姐姓妹,叫妹纳玛,弟弟姓胡,叫胡大才扒,最小的弟弟姓思,叫思厅华扒。现在我的三个女儿,我都让她们姓乔,叫乔银春、乔玉芳和乔玉香。

片马村党支部书记褚玉强访谈

访谈对象:褚玉强,景颇名叫绍路,34 岁,景颇族,片马村党支部书记

访谈时间:2009 年 7 月 18 日

访谈地点:片马村委会

访谈人:余成林

问：您好,请您介绍一下您家里的情况好吗?

答：我们家里有四姐妹,有妻子,两个小孩。妻子叫苏李花,35岁,六库的白族,1999年结婚时才过来的,初中毕业,在家务农。儿子叫褚学海,16岁,今年初中毕业,还不知道中考分数,女儿叫苏丽菊,16岁,随母亲过来的,白族,现在初中毕业去读乡村医生学校二年级。

问：您可以介绍一下你们村里的情况吗?

答：我们全村有184户,614人,主要有景颇茶山、傈僳族、汉族、白族、彝族、壮族。其中景颇族有23户,49人;傈僳族有60%;汉族约占15%,白族约占15%,彝族3人,壮族3人。

我们村最早是景颇族在这里居住,其他都是后来搬迁过来的,傈僳族是1979年进来的,1989年又进来了一批,现在有一个村民小组,白族是七十年代来了一部分,最多的是1983年来的。

问：你们村原来景颇族多吗?

答：解放前这里的景颇族是比较多的,后来都跑到缅甸去了。没解放的时候,缅甸就说共产党怎么怎么不行。六十年代时只有一户,后来又搬回来了六家,现在的就是由原来的六家分出来的,还有就是从缅甸娶进来的一些。

缅甸娶进来的有十五六个,双方都喜欢,在缅甸都有亲戚,八十年代缅甸的茶山和我们都是换工,做活都是在一起,所以就接触多了。这边的只有一个嫁到那边去的,户籍还是在这边。

问：为什么缅甸嫁到这边的比较多,两边通婚可以转户口吗?

答：那边的政策没有这边好,如果把户籍迁到那边不舍得。嫁到这边来的,1992年以前的有户口,1992年以后的就没有户口,没有户口也可以生育,小孩有户口,也要计划生育,这边的政策好,对老百姓的待遇好,种菜、养猪都有补助。

问：你们村里的经济情况怎么样?

答：下片马组,景颇语叫勒乃吴,意思是比较堵的悬崖旁边的一块平地,因为这里以前有个悬崖。我们这里原来是依靠出租土地,主要是出租给做木材生意的老板,现在主要种植核桃、养山羊和猪。还种植草果,现在才种,有的有了收入,有的还没有。

核桃人均十亩,一棵一千块,有的几百块,每亩种植18棵,每亩可以收入一万多,现在正是种植时期,还没有完全进入收获期。

目前年收入人均1840元左右,生活还是可以的,也还是有一定的差别,有的家庭较好,有的家庭较差。

粮食作物主要是玉米和稻谷,稻谷较少,全村只有160亩。用钱买粮食,粮食是从六库那边运过来的,都是全国统一的价格。

问：你们村的教育情况怎么样?

答：村里以前有三所小学,都是从一年级到三年级,今年要搞集中办学,9月1日开始都要到镇里上学,在学校住校。小孩子住校,学校专门有人做饭吃。煮饭的、洗衣服的、医生等什么都有。家长很放心。

村里到现在读大学的有六人,现在正在读的有两人,今年考试的还不知道,还有一位研究生,在湖南的一所学校,现在已经毕业。

今年参加高考的有四人,差不多都有希望考取,有两个学习文科的。景颇族一个,汉族一个,傈僳族两个。

古浪村和岗房那边景颇族有在外边工作的,片马村有一位副处级的,以前是县人大副主席,现在是州红十字会副会长。

问:你们村的三通是什么时候开始的?

答:下片马组是1983年通电,后来的一个组是2004年通电,其他的是在1990、1993年通电。这里过去通水,由于老化,中间停了一段时间。2007到2008年又开始通水。村里通路是在1982年。五个村民小组现在全部通路、通水、通电。

问:你们和缅甸那边交往多吗?去那边方便吗?

答:和缅甸那边的交往比较多,都有边民通行证,到当地派出所办理,只要是有户口的都可以办理,嫁过来的没有户口,只要是本地的很不计较,只要有事对边境站讲一下就可以了,基本上都认识。

问:你们村的交通运输及家电方面的情况怎么样?

答:村里的交通主要是坐电三轮,有专门跑运输的,很方便。全村现在15户有汽车,差不多有60户有摩托车,16户有拖拉机。因为国家的广播电视村村通,每家每户都有电视,都是国家扶贫办的家电下乡。十多户有座机,几乎都有手机。

问:请问您会哪些语言?

答:我现在白语会百分之七十,傈僳语和茶山、汉语都是百分之百。缅语、峨昌、勒期、波拉、载瓦会百分之四十。大山话会一些简单的词语。在民族学院还学过两个月的景颇文。

问:你们平时交流都是用什么语言?

答:我们村民平时通用的是汉话,傈僳族的讲傈僳话,平时开会也用汉话。出外边都是说汉话。到缅甸那边讲茶山话,那边有这些民族。

问:你们茶山平时也举办一些民族活动吗?

答:很少举办。因为民族这么少,由于计划生育想发展也发展不起来,近几年和德宏那边联系较多,也有人到那边去,去年还去了一次,主要是去考察,看看他们的生活习惯。

我们的活动主要是茶山的新米节,在每年的10月6日。目瑙节现在是什么时候还很不清楚,由于资金不足,现在还建不起来目瑙广场。只是2005年到昆明民族村参加过一次目瑙节。还有进新房也比较隆重。这里主要信仰基督教,景颇族还没有教堂。

问:你们这里的民族关系怎么样?

答:这里各民族之间的关系还是可以的,各民族之间没有发生过任何矛盾和冲突。

片马村村民科则访谈录

访谈对象：科则，女，36岁，茶山人，片马村村民
时间：2009年7月18日
地点：片马村委会
访谈人：范丽君

问：请您介绍一下您和您家庭成员的情况。
答：我叫科则，今年36岁，是这里土生土长的茶山人，文化程度是小学毕业。我的第一语言是茶山语，还会说汉语、傈僳语，这两种语言说得都很熟练。白语也会一点，可以简单交流，但没有前面三种语言说得好。丈夫王立河，42岁，白族，他是1987年从六库那边过来的。他第一语言是白语，汉语熟练。还会说一点傈僳语和茶山语，可以互相通话但不熟练。我有两个女儿，大女儿王慧珍，今年17岁，报的民族是白族，初中毕业。第一语言是汉语，会一点白语、傈僳语、茶山语，只是简单的交流，复杂的不会表达。小女儿王慧娟今年10岁，报的民族是景颇族，小学四年级在读，语言使用情况和她姐姐一样。
问：请问你们的孩子第一语言是汉语，村里像这样的情况多吗？
答：我们村离片马镇很近，接受的信息比较多，村里人大部分都会说汉语。让孩子从小学习汉语，是为了孩子上学能够有一个好的基础。因为学校用汉语授课，村里其他人也都是让小孩从小开始学汉语，上学后能很好地适应学校学习生活。
问：请问你们家庭内部语言交流情况怎样？
答：我跟孩子、丈夫之间都是用汉语交流。孩子之间交流一般也是用汉语。
问：请问什么家庭内部什么时候用民族语？
答：如果别的民族的客人来，如汉族客人来访，我让小孩子倒水，说汉语不太方便，就和孩子用茶山语表达让她去倒水的意思。一般情况下，如果客人来了，来什么民族就说对方民族的语言，这样比较尊重对方。如果丈夫亲戚来了就说白语。但孩子跟客人交流都说汉语。
问：请问您在村子里与人交流时的语言使用情况？
答：在村子里我主要说茶山语和傈僳语，见到傈僳族就说傈僳语，见到茶山人就说茶山语。有时也说汉语，说汉语和说民族语的几率一样多。在聊天和生产劳动的时候，什么语言都说，见到什么人说什么话。去片马镇买东西和看病的时候，一般说汉语。
问：你们村广播通知时用什么语言？
答：广播通知的时候，一般用汉语和傈僳语，汉语更多一些。
问：你们都过什么民族节日？
答：我们茶山人过新米节，过节的时候一个村子都聚在一起，大家都穿上民族服装，一起唱民族歌曲和跳民族舞蹈，庆祝刚刚收获的粮食。我们是一家一家地过新米节，每天都在一户

庆祝。傈僳族的朋友也会前来祝贺。傈僳族同胞过阔时节,到时候我们也会前去祝贺,一起热闹,民族关系很融洽。

问:请问你们和缅甸那边交往多吗?

答:我的母亲现在在缅甸,我经常过去看她。与我们下片马最近的缅甸村庄是大田坝,那里的人大部分都会说茶山语,也有会说傈僳语的,交流起来很方便。

片马村村民董玉芳访谈录

访谈对象:董玉芳,女,43岁,茶山人,片马村村民
访谈时间:2009年7月18日
访谈地点:片马村委会
访谈人:朱艳华

问:您好!请介绍一下您家的民族构成及语言使用情况。

答:我家有八口人。有汉族、傈僳族、景颇族、白族四个民族。我丈夫是汉族,两个女儿和两个外孙女都是报的汉族。我是景颇族茶山支系人。大女婿是傈僳族,二女婿是白族。我们都生活在一起,是一个民族大团结的家庭。我们在家都说汉语,在寨子里遇到什么族就说什么话,多半说汉语。

问:你们寨子里有哪些民族?大家在一起说什么话?

答:我们寨子以茶山为主,还有傈僳族、汉族等民族。寨子里的人在一起多半说汉语,如果是相同民族的在一起就说民族语了。比如,我碰到茶山人就说茶山话。我的大女婿如果遇到傈僳族就说傈僳话。全寨的人都会说汉语,都说得很好。傈僳语、茶山语也都会,但是程度不同。这两种语言,寨子里大部分人既会听也会说,讲得很熟练。只有山头上的少数几户傈僳族,因为他们是搬迁过来的,离我们又比较远,所以他们对茶山话只会听,不会说。

问:你们这里的小孩刚开始学说话的时候,大人们教他们说的是什么话?

答:最开始学说话的时候,是什么民族就学什么话。上学后一般都说汉语了,即使是回家跟小伙伴玩也说汉语。只有在父母亲友跟他们说民族语的时候才用民族语答话。

问:我们昨天去的那个寨子会说汉语的人很少,为什么你们这里会说汉语的人那么多?

答:可能有两个原因。一是我们这里离片马镇政府比较近。二是我们这里民族杂。以前我们这个寨子只有茶山人,后来又搬来了傈僳族,还有不少其他民族的外来女婿。我们这个寨子与别的寨子不同,这里的姑娘嫁出去的少,大多都是留在寨子里,招一个外地女婿。像我的两个女儿,都是找的外地的女婿。两个女婿,一个是傈僳族,一个是白族。我们上一代五六个姑娘里面,只有一两个嫁出去;我们这一代三个姑娘里面,只有一个嫁出去;下一代十来个姑娘里面,只嫁出去了两个,其余的都留在寨子里了。

问:女孩子为什么不愿意嫁出去呢?外来的女婿有哪些地方的?是些什么民族?您觉得

这些外来的女婿好吗？

答：父母亲舍不得女儿嫁远了。招进来的女婿有四川、广西、大理、六库等地的。主要是汉族，还有傈僳族、白族、壮族。我们这个寨子的姑娘爱嫁汉族。可能还是觉得汉族生活方式比较好，讲究卫生、生活习惯好。这些女婿都很勤快，听话。像我的两个女婿就很乖，我们做父母的说什么他们就很顺从地去做，很孝顺。其他家里也这样。白族、壮族的女婿也很好。外来的女婿比我们当地的人会讨生活，会把家里带旺，改变家里的生活条件。

问：你们这里有这么多民族，相互之间关系好吗？

答：很好，很和谐。不同民族之间互相尊重，互相帮助。我们做农活时，各民族互相帮忙。谁家杀了猪，各民族的都请来吃。可以说，我们这个寨子是一个民族团结、亲热的寨子。

问：您知道你们这个寨子的历史吗？

答：我们这个寨子有些人解放前曾经搬到缅甸大田坝，那是茶山人的地盘。听老一辈人讲，解放前，因为听信谣言，说共产党见一个杀一个，寨子里的人都害怕，就都跑到缅甸去了。后来，"文革"以后，因为缅甸毕竟不是我们的地盘，只是逃难才过去的。现在这边平静了，就回来了，落叶归根嘛。

问：寨子里传统文化保持得怎么样？

答：还有一些保留下了，但是大部分已经没有了。比如织布做民族服装、挎包什么的，我们这一辈的基本上都不会了，只有老一辈的还会一点。茶山话还会一些，故事也会一些，孩子小时候也给他们讲过一些故事。

问：您觉得这里的茶山话和傈僳话会消失吗？

答：不会消失。虽然现在的小孩子在学校或者出门都说汉语，但是回到家还是说民族语。一代一代的，会一直传下去的。我们认为汉语虽然要学会，但是自己的传统也不能丢。现在我们这个寨子今后还要建茶山民族文化村，这对保存我们茶山文化传统很有好处。

第二节　岗房语言使用情况个案分析

一、岗房村基本情况

岗房村位于片马镇南31公里处，与缅甸只隔一条小江。全村总共88户，334人，三个组。主要有傈僳族、白族和茶山人。傈僳族有70户，250人；白族7户，39人，茶山11户，45人。

岗房村原来主要是茶山人，在片马回归前夕，多数迁到缅甸。现在只有一组有茶山人，二组没有茶山人了。白族和傈僳族都是后来迁移过来的，尤其是白族，是七八十年前从兰坪、云龙县搬过来的。

岗房村的经济作物以草果和核桃为主，还有梅子和木瓜。粮食作物以玉米和水稻为主，兼种其他杂粮。水稻每年一季。人均年收入1140元。平均每人水田一亩多,旱地五至六亩,山林五至六亩。

平均每家养猪五头,养牛三至四头。村里有30辆左右的摩托车,家家户户都有电视机,每家一部手机,有的家里人手一部手机,95%以上的家庭有座机。

上世纪七十年代通水,2002年通电,1992年通路。

村里通用的语言有傈僳语、茶山语、汉语,但这三种语言的通用程度不同,通用程度最高的是傈僳语,其次是茶山语,再次是汉语。

二、岗房村的语言使用特点

我们调查了岗房村一组的11户茶山家庭44人和2户白族家庭7人,共13户51人。其中茶山43人(2人系缅甸嫁过来的白族媳妇),白族7人(2人系茶山人媳妇),傈僳族1人(系茶山人媳妇)。因为还有5岁及5岁以下的学前儿童4人,他们的语言能力还没有完全形成。我们这里只对6岁以上有较稳定语言能力的47人的语言特点进行分析。

下面我们分别分析所调查的茶山人和白族、傈僳族语言使用的特点。

1. 茶山人的语言使用特点

(1) 茶山人使用茶山语的情况分析

我们对11户茶山家庭和2户白族家庭的40位茶山人进行了茶山语语言能力的统计,发现95%的茶山人能够熟练地掌握茶山语,只有5%的茶山人略懂茶山语。统计结果见下表3-8:

表3-8

年龄段	人数	熟练 人数	熟练 百分比	略懂 人数	略懂 百分比	不懂 人数	不懂 百分比
6—19岁	11	9	81.82%	2	18.18%	0	0%
20—39岁	19	19	100%	0	0%	0	0%
40—59岁	6	6	100%	0	0%	0	0%
60岁以上	4	4	100%	0	0%	0	0%
合计	40	38	95%	2	5%	0	0%

由表中数据可以看出,在岗房地区,不管是青壮年还是中老年,他们都能够熟练地掌握茶山语,青少年中只有2位略懂茶山语(具体情况见下表3-9)。这2位略懂茶山语的都是10岁以下的少年儿童,但是他们只占整个10—19岁总人数的18.18%,所占的比例较小。这说明茶山话总体情况保持比较好,但是也有衰变的趋势。

表 3-9

姓名	年龄	民族	文化程度	第一语言及水平	第二语言及水平	第三语言及水平
李咏春	7	景颇（茶山）	小一在读	傈僳,熟练	茶山,略懂	汉语,略懂
车毅	10	景颇（茶山）	小三在读	汉语,熟练	傈僳,略懂	茶山,略懂

(2) 茶山人使用傈僳语的情况分析

岗房村虽然原来茶山人比较多,但是现在茶山人比较少,傈僳族比较多,傈僳族成了该村的主体民族,傈僳语就成了该村的通用语。我们对 11 户茶山家庭和 2 户白族家庭的 40 位茶山人进行了傈僳语语言能力的统计,发现 95% 的茶山人能够熟练地掌握傈僳语,只有 2.5% 的茶山人略懂傈僳语,2.5% 的茶山人不懂傈僳语。统计结果见下表 3-10:

表 3-10

年龄段	人数	熟练		略懂		不懂	
		人数	百分比	人数	百分比	人数	百分比
6—19 岁	11	10	90.91%	1	9.09%	0	0%
20—39 岁	19	19	100%	0	0%	0	0%
40—59 岁	6	6	100%	0	0%	0	0%
60 岁以上	4	3	75%	0	0%	1	25%
合计	40	38	95%	1	2.5%	1	2.5%

由表中数据可以看出,茶山人不仅能够熟练掌握自己的母语茶山语,而且可以熟练地掌握本村的主体语言傈僳语,尤其是在 20 岁以上人群表现较好。6—19 岁的青少年和 60 岁以上的老年人中分别只有 1 人略懂傈僳语和不懂傈僳语。其中,61 岁的崩双因为是从缅甸嫁过来的,再加上与外界接触较少,所以不懂傈僳语。另一位是刚刚 10 岁的车毅,因为年轻还没有完全学会傈僳语。他们的具体情况见下表 3-11:

表 3-11

姓名	年龄	民族	文化程度	第一语言及水平	第二语言及水平	第三语言及水平
车毅	10	景颇（茶山）	小三在读	汉语,熟练	傈僳,略懂	茶山,略懂
崩双	61	景颇（茶山）	文盲	茶山,熟练	傈僳,不懂	汉语,不懂

(3) 茶山人使用汉语的情况分析

岗房村主要是少数民族的居住地。这里原来主要是茶山人,现在茶山人比较少,傈僳族比较多,平时和汉族人接触较少,只有上学的时候才开始接触汉语,因此这里的汉语水平较差。我们对 11 户茶山家庭和 2 户白族家庭的 40 位茶山人进行了汉语语言能力的统计,发现只有 55% 的茶山人能够熟练地掌握汉语,还有 42.5% 的茶山人略懂汉语,2.5% 的茶山人不懂汉语。统计结果见下表 3-12:

表 3-12

年龄段	人数	熟练		略懂		不懂	
		人数	百分比	人数	百分比	人数	百分比
6—19 岁	11	6	54.55%	5	45.45%	0	0%
20—39 岁	19	12	63.16%	7	36.84%	0	0%
40—59 岁	6	3	50%	3	50%	1	25%
60 岁以上	4	1	25%	2	50%	1	25%
合计	40	22	55%	17	42.5%	1	2.5%

由表中数据可以看出,在岗房村所调查的茶山人中,他们的汉语使用水平明显比傈僳语和茶山语低。不懂汉语的只有1人,且在60岁以上。汉语使用水平的总体情况是:熟练水平由20—39岁的青壮年年龄段逐渐向6—19岁的青少年、40—59岁的中年和60岁以上的老年年龄段递减,即分别由63.16%逐渐递减为54.55%、50%、25%。这说明在岗房地区,语言能力受语言环境影响很大。因为只有到了学校才学习汉语,再加上这几年改革开放的大好形势,青壮年走出民族地区、接触外边的机会越来越多,学习外边的先进技术也越来越方便。在青壮年略懂汉语的7人中,有6人是从缅甸嫁过来的媳妇,她们也在慢慢地学习汉语。而不懂汉语的崩双,也是从缅甸嫁过来的媳妇。今年已经61岁,年纪较大。也就是说,在略懂和不懂汉语的18人中,有8人是从缅甸嫁过来的。青少年中略懂汉语的5人基本上都是10岁以下的小学生,他们刚刚到学校接触汉语。具体情况见下表3-13和表3-14:

表3-13

姓名	年龄	民族	文化程度	第一语言及水平	第二语言及水平	第三语言及水平
李雪燕	9	景颇(茶山)	小二在读	茶山,熟练	傈僳,熟练	汉,略懂
能 忠	7	景颇(茶山)	小一在读	茶山,熟练	傈僳,熟练	汉,略懂
余 虹	8	景颇(茶山)	小二在读	茶山,熟练	傈僳,熟练	汉,略懂
李咏春	7	景颇(茶山)	小一在读	傈僳,熟练	茶山,略懂	汉,略懂
车 毅	10	景颇(茶山)	小三在读	汉,熟练	傈僳,略懂	茶山,略懂
麻志华	24	景颇(茶山)	小二	茶山,熟练	傈僳,熟练	汉,略懂
很计妹	59	景颇(茶山)	文盲	傈僳,熟练	茶山,熟练	汉,略懂
腊友付	57	景颇(茶山)	小二	茶山,熟练	傈僳,熟练	汉,略懂
宗 江	75	景颇(茶山)	小二	茶山,熟练	傈僳,熟练	汉,略懂
科 代	62	景颇(茶山)	文盲	茶山,熟练	傈僳,熟练	汉,略懂

表3-14

姓名	年龄	民族	文化程度	第一语言及水平	第二语言及水平	第三语言及水平
浪 旺	34	景颇(茶山)	小四	茶山,熟练	傈僳,熟练	汉,略懂,缅甸嫁过来
德 双	39	景颇(茶山)	小二	茶山,熟练	傈僳,熟练	汉,略懂,缅甸嫁过来
阿库妹	29	景颇(茶山)	小二	茶山,熟练	傈僳,熟练	汉,略懂,缅甸嫁过来
江 罗	31	景颇(茶山)	小二	茶山,熟练	傈僳,熟练	汉,略懂,缅甸嫁过来
中 追	29	景颇(茶山)	小一	茶山,熟练	傈僳,熟练	汉,略懂,缅甸嫁过来
浪 罗	33	景颇(茶山)	小一	茶山,熟练	傈僳,熟练	汉,略懂,缅甸嫁过来
崩 优	46	景颇(茶山)	小一	茶山,熟练	傈僳,熟练	汉,略懂,缅甸嫁过来
崩 双	61	景颇(茶山)	文盲	茶山,熟练	傈僳,不懂	汉,不懂,缅甸嫁过来

2. 白族、傈僳族的语言使用特点

岗房村的主体民族是傈僳族,但是在岗房一组主要是茶山人。为了全面了解该组的语言使用情况,我们调查了属于该组的白族和傈僳族8人的语言使用情况。其中白族7人,傈僳族1人。由于白族迁来的时间比较早,距今已有七八十年了,而寨子里缺乏习得和使用白语的语言环境,因此,7人中只有1人还会白语,此人还是从六库嫁到此地的,因此我们就不再分析。

(1) 白族、傈僳族使用傈僳语的情况分析

在所调查的7人中,85.71%的人能够熟练地掌握傈僳语,只有14.29%的人略懂傈僳语。具体数据如下表3-15:

表3-15

年龄段	人数	熟练		略懂		不懂	
		人数	百分比	人数	百分比	人数	百分比
6—19岁	2	2	100%	0	0%	0	0%
20—39岁	5	4	80%	1	20%	0	0%
合计	7	6	85.71%	1	14.29%	0	0%

由表中数据可以看出,除了1位从六库嫁过来不久的媳妇(白族)略懂傈僳语外,其他6人(其中白族5人)都能够熟练地掌握傈僳语,说明傈僳语在此地的交际地位和作用。

(2) 白族、傈僳族使用茶山语的情况分析

在所调查的7人中,只有28.57%的人能够熟练地掌握茶山语,71.43%的人略懂茶山语。具体情况见下表3-16:

表3-16

年龄段	人数	熟练		略懂		不懂	
		人数	百分比	人数	百分比	人数	百分比
6—19岁	2	2	100%	0	0%	0	0%
20—39岁	5	0	0%	5	100%	0	0%
合计	7	2	28.57%	5	71.43%	0	0%

从表中可以看出,由于岗房地区以傈僳族为主,茶山次之。因此,茶山语的作用没有傈僳语那么重要,成年人中都只是略懂一点茶山语,或者说只是听得懂而不会讲茶山语;由于小孩子经常在一起,他们在日常生活中慢慢地就学会了茶山语。

(3) 白族、傈僳族使用汉语的情况分析

在所调查的7人中,只有57.14%的人能够熟练地掌握汉语,42.86%的略懂汉语。具体情况见下表3-17:

表3-17

年龄段	人数	熟练		略懂		不懂	
		人数	百分比	人数	百分比	人数	百分比
6—19岁	2	0	0%	2	100%	0	0%
20—39岁	5	4	80%	1	20%	0	0%
合计	7	4	57.14%	3	42.86%	0	0%

在上表中,6—19岁的青少年由于都是10岁以下的小学生,他们刚刚到学校学习汉语,也就是说他们正式接触汉语的时间不长,所以他们的汉语水平还不怎么好。成人只要是和外界

接触多了,他们的汉语水平就会很好,否则,就会差一些。总体情况是,这里的汉语水平会越来越好。

三、岗房村一组的语言使用情况表

表 3-18

家庭关系	姓名	年龄	民族	文化程度	第一语言及水平	第二语言及水平	第三语言及水平
户主	德科	67	景颇(茶山)	文盲	茶山,熟练	傈僳,熟练	汉,熟练
次子	陈玉华	40	景颇(茶山)	初中	茶山,熟练	傈僳,熟练	汉,熟练
次儿媳	浪旺	34	景颇(茶山)	小四	茶山,熟练	傈僳,熟练	汉,略懂
长孙	陈昌路	10	景颇(茶山)	小学	茶山,熟练	傈僳,熟练	汉,熟练
户主	宗江	75	景颇(茶山)	小二	茶山,熟练	傈僳,熟练	汉,略懂
次子	江国	44	景颇(茶山)	小四	茶山,熟练	傈僳,熟练	汉,熟练
次儿媳	张忠秀	38	景颇(茶山)	小学	茶山,熟练	傈僳,熟练	汉,熟练
长孙女	董艳	18	景颇(茶山)	初中	茶山,熟练	傈僳,熟练	汉,熟练
二孙女	董雯	14	景颇(茶山)	小学	茶山,熟练	傈僳,熟练	汉,熟练
户主	陈玉祥	43	景颇(茶山)	初中	茶山,熟练	傈僳,熟练	汉,熟练
妻子	德双	39	景颇(茶山)	小二	傈僳,熟练	茶山,熟练	汉,略懂
长女	陈盯婉	18	景颇(茶山)	初二	茶山,熟练	傈僳,熟练	汉,熟练
次女	陈盯雷	13	景颇(茶山)	小学	茶山,熟练	傈僳,熟练	汉,熟练
户主	崩优	46	景颇(茶山)	文盲	茶山,熟练	傈僳,熟练	汉,略懂
丈夫	李文忠	33	傈僳	小学	傈僳,熟练	茶山,熟练	汉,熟练
次子	董小军	23	景颇(茶山)	高中	茶山,熟练	傈僳,熟练	汉,熟练
三子	董小文	22	景颇(茶山)	初中	茶山,熟练	傈僳,熟练	汉,熟练
长女	董小云	21	景颇(茶山)	初中	茶山,熟练	傈僳,熟练	汉,熟练
次女	李雪燕	9	景颇(茶山)	小二在读	茶山,熟练	傈僳,熟练	汉,略懂
户主	董小明	27	景颇(茶山)	初中	茶山,熟练	傈僳,熟练	汉,熟练
妻子	段新莲	22	傈僳	小四	傈僳,熟练	汉语,熟练	茶山,略懂
长女	董洁	3	景颇(茶山)	学前	——	——	——
户主	很计妹	59	景颇(茶山)	文盲	傈僳,熟练	茶山,熟练	汉,略懂
长子	董玉强	32	景颇(茶山)	小四	茶山,熟练	傈僳,熟练	汉,熟练
长儿媳	阿库妹	29	景颇(茶山)	小二	傈僳,熟练	茶山,熟练	汉,略懂
长孙	能忠	7	景颇(茶山)	小一在读	茶山,熟练	傈僳,熟练	汉,略懂
长孙女	能双	5	景颇(茶山)	学前	——	——	——
户主	科代	62	景颇(茶山)	文盲	茶山,熟练	傈僳,熟练	汉,略懂
长子	余香华	31	景颇(茶山)	小四	茶山,熟练	傈僳,熟练	汉,熟练
长儿媳	江罗	31	景颇(茶山)	小二	茶山,熟练	傈僳,熟练	汉,略懂
长孙女	余虹	8	景颇(茶山)	小二在读	茶山,熟练	傈僳,熟练	汉,略懂
长孙子	余松	2	景颇(茶山)	学前	——	——	——
户主	张忠杰	27	白	初中	傈僳,熟练	茶山,略懂	汉,略懂
妻子	中追	29	景颇(茶山)	小一	茶山,熟练	傈僳,熟练	汉,略懂
长女	张会	7	白	小一在读	茶山,熟练	傈僳,熟练	汉,略懂

长子	张 顺	2	白	学前	——	——	汉,略懂
户主	胡玉华	33	傈僳	小二	傈僳,熟练	茶山,略懂	汉,略懂
妻子	浪 罗	33	景颇(茶山)	文盲	茶山,熟练	傈僳,熟练	汉,略懂
女儿	胡敏霞	9	傈僳	小一在读	茶山,熟练	傈僳,熟练	汉,略懂
户主	腊友付	57	景颇(茶山)	小二	茶山,熟练	傈僳,熟练	汉,略懂
妻子	崩 双	61	景颇(茶山)	文盲	茶山,熟练	傈僳,不懂	汉,不懂
长子	麻志荣	27	景颇(茶山)	小四	茶山,熟练	傈僳,熟练	汉,熟练
次子	麻志华	24	景颇(茶山)	小二	茶山,熟练	傈僳,熟练	汉,略懂
户主	李文新	28	傈僳	小四	傈僳,熟练	汉语,熟练	茶山,略懂
妻子	董玉会	28	景颇(茶山)	小三	茶山,熟练	傈僳,熟练	汉,熟练
长子	李咏春	7	景颇(茶山)	小一在读	傈僳,熟练	茶山,略懂	汉,略懂
长女	李咏梅	2	景颇(茶山)	学前	——	——	——
户主	董玉秀	33	景颇(茶山)	初二	茶山,熟练	傈僳,熟练	汉,熟练
长子	车 毅	10	景颇(茶山)	小三在读	汉,熟练	傈僳,略懂	茶山,略懂
户主	陈玉归	33	景颇(茶山)	初中	茶山,熟练	傈僳,熟练	汉,熟练
妻子	何娟萍	25	白	初中	白,熟练	汉,熟练	茶山,傈僳,略懂
长女	陈何生	9	景颇(茶山)	小二在读	白,熟练	茶山,熟练	汉,傈僳,熟练

四、访谈

岗房村党支部副书记余忠华访谈

访谈对象：余忠华,27岁,傈僳族,初中毕业,岗房村党支部副书记

访谈时间：2009年7月17日中午

访谈地点：岗房村委会

访谈人：余成林

问：您好,请您介绍一下您家里的情况好吗?
答：我家里有三口人,妻子阿结三,24岁,傈僳族,小学三年级文化;儿子余诚俊,2岁。
问：你们村里的情况可以介绍一下吗?
答：我们村里除了傈僳和茶山,还有白族。全村总共88户,334人,三个组。傈僳族有70余户,250余人;白族7户,四五十人,他们是大家庭,只有两家的老人会白语,他们是七八十年前从兰坪、云龙县搬过来的,他们现在都是讲傈僳语和汉语,遇到茶山人讲茶山话,这个村子里很多人会讲茶山话。

现在只有一组有茶山人,二组没有。以前岗房村都是茶山人,二组以前百分之九十都是茶山人,解放以后都搬迁到缅甸,因为缅甸政府说汉人的坏话,把他们都鼓动到缅甸。

问：你们村里的经济情况怎么样？

答：我们村里的经济作物以草果和核桃为主，还有梅子和木瓜。粮食作物以玉米和水稻为主，兼种其他杂粮。水稻一年只种一季，每年10月份就下霜，有时还结冰。我们的人均年收入1140元。村里的水田有四百多亩，平均每人一亩左右；旱地人均达到五、六亩；山林每人五到六亩，我们是人少地多。平均每家养五头猪，养三到四头牛。

问：你们平时经常到缅甸那边去吗？

答：经常去。因为我们和缅甸那边有亲戚关系，不管是办喜事还是丧事他们都要请我们，那边都是讲茶山话，缅甸那边也会讲傈僳语，那边也有傈僳人。平时到缅甸只要有证就可以从边防站那里过去。到那边主要是走亲戚，买东西。那边和这边的东西差不多，但是那边有一个市场很方便，才6公里，到片马31公里，比较远。那边卖东西的全部是中国人，都是用人民币，出去那边100多公里的缅甸地区也都是用人民币。那边到这边来的人也很多，主要是走亲戚，也到片马买东西或者是做生意，他们也是用人民币，存钱也使用人民币，那边没有银行，一般到片马存钱。

问：你们和缅甸那边通婚的多吗？

答：主要是缅甸嫁到这边的多，这边基本没有嫁到缅甸那边的。因为中国男的多，女的少，主要还是这边发达，缅甸那边不发达。

问：缅甸姑娘嫁到中国来手续麻烦吗？

答：不麻烦。只要是到缅甸区政府开证明，然后到中方外事办翻译以后再拿到县民政局登记就可以了。只开结婚证，不准上户口，本村像这种情况有十多个。但是他们的孩子都可以上户口。

问：你们村里的小学都是少数民族老师吗？

答：不是。小学老师基本是教汉语的老师，没有教傈僳语和茶山话的老师，民族语都是在平时交往中学习的。

问：你们村小是完全小学吗？

答：不是。村里小学只到三年级，四年级以后要到片马读书，都是住校，学校专门有人照料他们的生活，没有说另外收费。9月1日要全部到片马完小读书。

问：你们村到外边打工的多吗？一般到哪些地方打工？

答：我们到外边打工的不多，只有七八个，一般在片马和六库打工，都是在饭店、修理厂工作，学了技术回到村里或者乡里自己做。

问：你们村里在外边读大学、读高中、读初中的多吗？

答：我们村里有两个读大学的，一个在云南大学，一个在云南财经大学，是两姊妹，都是白族。傈僳和茶山以前有读大学的，现在都毕业了，他们现在分别在州纪委、州人事局、州医院工作。现在还有一些在读高中和初中的。读高中的才有两三个，读初中的有十多个。

问：你们村里的交通工具和电器情况怎么样？

答:我们一般上街坐他们专门的跑运输的车,到岗房就有三四十辆,很多的。村里有三十辆左右的摩托车,电视机家家户户都有,手机一家有一台,有的家里人手一台,座机百分之九十五以上的家庭都有。

问:你们平时在家里和村里开会都是用什么语言?

答:我们平时在家里都用傈僳语交流,村里开会用汉语和傈僳语。我们每个人至少要学习三种语言,特别是傈僳语和茶山话,平常的生活都是自然而然地学习。

问:你们村里的"三通"是什么时候开始的?

答:我们村里是七十年代通水,2002年通电,1992年通路。

问:你们平时做饭是烧柴还是烧煤、烧电?

答:我们平时做饭还是烧木头,没有用煤,有百分之三十用电,主要是用电洗衣服、做饭。山上树木一般不允许砍伐,现在都是封山育林,上边不远都是国家级保护区。平时用的都是从自家山里砍的。

岗房村村民崩优访谈

访谈对象:崩优(音 bəŋ³¹ u⁵⁵),46岁,文盲,茶山人
访谈地点:岗房村委会
访谈时间:2009年7月17日
访谈人:余金枝

问:请您谈谈您的个人经历好吗?

答:我的景颇语名字叫 bəŋ³¹ u⁵⁵。这个名字代表了我是茶山人,其他民族不会起这样的名字。我的老家在缅甸的密支那省克钦邦特区大田坝区腊吾空寨。我的爸爸妈妈都是茶山人。我是19岁那年嫁到片马镇岗房村坡西口寨的。我的第一个丈夫也是茶山人,我跟他生了四个孩子。在我37岁那年,他去世了。第二个丈夫是傈僳族,我们结婚10年了,生有一个女儿。我没有读过书,去的地方不多。小时候都只待在家里,没有出过门。嫁到中国以后,也是在村里待着,很少去其他地方,记得我去的最远的地方是六库,也只去了一次。我的汉话说得不好,一个人去其他地方不方便。

问:请谈谈您老家的情况好吗?

答:我老家腊吾空寨是个茶山人聚居的寨子,全寨人都会说茶山话。我们那个村有个学校,设有小学、初中。学校的学生多数是茶山人,也有少数傈僳族的。大家都会自己的民族话。我老家和岗房村坡西口寨虽然属于不同的两个国家,但只隔一座山,大家交往很密切,我们老家的姑娘喜欢嫁到中国这边来。跟我一样嫁到坡西口来的缅甸姑娘还有四位呢。

问:您家里还有哪些人呢?

答:我家有七口人:我、我爱人、三个儿子、两个女儿。我的前夫不在了,现在的爱人叫李

文忠,是傈僳族,今年33岁,读过小学四年级。大儿子叫董小明,今年27岁,初中毕业,现在家劳动。他已经成家了,媳妇是傈僳族,有一个孩子了。老二叫董小军。他今年23岁,高中毕业,现在泸水县职业学校学医学专业。老三叫董小文,今年22岁,初中毕业,现在家务农,还没有成家。大女儿叫董小云,今年21岁,初中毕业,现在昆明打工。二女儿叫李雪燕,今年9岁,在岗房小学读二年级。

问:请谈谈您家里的语言使用情况吧。

答:我只会讲茶山话和傈僳话,不太会讲汉话。我的茶山话比傈僳话讲得好。我还会用茶山话唱歌。我爱人和我的五个小孩都会茶山话、傈僳话和汉话三种语言。我爱人傈僳话比茶山话讲得好一些,汉话讲得差一些。孩子是茶山话讲得最好,汉话也不错,傈僳话稍微差一些。我跟我小孩之间都讲茶山话;我和我爱人之间讲茶山话或者傈僳话。我的爱人跟孩子讲傈僳话,跟我有时讲傈僳话,有时讲茶山话。孩子之间多讲茶山话,有时也讲汉话或傈僳话。一家人在一起时都说茶山话。我喜欢看电视,也听得懂一点点,但还是以看画面为主。

问:请谈谈您家里的日常活动。

答:我都在家里做工,没有时间也不太喜欢出门。有时,我会去缅甸的22号界桩。22号界桩离我们岗房只有5公里,是缅甸的一个集市。那里每天都有人在买卖东西。我有时也去那里卖鸡、菜、李子、桃子、核桃、板栗等东西。我卖东西时,主要是讲茶山话和傈僳话,有时也讲一点汉话。我跟寨子里的人相处得就像亲戚一样,平时来往比较多。我喜欢跟他们交往。

问:请谈谈您家的风俗习惯。

答:我们家过新米节和春节。新米节是茶山人最大的节日,每年的10月6日过。新米节的含义是今年的庄稼收获以后吃的第一顿饭——新米饭。春节,跟汉族人一样,吃年夜饭、看春节联欢晚会。建新房、娶媳妇我们也做得很热闹。一家建新房大家帮,大家高高兴兴的,像过节一样。娶媳妇也是一样的,亲戚朋友都来喝喜酒、凑热闹。我很喜欢我住的这个寨子,我觉得我现在生活得很好。

岗房村村民浪罗访谈

访谈对象:浪罗(音 naŋ³³nɔn³¹),女,33岁,文盲,茶山人

访谈时间:2009年7月17日

访谈地点:岗房村委会

访谈人:朱艳华

问:您嫁到片马镇岗房村之前在哪里生活?

答:我一直在缅甸密支那省大田坝区云洞村生活。2000年才嫁到这里来。

问:云洞村的民族构成情况怎样?

答:以傈僳族和茶山族为主,茶山族的要多一点。

问：云洞村的村民在一起时说什么话？

答：一般都说茶山话，傈僳族也说茶山话。但是傈僳族如果到片马这边来，一般会说傈僳话。因为片马这边的傈僳族多。如果这边的人会傈僳话，就用傈僳话交流；如果会茶山话，就用茶山话交流。

问：云洞村的傈僳族都会茶山话，茶山人也都会傈僳话吗？

答：是的。

问：您在缅甸生活的时候说什么话？

答：说茶山话。我最先学会的就是茶山话。15岁左右学会了傈僳话，是跟傈僳人在一起时学会的。我在缅甸生活时，村子里就有傈僳族。15岁以后跟那些傈僳族的交往多了，就学会了傈僳话。

问：您出嫁之前家庭的语言使用情况怎样？

答：我们家有八口人，爸爸、妈妈、两个哥哥，两个嫂子，一个弟弟，还有我。我们全家都说茶山话。

问：您嫁过来之后，语言上有没有障碍？

答：没有障碍，完全可以通话。如果遇到茶山人的朋友，就说茶山话；如果遇到傈僳族的朋友，就说傈僳话。我的傈僳话说得也挺好，日常生活都能够交流。汉语说得差一点，刚学会两年。平常用汉语跟人交谈还有困难，只会讲一点点。

问：你们这个村子里说汉语的人多吗？

答：不怎么多，有一些。年纪越小，说汉语的越多一些。

问：你们村子里现在主要是说什么话？

答：说茶山话和傈僳话。说傈僳话的多一点。可能是因为傈僳族人多一些，茶山人少一些。

问：请介绍一下您的家庭情况。

答：我家有三口人。丈夫叫胡玉华，33岁，傈僳族，在家种田。他是十来岁时从秤杆乡搬过来的，那是一个傈僳族聚居的乡。那时就说傈僳话，搬过来之后还是说傈僳话。我有一个女儿，叫胡敏霞，傈僳族。8岁多一点，上学前班，就在村子里的小学上。她会说茶山话、傈僳话、汉语。她最先学会傈僳话，在3岁以后又学会了茶山话，学会茶山话后就比傈僳话说得要好一些。上学后傈僳话又比茶山话说得好一些了。因为小学里的老师、学生都说傈僳话。汉语是上学以后才学会的，说得不是很好。

问：你女儿在学校里上课时说什么话？

答：说汉语。有时听不懂，也没办法，老师是汉族的，只会汉语，不会傈僳话和茶山话。

问：你们一家人在一起说什么话？

答：一家三口都说傈僳话。

问：你们平时在村子里说什么话？

答:遇到傈僳人就说傈僳话,遇到茶山人就说茶山话。

问:傈僳话跟茶山话差别大吗?

答:差别大。

问:你们村的语言使用情况怎样?

答:傈僳话和茶山话全村的人都会,汉语只有一小部分人会。主要是一些经常出去打工的小姑娘、小伙子。

问:您经常出门吗?

答:不怎么出门,一般就在村子里待着。去过密支那,到过保山。保山是我到过的最远的地方了。保山那边的人都说汉语,我听不懂,不过跟我们一起去的有会汉语的茶山人,跟他们一起就可以。

问:您平时在家看电视吗?

答:看,都是一些汉语的电视,只看得懂一点。

问:还有一些别的什么文化生活?

答:村里放电影,过年过节跳茶山舞,唱茶山调子。我会唱茶山歌、会跳茶山舞。

问:你们村子里茶山人的文化传统保持得怎样?

答:保留得还可以。你看,我身上穿的这件衣服,就是我们茶山人的服装。我们每个人都有一套民族服装,过年过节、走亲戚、办喜事,都会穿。我身上这件就是我从缅甸嫁过来时的嫁妆,是我自己做的,自己织布、自己裁剪、自己缝制。等我女儿长大后要出嫁了,我就给她做一套。婚丧嫁娶、过年过节时,还会唱歌跳舞。遇到什么场合就唱什么歌,歌词都是现编的。

问:您现在跟缅甸那边的亲戚还有来往吗?

答:来往很密切,都数不清了。最近的一次是7月5、6日,我回缅甸娘家看望父母。

问:您回娘家,娘家人有没有觉得你说话跟以前不一样了?

答:没有,还是和以前一样。

问:回去远吗?

答:不远,走路只要两个小时,坐车只要一个小时。

问:您父母经常来看你吗?

答:经常来看。

问:他们来这里和这里的人能够对话吗?

答:可以对话,遇到傈僳人就说傈僳话,遇到茶山人就说茶山话。

问:您跟您娘家人现在属不同的国家,感情上有这种国别之分吗?

答:没有,还是一家人。我们这个寨子和娘家的那个寨子,平常来往很密切,相互之间有什么事情,比如农忙、红白喜事,两边的人就互相帮忙。

第三节 古浪语言使用情况个案分析

一、古浪村五朝口寨基本情况

古浪位于片马镇东北部，距片马镇政府所在地约20公里，距州府六库约118公里。与缅甸老窝科一河之隔。这里有柏油路通到村子附近，公路通向村子的路是弹石路。

古浪分为一组、二组，共有88户327人。一组大部分是傈僳族，没有茶山人。二组共24户，其中有5户茶山人，17户傈僳族和2户汉族。我们调查的茶山人聚居的寨子名叫"五朝口"，属于古浪二组的一个寨子。

"五朝口"，茶山语为"茶山的老寨子"之义。景颇族是这里的世居民族，早期没有傈僳族，全部都是茶山人。据说过去茶山人少则50户多则80户。在抗日战争时期，很多人避难逃往缅甸。我国改革开放以来，一部分村民又从缅甸搬回这里。现在五朝口有茶山人5家、汉族2家。

这个寨子的主要农作物是玉米和水稻。由于在山区，都是人工种田。主要经济作物是核桃和草果，政府提倡种植草果，并提供相关的服务，草果一年一亩的产值是1200元。此外，茶山人家庭家家户户都养猪、牛、羊，少则五六头，多则二十多头。现在家家都有洗衣机、电视机和固定电话。

古浪二组主要有傈僳族、茶山人和汉族，民族关系和谐融洽。各族人民一起种田，盖房子时也会前来帮忙。遇到节庆节日，大家会一起互相庆祝。如茶山人过新米节，关系好的傈僳族都会过来一起热闹。再比如这里比较重要的"进新房"仪式，如果房子盖好后，要宰牛、穿民族服装，唱民族歌庆祝，周围的亲戚朋友少则200多人多则500人都会前来庆贺。他们也会请缅甸那边的亲戚过来。各族人民互相通婚，茶山人娶汉族、傈僳族的媳妇，还娶缅甸的茶山人、傈僳人媳妇。与对面缅甸的关系也很融洽，交流也很方便，有很多缅甸姑娘外嫁到这里。

这里的茶山人都会说茶山语和傈僳语。老人如果没有在外面生活过，一般不会说汉语，不能用汉语交流。年轻人现在都可以用汉语交流，尤其是在外打工的。这里的5户茶山人，平时家庭内部交流用语是茶山语，与周围其他民族交往用傈僳语。村中的两家汉族汉语说得熟练，娶了茶山姑娘，能听懂茶山语，但茶山人与这两家的汉族交流时说汉语，与其他傈僳族交流时说傈僳语。这里的傈僳族有的能听懂茶山语，但都不会说。

寨子里的孩子都去古浪小学读书。古浪小学有三个年级，共有6个学生，一个傈僳族老师。老师用汉语授课，所以小学生都懂汉语。老师不懂茶山语，下课后跟学生交流有时说汉语，有时说傈僳语。2009年9月村里小学生上学要全部集中到片马镇中心完小上学，统一接送，这里不再设立学校。整个古浪村读高中的有10个人，大学本科有一个。

片马镇中心教堂坐落在古浪二组,教堂礼拜六和礼拜三晚上祷告念经。礼拜日有三节课,这一天教徒休息一天。教堂传教都用傈僳语。茶山人5户人家,有2户不信教,其他都信仰基督教。这里的茶山人因为人数太少,没有人组织,所以没有过茶山人的传统节日——目瑙纵歌节。

二、古浪村五朝口寨语言使用的特点

1. 茶山人茶山语使用特点

五朝口寨茶山人总户数5户,茶山16人,学前1人,实际统计人数15人。茶山人使用茶山语具体情况如表3-19:

表 3-19

年龄段	人数	熟练		略懂		不懂	
		人数	百分比	人数	百分比	人数	百分比
6—19岁	2	2	100%	0	0%	0	0%
20—39岁	6	6	100%	0	0%	0	0%
40—59岁	7	7	100%	0	0%	0	0%
60岁以上	0	0	100%	0	0%	0	0%
合计	15	15	100%	0	0%	0	0%

这个寨子的茶山人100%能熟练地掌握本民族的语言。这与他们居住环境较为集中有关。他们集中居住在古浪五朝口寨,茶山语是他们的日常用语。其次,他们与外界交流较少。此外,这里与缅甸茶山人交往频繁。这些因素都使得他们的母语保存完好。

2. 茶山人傈僳语的使用特点

先看下表3-20的统计数字:

表 3-20

年龄段	人数	熟练		略懂		不懂	
		人数	百分比	人数	百分比	人数	百分比
6—19岁	2	2	100%	0	0%	0	0%
20—39岁	6	6	100%	0	0%	0	0%
40—59岁	7	7	100%	0	0%	0	0%
60岁以上	0	0	100%	0	0%	0	0%
合计	15	15	100%	0	0%	0	0%

由上表可知,100%的古浪茶山人都能熟练地使用傈僳语。古浪村傈僳族居多,属于人数上强势的民族,所以茶山人都会说傈僳语,他们之间在村中的交流也是用傈僳语。

3. 茶山人汉语使用特点

下表3-21是茶山人使用汉语的统计表。

表 3-21

年龄段	人数	熟练		略懂		不懂	
		人数	百分比	人数	百分比	人数	百分比
6—19岁	2	2	100%	0	0%	0	0%
20—39岁	6	6	100%	0	0%	0	0%
40—59岁	7	4	57.1%	0	0%	3	42.9%
60岁以上	0	0	0%	0	0%	0	0%
合计	15	12	80%	0	0%	3	20%

根据统计得知：古浪茶山人中40岁以下的人100%都能熟练地使用汉语，40—59岁的共有7人，其中3人不懂汉语，这三个人都没有受过教育，而且基本上没有长时间出过远门，故汉语水平不高。

三、古浪村五朝口寨语言使用情况表

表 3-22

家庭关系	姓名	年龄	民族	文化程度	第一语言及水平	第二语言及水平	第三语言及水平
户主	崩绍	55	景颇(茶山)	小学	茶山,熟练	傈僳,熟练	汉,熟练
长子	绍路	26	景颇(茶山)	小二	茶山,熟练	傈僳,熟练	汉,熟练
儿媳	姜丽芬	20	汉	初中	汉,熟练	——	——
孙子	路英	1	景颇(茶山)	学前			
户主	崩枪	42	景颇(茶山)	小学	茶山,熟练	傈僳,熟练	汉,熟练
妻子	胡玉妹	41	傈僳	小学	傈僳,熟练	茶山,熟练	汉,不懂
长女	韩南	11	景颇(茶山)	小四	茶山,熟练	茶山,熟练	汉,熟练
户主	德江	45	景颇(茶山)	文盲	茶山,熟练	茶山,熟练	汉,不懂
妻子	欧秀珍	45	景颇(茶山)	初中	茶山,熟练	茶山,熟练	汉,熟练
二子	江玉寒	20	景颇(茶山)	小学	茶山,熟练	茶山,熟练	汉,熟练
户主	崩江	47	景颇(茶山)	初中	茶山,熟练	茶山,熟练	汉,熟练
妻子	欧向英	42	白	初中	傈僳,熟练	汉,熟练	茶山,熟练
长子	江归	22	景颇(茶山)	小学	茶山,熟练	傈僳,熟练	汉,熟练
次子	江拉	20	景颇(茶山)	初中	茶山,熟练	傈僳,熟练	汉,熟练
三子	江宝	18	景颇(茶山)	小学	茶山,熟练	茶山,熟练	汉,熟练
户主	崩宗	52	景颇(茶山)	文盲	茶山,熟练	傈僳,熟练	汉,不懂
妻子	德珍	55	景颇(茶山)	文盲	茶山,熟练	傈僳,熟练	汉,不懂
长子	宗波	31	景颇(茶山)	小学	茶山,熟练	傈僳,熟练	汉,熟练
次子	宗得	20	景颇(茶山)	初中	茶山,熟练	傈僳,熟练	汉,熟练

四、访谈

古浪村村民绍路访谈

访谈对象:绍路,男,26岁,小学二年级,古浪村村民

时间:2009年7月17日

地点:古浪二组五朝口寨宗波家

访谈人:范丽君

问:请你介绍一下你和你家庭的情况。

答:我叫绍路,今年26岁,茶山人,文化程度是小学二年级。第一语言是茶山话,还会说傈僳语和汉语,二者都很熟练。妻子姜丽芬是汉族,20岁,只会说汉语。有一个不到两岁的儿子。我从小和父亲一起生活,父亲曾在外面当过兵,所以与外界交流比较多。我16岁以后,经常出去外地,所以汉语说得熟练。我和我父亲说茶山话,因为我妻子是刚从外地嫁过来的汉族,不会说茶山话,我跟她用汉语交流。我们五朝口寨老年人如果没有出过远门,都不会说汉语,年轻人因为打工,与外界交流逐渐增多,会说汉语的人越来越多了。

问:你普通话说得不错,怎么学会的?

答:因为古浪村1995年才开始设立小学,我们那一代人的文化基础都比较薄弱,同龄的有很多人都没有上过学,学习普通话的主要途径是通过社会交往,和外界互相交流学习。电视普及以后,也为普通话的普及起到了推动作用。

问:你觉得你学习普通话遇到的最大问题是什么?

答:虽然我们村缺少说普通话的环境,但不影响我说普通话的积极性。虽然我会说三种语言,但对汉语方面的知识知道不多。汉语文化方面的欠缺是我学习普通话的首要障碍,有时不知怎么用汉语表达。

问:你学习普通话的动力是什么,希望达到什么水平?

答:我学习普通话主要是为了和更多的人交流,还有我也有学习的兴趣。我现在没有求学和找工作等条件的要求,所以我对普通话水平期望值不高,只要能进行一般的交际就可以。

问:别人跟你说普通话,你用普通话回答是什么感觉?

答:在我们村里,虽然我对我的普通话很有信心,敢在任何人面前讲普通话。但在说普通话的人面前,还是感觉到有些不自然,因为在家经常说的是茶山话,要不就是傈僳语,普通话基本没有机会讲。

问:你对你的下一代有什么样的语言要求?

答:我希望自己能说好汉语和本民族的语言。对于下一代的语言选择,打算教自己的小孩子首先学会汉语,因为学好汉语有利于小孩上学、考学。至于本民族的茶山话,我认为孩子

生活在茶山话的语言环境中,自然而然地就会,不需要专门教。在小孩学好汉语的同时,我希望孩子将来能够成为汉语—茶山话兼通的双语人,不要忘本民族语言,传承本民族文化。

问:请问对你来说掌握什么语言最重要?

答:随着我们这里经济的发展,与外面社会的交流的机会越来越多,汉语在社会生活中很有用。虽然在平时的交往中,傈僳语说得几率要大于汉语,但我还是把汉语排在第一位,其次是我们茶山话,最后是这里人数上比较强势的傈僳语。

古浪村村民宗波访谈录

访谈对象:宗波(音 tsoŋ³³ po³³),男,31 岁,小学文化,茶山人

访谈时间:2009 年 7 月 17 日

访谈地点:古浪二组五朝口寨宗波家

访谈人:朱艳华

问:请介绍一下你的家庭情况以及家庭成员的语言使用情况。

答:我家有六口人,父亲、母亲、两个妹妹、一个弟弟,我是家中的长子。全都是景颇族茶山支系。在家里全都说茶山话,出门如果碰到傈僳族就说傈僳话。我母亲对傈僳话只会听不会说,其余人的傈僳话都很好,会听也会说。弟弟初中毕业,现在浙江打工,傈僳话、茶山话都会。他从外地回来,仍然说茶山话和傈僳话。一个妹妹嫁到保山,一个嫁到我们村里。嫁到保山的妹妹现在说傈僳话和汉话。她的汉话是嫁过去后才学会的。那个村子(保山杨柳乡小壶口村)是汉族寨子,只有两户傈僳族。嫁到村子的妹妹,会说茶山话、傈僳话、汉话。汉话是修建片岗公路那几年学会的。那时我们家种的荔枝、菜,养的鸡都拿到工地去卖,跟那些修公路的汉族人交往很多。她最先学会的是茶山话,后来又学会了傈僳话。我的汉语是在修公路时学会的。片岗公路是 1990 年通的,修公路时,我曾去工地打工,工地上全部都是汉族人,就跟他们学会了汉语。我也经常去片马做买卖,把家里养的牛、羊拖到片马去卖,跟顾客一般都说汉语。

问:请你介绍一下你们寨子的基本情况。

答:寨子里的人受教育程度都不太高,最高只读到初中。主要种植核桃、草果、水稻、玉米,饲养羊、牛、鸡、猪。我们家养了 60 只羊,猪有 15 头,30 来只鸡,3 头牛。人均年收入一千来元。生活基本上没有问题。家家都有电视、手机,洗衣机五家里只有三家有。

问:你们这儿的孩子上小学到哪里上?

答:现在都要到片马去上。要住读的。上学还是挺难,离得太远了。

问:孩子上学时讲什么话?

答:上学时都讲汉语,回家是什么族就讲什么话。

问:这里的小孩上学之前会汉语吗?

答：只会一点，主要是看电视学会的。上学后就学得很好了。一般到小学毕业时汉语就已经讲得很好了。

问：小孩子还会讲茶山话和傈僳话吗？

答：会，最开始学说话就说茶山话、傈僳话。

问：你们寨子的语言使用情况怎样？

答：我们寨子茶山人有五户，汉族有两户，傈僳族有三户。与我们相隔1公里的地方还有18户傈僳族。我们这里的人一般都会茶山话和傈僳话，汉语一般是30岁以下的才会。我们聚居在一起的这10户人家平时都说茶山话，如果到另外18户那边去就说傈僳话。那18户平时在他们那边也说傈僳话，到我们这边来就说茶山话。

问：那两户汉族平时在家说什么话？遇到村里人说什么话？

答：他们在家说汉语。他们是从六库搬过来的，可能还不到10年。他们在寨子里如果遇到会讲汉语的人就讲汉语，遇到不会讲汉语的人，一般讲傈僳话或茶山话。

问：这两户傈僳族的情况怎样？

答：他们在家说傈僳话，出门遇到会讲汉语的就讲汉语，遇到会讲茶山话的就讲茶山话。

问：你对你们这个寨子的历史了解吗？

答：不太了解。我只知道我们在这里居住已经有10代了。解放以前大概有50多户。解放初期，因为不了解情况，这50多户全都跑到缅甸去了。1967年有一天晚上，我父亲和我爷爷偷偷回来看，发现这里现在情况很好，于是我们全家又都搬回来了。

问：你们家跟留在缅甸的那些景颇族相比，哪个过得好？

答：当然我们过得好啊。缅甸的那些人现在想过来也过不来了。

问：你还没结婚吧？如果找女朋友想找什么族的？

答：遇到什么族就找什么族的，不会刻意去看是什么民族。

问：你觉得你们这里的民族关系怎样？

答：关系挺好的。我们这里做农活都是一家有农活全寨去帮忙，大家一户一户地轮流帮着做，直到全寨的人家都做完了才叫做完。有一家没做完，那就是全寨的农活都没做完。

问：不同民族之间有没有因为使用不同语言而产生矛盾的？

答：没有因为这个而产生矛盾的。

问：你觉得什么语言比较重要？

答：现在应该是汉语最重要，因为在外面跟人交往，还有一些信息要靠汉语。但是对我们茶山人来说，我们的民族语言也很重要。因为我们本来就是少数民族，民族语言是我们祖祖辈辈传下来的，要一直传下去。

问：你觉得茶山话在你们这里会一直传下去吗？

答：会的，因为我们这里离缅甸近，那边全部都说茶山话。我们跟他们交往很密切。我妈妈的亲戚，她的哥哥、弟弟、妹妹都在缅甸，以前他们那边打仗的时候，全都到我们这边来住。

现在,我们做农活要是忙不过来也会去那边请人。

问:你们这里的茶山传统风俗保留得好吗?

答:保留得还可以。我们每个人都有民族服装,在过年过节、红白喜事的时候都会穿。

问:你们这里还有茶山人的宗教祭祀仪式吗?

答:没有了。我们全寨都信基督教。从1986年开始基督教就传到我们这里来了。是六库那边的傈僳族传过来的。基督教的复活节、感恩节、圣诞节,我们全镇的基督教徒都到这里的中心教堂来过节。

问:基督教的宗教教义通过什么语言来传播?

答:主要以傈僳语传播,景颇语也有,但是很少。

第四章　片马茶山人的语言特点

　　片马茶山人说的语言,他们自己称之为 ŋo³¹tʃhaŋ⁵⁵ŋjəi³³"峩昌话"。汉族称之为"茶山话"或"茶山语"。从与亲属语言的远近关系上看,它与景颇族勒期支系说的勒期语比较接近,二者在主要特点上大同小异,即在语音、语法的基本特点上相同,还存在超过半数的同源词,而且同源词的语音对应规律比较严整。但在用词和语音形式上,二者存在一些明显的差异。母语人反映,"我们的茶山话与勒期话有许多不同。我们听德宏的勒期话能听懂一部分,但不能完全听懂,通话有困难。"我们从听觉上也感到茶山语与德宏勒期语在语调、用词上存在一定的差异。在支系意识上,茶山人认为自己与勒期人虽有一些共同点,但存在许多差异。而且他们分居两地,语言的演变和发展各走自己的路。从这个角度看,把茶山语看成是茶山人的支系语言也未尝不可。况且,语言和方言的界限往往存在模糊性,茶山语与勒期语的差异属于不同语言或不同方言,也存在着模糊性。本文除有的访谈记称"茶山话"外,均统一以"茶山语"指称。

　　下面简要介绍片马茶山语的语音、语法、词汇的特点。

第一节　片马茶山语的语音系统

　　本音系是根据泸水县片马镇片马村下片马的茶山语整理而成的。发音人是:1. 胡玉兰,1988 年 12 月生,出生于该地。高中文化程度。父母都是茶山人,都以茶山语为第一语言,她也以茶山语为第一语言。三四岁后接触汉语,开始学习汉语;十二岁又学会傈僳语。2. 董绍琴,1982 年 1 月生,出生于该地。小学毕业。父母都是茶山人,都以茶山语为第一语言,她本人也以茶山语为第一语言。两三岁起就学会汉语,五六岁后又学会了傈僳语。

一、声母

　　声母的主要特点是:(1)塞音、塞擦音只有送气、不送气对立,没有清、浊对立,但擦音只有部分有清浊对立;(2)有腭化的舌尖中音、舌根音声母;(3)舌尖音与舌叶音相对立;(4)无清化鼻音和清化边音;(5)无复辅音声母。

　　声母有 28 个:p、ph、m、f、t、th、n、l、tj、thj、lj、ts、tsh、s、z、tʃ、tʃh、ʃ、k、kh、ŋ、x、kj、khj、ŋj、xj、j、w。列表如下:

p	ph	m	f
t	th	n	l
tj	thj		lj
ts	tsh	s	z
tʃ	tʃh		ʃ
k	kh	ŋ	x
kj	khj	ŋj	xj j
w			

声母例词：

p	pau⁵⁵ 愿意	pɔm³¹ 山
ph	a³¹phau⁵⁵ 爷爷	phan⁵⁵ 反刍
m	məi³¹ 被子	a³³maŋ³³ 哥哥
f	fa³¹tʃan³¹ 发展	fəi³³tʃi³³ 飞机
t	tuaŋ³³ 洞	tui³¹ 摆动
th	thai³¹ 换	thɔm⁵⁵ 池塘
n	nə̌u³³ 牛	nuk³¹ 黄豆
l	tsə̌³³lu³³ 老虎	ləp⁵⁵ 坟
tj	tji̠³¹ 横（的）	tju³¹ 人
thj	thjɔ³¹ 破（篾）	thju³³ 白
lj	ljaŋ³¹ 尾巴	ljɔ³¹ 焯
ts	tsam³¹ 桥	tsan³¹ 年
tsh	tsham³¹ 头发	tshɔ³³ 盐
s	sɔm⁵⁵ 三	sui⁵⁵ 血
z	zɔ³³ 儿子	
tʃ	tʃuɛ⁵⁵ 到达	tʃɛn³³ 生（的）
tʃh	ŋji³³tʃhəi⁵⁵ 火药	tʃhap⁵⁵（一）粒（米）
ʃ	ʃui⁵⁵ 领（人）	ʃɛ³³ 抽（出）
k	kɔ̠³³ 蠢	kaŋ³³ 生命
kh	khat⁵⁵（一）条（绳）	khuŋ³³ 木梁
ŋ	ŋɛ⁵⁵ 烫	ŋui³¹ 银子
x	xuɔt⁵⁵ 脓	xaŋ⁵⁵ 谁
kj	kji⁵⁵ 放上	kjɔ³³（头发）脱落
khj	khjuŋ⁵⁵ 喉咙	khjap⁵⁵（一）个（碗）
ŋj	ŋjaŋ³³ 他	ŋjɛt⁵⁵ 七

xj	xjəi⁵⁵ 污垢		xjɔ³³ 播种
j	jɔm³³ 力气		jə⁽³¹⁾ 织
w	wu³³ 竹子		wɔp⁵⁵ 孵

声母说明：

1. 舌叶音 tʃ、tʃh、ʃ 出现在 i、əi、ɛ 前时，部分人出现 tɕ、tɕh、ɕ 的变体。如：tʃei³¹ "水" 读为 tɕɛi³¹。
2. z 只出现在个别词上。
3. 与送气声母结合的韵母均为松元音韵母。
4. 鼻音 ŋ 能自成音节。如：ŋ³³ "五"。
5. f 只出现在汉语借词上。

二、韵母

韵母共有 87 个，分为以下 3 类：

（一）单元音韵母

共有 12 个。举例如下：

ɿ	ʃɿ³³ 水果	i	tji³³ 衣
ɛ	ɛ³³ 远	a	ta³¹ 一
ɔ	tʃhɔ³¹ 路	u	pu³¹ 核桃
ʅ	tʃʅ³³ 仓库	i̠	kji̠³³ 星星
ɛ̠	nɛ̠⁵⁵ 胶	a̠	pa̠³³ 坝子
ɔ̠	ljɔ̠³³ 舌头	u̠	lu̠⁵⁵ 裤子

（二）复合元音韵母

共有 12 个。举例如下：

ai	tsai⁵⁵ 细	əi	məi⁵⁵ 哄（小孩）
au	khau³³ 偷	əu	tʃəu³³ 铃
uɛ	tʃuɛ³³ 露水	ui	ŋui³¹ 银子
a̠i	pa̠i³¹ 拜	ə̠i	kjə̠i³¹ 胆
a̠u	ŋja̠u³³ 干咽	ə̠u	kə̆⁵⁵tə̠u³¹ 其他
u̠ɛ	ʃu̠ɛ³³（蛇）爬	u̠i	ŋu̠i³³ 歪

（三）带辅音韵尾的韵母

共有 63 个。举例如下：

ip	xjip⁵⁵phɛ³³ 前	it	xjit⁵⁵ŋji³³ 前天
ik	u³³ŋjik³¹ 竹笋	iʔ	thji⁽ʔ⁾⁵⁵ 辣

in	lin⁵⁵ 轮胎	iŋ	ŋjiŋ³¹ 名字
ɛt	tjɛt³¹（线）断	ɛn	kjɛn³³ 挠（痒）
ap	lap³¹ 抓（一把）	at	khat⁵⁵（一）条（绳子）
am	tam³¹ 伤口	an	than³¹ 硬
aŋ	maŋ³¹ 尸体	ɔp	lɔp⁵⁵ 坟
ɔt	khjɔt⁵⁵ 脱（衣）	ɔk	lɔ̃³³khɔk⁵⁵phau³³ 老头儿
ɔʔ	sɔʔ⁵⁵ 气	ɔm	khɔm⁵⁵ 门
ɔn	ŋjɔn⁵⁵ 黄蜂	ɔŋ	pɔŋ³³ 蒸笼
up	tʃə̃⁵⁵tʃhup⁵⁵ 屁股	ut	kuk³¹ 水稻
uk	thuk⁵⁵ 撑住	uʔ	khuʔ⁵⁵ 碗
un	mun³¹ 万	uŋ	thuŋ⁵⁵（一）节（竹子）
ən	wən³¹（一）背（柴）	əŋ	lɔʔ³¹thəŋ⁵⁵ 手镯
uan	khuan⁵⁵（一）句（话）	uaŋ	tʃəi³¹thuaŋ⁵⁵ 水塘
aik	saŋ³³naik⁵⁵ 明年	aiŋ	naiŋ³³ 少
uɔʔ	khuɔʔ⁵⁵mu³³ 锄头	uɔp	thuɔp⁵⁵ 戴（包头）
uɔt	puɔt³¹ 凸	uɔn	muɔn³³ 浑浊
i̱k	ta³¹tsi̱k⁵⁵ 一点	i̱ŋ	xji̱ŋ³³ 金子
ɛ̱t	ŋjɛ̱t⁵⁵ 七	ɛ̱ʔ	kjɛ̱ʔ³¹ 耙（田）
ɛ̱n	ŋjɛ̱n³³ 低	a̱p	na̱p⁵⁵ 鼻涕
a̱t	sa̱t⁵⁵ 杀	a̱m	na̱m³³ 穗
a̱n	pa̱n³³ 涩	a̱ŋ	ka̱ŋ³³ 生命
ɔ̱p	ŋjɔ̱p⁵⁵ 埋	ɔ̱t	tshɔ̱t⁵⁵ 肺
ɔ̱k	kɔ̱k⁵⁵（一）把（扫帚）	ɔ̱ʔ	ŋɔ̱ʔ⁵⁵ 鸟
ɔ̱n	ŋjɔ̱n⁵⁵ 泡（茶）	ɔ̱ŋ	kjɔ̱ŋ⁵⁵ 抠
u̱p	kju̱p⁵⁵ 脆	u̱k	kju̱k⁵⁵ 吓唬
u̱ʔ	ʃə̃⁵⁵kju̱ʔ⁵⁵ 干巴	u̱ŋ	kju̱ŋ³³ 硬
ə̱ŋ	kə̱ŋ³³ 牢固	ɿʔ	khɔ⁵⁵tsɿʔ⁵⁵ 虾子
a̱ik	sa̱ik⁵⁵ 树	aiʔ	laiʔ³¹ 称（粮食）
u̱ɔt	tʃu̱ɔt³¹（路）滑	auʔ	tau⁵⁵kup⁵⁵ 乌龟
u̱ɛʔ	lju̱ɛʔ⁵⁵（饭）稀		

韵母说明：

1. 带辅音尾的韵母，辅音尾有减少的趋势，在部分人的读音中出现了变体。如:-p 收尾的韵母，有的读为-t，如:tsɔp⁵⁵"（一）把（米）"读为 tsɔt⁵⁵，有的在 tsɔt⁵⁵ 后再收个轻微的-p。这显示-p 向-t 演变的趋势。又如:pɔm³¹"山"，有的读为 pɔn³¹，有的在-n 后再收个轻微的-m，这显示-m 向-n 演变的趋势。

2. 有的韵母出现频率比较低，如 in、iˀ、ɔk、ɛ̰ˀ、ḭˀ 等。

3. 不像勒期语那样有长短元音的对立。

三、声调

茶山语的基本声调有 3 个：高平、中平、低降。举例如下：

高平 55	中平 33	低降 31
nɛ⁵⁵ 胶水	nɛ³³ 粘	nɛ³¹ 红
maŋ⁵⁵ 铓锣	maŋ³³ 老	maŋ³¹ 尸体
kɔ⁵⁵ 笨	kɔ³³ 跳舞	kɔ³¹ 挡（风）
nɔ⁵⁵ 钓	nɔ³³ 耳朵	nɔ³¹ 疼

除了以上 3 个调以外，还有一个 53 调出现在变调中和少量词中。例如：təŋ⁵³ "紧"、xaŋ⁵⁵/⁵³ "谁"。

第二节　片马茶山语的语法特点

一、名词的性

茶山语名词本身没有表示性别的形态变化，区别性别主要靠附加成分表示。人和常见的动物名称都用表示"公、母"义的"半实半虚"词素表示。

1. 指人的性别时，在名词词根后加 phɔ³¹ 表阳性，加 ŋji³³ 表阴性。例如：

　　ju⁷³¹ phɔ³¹ 舅父，岳父　　　ju⁷³¹ ŋji³¹/⁵⁵ 舅母，岳母
　　舅　阳性　　　　　　　　　舅　阴性

2. 指动物的性别时，在名词词根后加 lu³¹、phɔ³¹ 表阳性，加 tsan³¹ 表阴性。例如：

　　kjɔ⁷³¹ phɔ³¹ 公鸡　　　　　kjɔ⁷³¹ tsan³¹ 母鸡
　　鸡　公　　　　　　　　　　鸡　母
　　ŋjaŋ³³ lu³¹ 公马　　　　　　ŋjaŋ³³ tsan³¹ 母马
　　马　公　　　　　　　　　　马　母

二、人称代词数、格的形态变化

茶山语的人称代词分单数、双数和复数三类。有主格、宾格、领格的区别，但没有性的区别。第一、二、三人称代词的主格均无对称、引称之分。第一人称多数无包括式和排除式的区别。具体如下表：

表 4-1

人称	数	主格	领格	宾格
第一人称	单数	ŋ³¹	ŋa⁵⁵	ŋə³¹
	双数	ŋa⁵⁵ ta̱ŋ³¹	ŋa⁵⁵ ta̱ŋ³¹	ŋa⁵⁵ ta̱ŋ³¹
	多数	ŋa⁵⁵ mɔʔ³¹/⁵³	ŋa⁵⁵ mɔʔ³¹/⁵³	ŋa⁵⁵ mɔʔ³¹/⁵³
第二人称	单数	naŋ³¹	na⁵⁵	naŋ³¹
	双数	na³⁵ ta̱ŋ³¹	na⁵⁵ ta̱ŋ³¹	na⁵⁵ ta̱ŋ³¹
	多数	na³⁵ mɔʔ³¹	na³⁵ mɔʔ³¹	na³⁵ mɔʔ³¹
		na⁵⁵ paŋ³¹	na⁵⁵ paŋ³¹	na⁵⁵ paŋ³¹
第三人称	单数	ŋjaŋ³³	ŋja³³	ŋjaŋ³³
	双数	ŋja³⁵ ta̱ŋ³¹	ŋja³⁵ ta̱ŋ³¹	ŋja³⁵ ta̱ŋ³¹
	多数	ŋja³⁵ mɔʔ³¹	ŋja³⁵ mɔʔ³¹ tsəi³¹	ŋja³⁵ mɔʔ³¹

1. 人称代词的格

人称代词格的区别主要通过屈折手段来表示。多数是元音变化和声调变化，如第一人称单数的主格 ŋ³¹、领格 ŋa⁵⁵、宾格 ŋə³¹。也有通过韵尾变化来表示的，如第三人称单数的主格 ŋjaŋ³³ 和领格 ŋja³³。还有个别采用分析手段来表示，如第三人称多数领格的 ŋja³⁵ mɔʔ³¹ tsəi³¹，主要通过附加 tsəi³¹ 来表示不同的格范畴。

2. 人称代词的数

人称代词单数为无标记形式。双数和多数是在单数形式上添加附加成分来表示。如：双数在单数形式的基础上附加 ta̱ŋ³¹；多数一般是在单数形式上附加 mɔʔ³¹ 表示。第二人称多数还可以附加 paŋ³¹。有的还伴有语音变化，如：第一人称的双数、多数在附加不同词缀的同时还伴有韵母和声调的变化。

三、个体量词的类别及特征

茶山语个体量词较多，可分为类别量词、性状量词、通用量词、反响型量词、借用量词等类别。

1. 类别量词

类别量词是用于具有同类属性名词上的量词。常见的有：juʔ³¹"个"、təu³³"只"、tʃɛn⁵³"棵"。例如：

  tju³¹ ta³¹ juʔ³¹   一个人
  人 一个

  tʃuŋ³¹ zɔ³³ ta³¹ juʔ³¹ 一个学生
  学生 一 个

  ŋɔʔ⁵⁵ ai⁵³ təu³³   两只鸟
  鸟 两 只

sai̯k⁵⁵ ta³¹ tʃɛn⁵³　　　一棵树
树　一　棵

2. 性状量词

性状量词用于具有同类性状的名词上。主要有 khat⁵⁵、khjap⁵⁵ 等。

khat⁵⁵ 用于条状、根状事物名词。例如：

khjiŋ³³ ta³¹ khat⁵⁵　　　一根线
线　　一　根

xu⁵⁵ jau³³ ta³¹ khat⁵⁵　　　一根草
稻草　　一　根

khjap⁵⁵ 用于薄片状、扁平状的事物名词。例如：

xuʔ⁵⁵ ta³¹ khjap⁵⁵　　　一片叶子
叶子　一　　片

khuʔ⁵⁵ ta³¹ khjap⁵⁵　　　一个碗
碗　一　个

3. 通用量词

通用量词是量词中使用频率最高、搭配最广泛的量词。最常用的通用量词是 lɔm³³，相当于汉语的"个"。例如：

kɔk⁵⁵ ta³¹ lɔm³³　　　一把扫帚
扫帚　一　把

lɔʔ³¹ kjɔp⁵⁵ ta³¹ lɔm³³　　　一个戒指
戒指　　一　个

lɔʔ³¹ thəŋ⁵⁵ ta³¹ lɔm³³　　　一个手镯
手镯　　一　个

ta̯ŋ³³ khuk⁵⁵ ta³¹ lɔm³³　　　一个凳子
凳子　　一　个

la̯⁵⁵ mu⁵⁵ ta³¹ lɔm³³　　　一个月亮
月亮　一　个

pu⁵⁵ luŋ⁵⁵ ta³¹ lɔm³³　　　一个球
球　一　个

aŋ⁵⁵ khjəi³³ ta³¹ lɔm³³　　　一个萝卜
萝卜　一　个

4. 反响型量词

反响型量词是指量词与被限定的名词完全相同或部分相同。又称"专用量词"、"拷贝型量词"、"反身量词"或"临时量词"。茶山语有少量的反响型量词。反响型量词来源于被称量的名词本身，同时又专用于对该名词的称量。例如：

nə̃³³khjap⁵⁵ ta³¹khjap⁵⁵　　　一只耳朵

耳朵　　一　耳朵

lɔʔ³¹ ta³¹lɔʔ³¹　　　　　　　一只手

手　一　手

茶山语的部分名词在称量时，既可以用反响型量词，也可以用通用量词。例如：

pəm³¹ ta³¹ pəm³¹　　　　　pəm³¹ ta³¹ ləm³³　　　　一座山

山　一　山　　　　　　　山　一　座

tʃhəi⁵⁵ juŋ⁵⁵ ta³¹ juŋ⁵⁵　　　tʃhəi⁵⁵ juŋ⁵⁵ ta³¹ ləm³³　　一个医院

医院　　一　医院　　　　医院　　　一　个

5. 借用量词

(1) 借用有关的器具名词来表量。例如：

puŋ⁵⁵　　桶　　　　tʃəi³¹ ta³¹ puŋ⁵⁵　　　　一桶水

　　　　　　　　　　水　一　桶

khuʔ⁵⁵　　碗　　　　tsɔ³¹ ta³¹ khuʔ⁵⁵　　　　一碗饭

　　　　　　　　　　饭　一　碗

(2) 借用动词表量。例如：

tsɔʔ³¹　　滴　　　　tʃəi³¹ ta³¹ tsɔʔ³¹ᐟ⁵⁵　　　一滴水

　　　　　　　　　　水　一　滴

四、形容词的重叠

1. 形容词重叠状语

单音节形容词重叠后可做状语修饰动词。例如：

　　　tan³³ tan³³ jap³¹ tʃɔʔ³¹　　　　　　　　直直地站着

　　　直　直　站　着

　　　naŋ³¹ thjɛʔ⁵⁵ thjɛʔ⁵⁵ tsɔ³³ aʔ³¹！　　　你快吃吧！

　　　你　快　　吃（语助）

2. 形容词重叠做定语

形容词重叠做定语，主要有两种重叠形式。

(1) AA 式重叠，重叠后的形容词做定语须加助词 ta³³。例如：

　　　tan³³ tan³³ ta³³ tʃhɔ³¹　　　　　　　　直直的路

　　　直　直　的　路

(2) 带藻饰成分的形容词，可以重叠藻饰成分构成 AAB 式。这类形容词的状貌更为形象、生动。例如：

xju⁵⁵xju⁵⁵mei⁵⁵　灰扑扑　　təŋ³³taŋ³³nɔ⁷³¹　黑漆漆
扑　扑　灰　　　　　漆　漆黑

五、动词的使动态

茶山语的动词有自动态和使动态的区别。自动态是指某种动作行为由行为主体本身所发出,而非外力引起;使动态则是指某种动作行为由外力引起。表达使动范畴的语法形式主要有以下几种:

1. 屈折式。纯粹的屈折式在茶山语中已不多见,主要有声母送气不送气交替、声调的交替两种形式,但其中大多与分析形式合在一起使用。例如:

kjuk³¹害怕　　　　kjuk⁵⁵使害怕
kjau⁵⁵(树)断　　　ləu³³khjau⁵⁵弄断(树)
pəu⁷³¹炸　　　　　ləu³³pəu⁷⁵³使炸

2. 分析式。分析式是茶山语动词使动态的主要表达方式,其构成方式是在自动词前加使动前缀 ləu³³。例如:

tui³¹摆动　　　　　ləu³³tui³¹使摆动
khjɔt⁵⁵(鞋)脱落　　ləu³³khjɔt⁵⁵使(鞋)脱
sɔ⁵⁵醒　　　　　　ləu³³sɔ⁵⁵弄醒
ŋau³¹哭　　　　　 ləu³³ŋau³¹弄哭
tʃap⁵⁵紧　　　　　ləu³³tʃap⁵⁵使紧

3. 分析式与屈折式兼用。例如:

pəu⁷³¹炸　　　　　ləu³³pəu⁷⁵³使炸
kjau⁵⁵(树)断　　　ləu³³khjau⁵⁵弄断(树)

此外,还有部分动词的使动态存在两种形式并存使用的情况。例如:

tjɛt³¹(线)断　　　ləu³³tjɛt³¹ / ləu³³thjɛt⁵⁵弄断(线)
kui³³(碗)碎　　　ləu³³kui³³ / ləu³³khui⁵⁵弄碎(碗)

上述两例的使动表达,既可以用分析式,也可以用分析式与屈折式兼用的形式,二者并存使用。

茶山语使动范畴表达的上述几种方式,可能反映了一种历时演变的趋势,即:屈折式→分析式和屈折式兼用→分析式。从这几种表达方式所占的数量上来看,屈折式很少。可以预见,茶山语使动表达的屈折形式今后还将进一步弱化,最后都向分析式过渡。

六、动词的体

茶山语动词的"体"范畴包括将行体、进行体和完成体。"体"范畴的表达是在动词后加不同的体助词。将行体是在动词后附加 tʃha³³;进行体是在动词后附加 ŋji³¹;完成体是在动词后

附加 kəu³¹ 或 ku³³。(例句详见结构助词中的体助词)

七、动词的重叠

茶山话大多数动词不能重叠,但也有少量动词可以重叠,表示该动作次数、频率的增加。例如:

ŋjɔ⁷³¹ ŋjit³¹ ŋjit³¹ 眨眼睛
眼睛 眨 眨

naŋ³¹ xai⁷⁵⁵ məu³¹ sau⁵⁵ puk³¹ ni³¹ ju⁵⁵ ju⁵⁵ a⁷³¹.
你 这 书 本(宾助) 看 看 吧
你看看这本书吧。

八、名动同形

茶山话有的动词来自名词的后一音节,二者构成同形。例如:

tji³³ʲ³¹ kjɛn⁵⁵ kjɛn⁵⁵ 扣扣子   mə̃³¹ khun⁵⁵ khun⁵⁵ 唱歌
扣子 扣   歌 唱

la³¹ ŋue⁵⁵ ŋue⁵⁵ 钩钩子   thji⁵⁵ kɔk⁵⁵ kɔ⁷⁵⁵ 穿鞋
钩子 钩   鞋 穿

ŋjap³¹ ŋjap³¹ 夹钳子
钳子 夹

九、结构助词的类别及其特点

结构助词有以下类别:

(一) 话题助词 ka³¹

茶山话的句子有话题结构。ka³¹ 用在话题成分后面,指明它前面的成分是句子的话题。例如:

ŋ³¹ ka³¹ ŋɔ³¹ tʃhaŋ⁵⁵ ŋjau³¹ ŋuɔt⁵⁵.   我是茶山人。
我(话助) 茶山 族 是

ŋjaŋ³³ ka³¹ʲ⁵³ tʃuŋ³¹ zɔ³³ ŋuɔt⁵⁵.   他是学生。
他(话助) 学生 是

xai⁷⁵⁵ tsəi³¹ ka³¹ kha³³ sʅ⁵³?   这是怎么了?
这 的 (话助) 怎么

naŋ³¹ ka³¹ ŋ⁵⁵ʲ³⁵ tjɛn³¹ tʃhaŋ³³.   你是我的朋友。
你(话助) 我 朋友

(二) 宾语助词 ni³¹

宾语助词 ni³¹ 用在受事名词、代词的后面，标明它前面的成分是宾语。在语义不发生混淆的情况下，可以不加宾语助词 ni³¹。例如：

ŋə³¹ ni³¹ ŋjaŋ³³ tɛ⁵⁵ nɔ³¹ kəu³¹.　　　　我被他踢疼了。
我（宾助）他 踢 疼 了

ŋ³¹ ŋjaŋ³³ ni³¹ ta³¹ tam³¹/⁵³ pat³¹.　　　　我打他一下。
我 他（宾助）一 下 打

naŋ³¹ xai⁷⁵⁵ məu³¹ sau⁵⁵ puk³¹ ju⁵⁵ a⁷³¹.　　你看看这本书吧。
你 这 书 本 看看 吧

naŋ³¹ xai⁷⁵⁵ mə̌³¹ khun⁵⁵ kjɔ³³ ju⁵⁵ a⁷³¹.　　你听听这首歌吧。
你 这 歌 听 看 吧

(三) 施事格、工具格、从由格、状态状语助词 ja³³

助词 ja³³ 主要有四个功能：

一是做施事格助词，用在充当施事者的名词、代词后面，表示或强调动作行为是由该施事者发出的。例如：

xai⁷⁵⁵ saik⁵⁵ tʃɛn⁵³ ŋ³¹　ja³³ tuɔn³³ laiŋ³¹ kjɔ⁵⁵.　这棵树被我推倒了。
这 树 棵 我（施助）推 倒 掉

ŋja³³ ta⁵⁵ ŋui³¹ khau⁵⁵ səu⁷³¹ ja³³　khau³³ kəu³¹. 他的钱被小偷偷了。
他 的 钱 小偷 （施助）偷 （体助）

二是做工具格助词，用在作为工具的名词后面，表示动作行为是凭借该名词所表示的工具进行的。例如：

khu⁷⁵⁵ ja³³　tʃəi³¹ khəu⁵⁵　　　　用碗舀水
碗（工具助） 水 舀

wu⁷³¹ tsuŋ³³　ja³³　saik⁵⁵ tsan³³　　用斧子砍树
斧子 （工具助）树干 砍

三是放在处所名词后做从由格助词。例如：

ŋ³¹ pəi³¹ tʃin³³ phɛ³³　ja³³　lɔ³¹.　　　我从北京来。
我 北京 （方助）（从由助）来

四是放在形容词或副词后做状态状语助词。例如：

ŋ³¹ nɔ⁷³¹ ja³³　tsɔ³³ kəu³¹/⁵³.　　　　我早就吃了。
我 早（状助）吃 了

(四) 定语助词 ta³³

1. ta³³ 用在名词定语和名词中心语之间。例如：

sə³¹ lja³³ ta³³　　məu³¹ sau⁵⁵　　　　老师的书
老师 （定助） 书

khə̌⁵⁵ tsan³¹ʴ⁵³ ta³³ kuk³¹   今年的水稻

今年 （定助）水稻

2. ta³³用在代词定语和名词中心语之间。例如：

ŋja³³ ta³³ ŋjɔ⁷³¹ tʃei³³   他的眼睛

他 （定助） 眼睛

3. ta³³用在形容词定语和名词中心语之间。例如：

ku⁵⁵ ta³³ʴ⁵⁵ sai̯k⁵⁵   大树

大 （定助）树

juŋ⁵⁵ ta³³ʴ⁵⁵ tji³³   漂亮的衣服

漂亮（定助）衣服

4. ta³³用在动词定语和名词中心语之间。例如：

tʃuŋ⁵⁵ ta³³ʴ⁵⁵ aŋ⁵⁵ʴ³⁵ ŋjau⁷³¹   种的蔬菜

种 （定助）蔬菜

5. ta³³还可以加在动词词组和被限定的名词之间。例如：

a³¹ jaŋ³³ wui³¹ ta³³ tju³¹   买东西的人

东西 买 （定助） 人

（五）方所助词 phɛ³³、ma³¹

方所助词 phɛ³³、ma³¹用在处所名词后面，表示动作行为发生或完成的方向、处所。例如：

ŋ³¹ man̯³¹ ʃɿ³¹ phɛ³³ lɔ⁵⁵.   我去芒市。

我 芒市（方助）去

ŋ³¹ man̯³¹ ʃɿ³¹ ma³¹ ŋji³¹.   我在芒市。

我 芒市（方助）在

（六）体助词

体助词有4个：tʃha³³、ŋji³¹、ku³³、kəu³¹，附加在动词后，分别用于将行体、进行体和完成体。例如：

phə̌⁵⁵ na⁵⁵ ji³³ kjɔ⁷³¹ ŋ³¹ pəi³¹ tʃin³³ phɛ³³ lɔ⁵⁵ tʃha³³.   明天我将去北京。

明天 我 北京 （方助）去（体助）

kə̌³¹ ʃɿ³³ ŋ³¹ tsɔ³¹ tsɔ³³ ŋji³¹.   我正在吃饭。

现在 我 饭 吃（体助）

ŋja³⁵ tan̯³¹ kə̌³¹ ʃɿ³³ mu³³ kuɔ̯t⁵⁵ ŋji³¹.   他俩正在做事。

他 俩 正在 事 做（体助）

ŋ³¹ sə̌³¹ lja³³ kuɔ̯t⁵⁵ ku³³.   我当过老师。

我 老师 做 （体助）

ŋja³³ ta⁵⁵ ŋui³¹ khau⁵⁵ səu⁷³¹ ja³³ khau⁵⁵ kəu³¹. 他的钱被小偷偷了。
他　的　钱　小偷　（施助）偷（体助）

十、语气助词的类别及其特点

语气助词在句子里表示说话人的语气和感情，一般放在句尾。茶山语的语气助词不表示句子的人称、数、方向，仅表示语气。下面介绍几个表示疑问、祈使两种语气的语气助词。

(一) 表示疑问语气的，如：la³³、ljɛ³³。

naŋ³¹ a³¹ jɔt³¹ ʃŋ⁵⁵ la³³?　　　　你饿了吗？
你　不饿　还（语助）

naŋ³¹/⁵⁵ ŋɔ⁷³¹ ŋjuk⁵⁵ tsɔ³³ ma³¹ tsɔ³³ (a³¹ tsɔ³³) la³³/³¹?
你　　香蕉　吃　不　吃　（不吃）（语助）
你吃不吃香蕉？

na³⁵ mɔ⁷³¹ jɛn³³ ma³¹/³³ kjɔ⁷³¹ pɔ³¹ ma³¹ pɔ³¹ (a³¹ pɔ³¹) la³³?
你们　　家（方助）鸡　有　没　有（没有）（语助）
你们家有没有鸡？

xəu³³ ni³³ ŋjaŋ³³ jɛn³³ ma³¹/³³ ma³¹/³³ ŋji³¹/⁵³ ljɛ³³?
难道　他　家　（方助）不　　在　（语助）
难道他不在家吗？

(二) 表示祈使语气的，如：a⁷³¹、naŋ³³ a⁷³¹、kɛ⁵⁵、kɔ³³、pa³³。

naŋ³¹ thjɛ⁷⁵⁵ thjɛ⁷⁵⁵ tsɔ³³ a⁷³¹!　　你快吃吧！
你　快　　吃（语助）

na³⁵ ta̠ŋ³¹ tsɔ⁵⁵ ja⁵⁵ lɔ⁵⁵ a⁷³¹!　　　你俩慢走！
你俩　　慢　去（语助）

ŋjaŋ³³　ni³¹　kuɔt⁵⁵ naŋ³³ a⁷³¹!　　让他们做吧！
他　们　（宾助）做（语助）

ŋə³¹ ni³¹ kuɔt⁵⁵ naŋ³³ a⁷³¹!　　　　让我做吧！
我（宾助）做　（语助）

na³⁵ mɔ⁷³¹ pɔ³¹ tsɔŋ³³ kɛ⁵⁵!　　　　请你们坐吧！
你　们　请　坐（语助）

ŋa⁵⁵ mɔ⁷³¹/⁵³ ta³¹ kɛ⁵⁵ lɔ⁵⁵ kɔ³³!　　我们一起去吧！
我们　　一起　去（语助）

ŋ³¹ naŋ³¹ ni³¹　ta³¹ tʃa³³ ta̠i³¹ kjɔ³³ pa³³!　请让我告诉你一件事吧！
我　你（宾助）一　件　告诉　（语助）

十一、支配词组的构成

茶山语支配词组由动词和被支配成分组成。动词位于被支配成分之后。充当被支配成分的有名词、代词、数量词组、动词词组等。例如：

tsɔ³¹ tsɔ³³	吃饭	wu⁵⁵ khəuk⁵⁵ khəuk⁵⁵	枕枕头
饭　吃		枕头　　枕	
ŋjaŋ³³ ni³¹ ta̱i³¹ kjɔ³³	告诉他	naŋ³¹ ni³¹ pat³¹	打你
他　　告诉		你　打	
ai⁵³ khjap⁵⁵ wət³¹	穿两件（衣）	sɔm⁵⁵ kəu⁽ˀ⁾⁵⁵ tsɔ³³	吃三个（鸡蛋）
两　件　穿		三　个　吃	
mǎ³¹ khun⁵⁵ khun⁵⁵ mɛ³¹/⁵³	喜欢唱歌	tʃhu³¹ tɕhiŋ³³ tsɔ³³ mɛ³¹/⁵³	喜欢吃糖
歌　唱　喜欢		糖　吃　喜欢	

十二、修饰词组的构成

修饰词组由中心成分加修饰成分组合而成。名词、动词、形容词都能做中心成分受修饰。修饰词组可分为以下类型：

（一）名词性修饰词组

中心成分为名词，修饰成分有名词、代词、形容词、动词、数量词等。名词、代词、动词做修饰成分时放在中心词前面；形容词、数量词做修饰成分时一般放在中心词后面。例如：

sə̌³¹ lja³³ ta³³ məu³¹ sau⁵⁵	老师的书	khə̌⁵⁵ tsan³¹/⁵³ ta³³ kuk³¹	今年的水稻
老师（定助）书		今年　（定助）水稻	
ŋa⁵⁵ a³¹ pa³³	我的父亲	mjɛn³¹ muŋ⁵⁵ tju³¹	缅甸人
我　父亲		缅甸　　人	
sa̱ik⁵⁵ jɛn³³	木房子	xaiˀ⁵⁵ sə³¹ lja³³	这老师
木　房子		这　老师	
tʃuŋ⁵⁵ ta³³/⁵⁵ aŋ⁵⁵/³⁵ ŋjau⁽ˀ⁾³¹	种的蔬菜	tju³¹ ŋjuŋ³¹	穷人
种（定助）蔬菜		人　穷	
tju³¹ ta³¹ ju⁽ˀ⁾³¹	一个人	a³¹ jaŋ³³ wui³¹ ta³³　tju³¹	买东西的人
人　一　个		东西　买（定助）人	

但是，当形容词与中心名词之间插入定语助词 ta³³ 之后，形容词可以放在名词之前。例如：

| sa̱ik⁵⁵ ku⁵⁵ | 大树 | ku⁵⁵ ta³³ sa̱ik⁵⁵ | 大树 |
| 树　大 | | 大（定助）树 | |

ŋjaŋ³³ kji³¹ 好马   kji³¹ ta³³ ŋjaŋ³³   好的马
马　好   好（定助）马

"夜"、"年"、"天"等名词前面，可以直接由数词充当定语，而不必跟量词组合。例如：

ta³¹ ŋji⁵⁵   一天   ta³¹ ŋjɛn³¹   一夜
一　天   一　夜

ta³¹ tsan³¹   一年
一　年

(二) 动词性修饰词组

中心成分是动词，修饰成分有名词、代词、形容词、副词、数量词等，修饰成分置于动词中心成分之前。例如：

ma³¹ tɔ³¹   不读   pəi³¹ tʃin³³ phɛ³³ lɔ⁵⁵   去北京
不　读   北京　（方助）去

khu⁽ʔ⁾⁵⁵ ja³³ tʃəi³¹ ʃuk⁵⁵   用碗喝水   kha³¹ ljɛ⁽ʔ⁾³¹ lɔ³¹   哪里来
碗（工具助）水　喝   哪里　来

thjɛ⁽ʔ⁾⁵⁵ thjɛ⁽ʔ⁾⁵⁵ tsɔ³³/³¹   快吃   ta³¹ tɔn³¹ tsɔ³³/³¹   吃一顿
快快　吃   一　顿　吃

(三) 形容词中心词加修饰成分

中心成分是形容词，修饰成分有副词、代词、数量词。例如：

sɔ⁵⁵ sɔ⁵⁵ pɛ³³   非常勤快   sɔ⁵⁵ sɔ⁵⁵ kji³¹   非常好
非常　勤快   非常　好

ma³¹ ŋam⁵⁵   不好吃   ma³¹ pjɔ³³   不高兴
不　好吃   不　高兴

ta³¹ pɛ³¹ xjiŋ³³   一尺长   ta³¹ kjen⁵⁵ lji³³   一斤重
一　尺　长   一　斤　重

xai⁽ʔ⁾⁵⁵ ŋjɔ³³   这么多   thji⁽ʔ⁾⁵⁵ ŋjɔ³³   那么多
这　多   那　多

(四) 量词中心词加修饰成分

量词的修饰成分主要有数词、指示代词等，其位置都在量词之前。例如：

ta³¹ ləm³³   一个   ta³¹ khjap⁵⁵   一片
一　个   一　片

xai⁽ʔ⁾⁵⁵ khat⁵⁵   这根   thji⁽ʔ⁾⁵⁵ pəm³¹   那堆
这　根   那　堆

十三、补充词组的构成

补充词组由中心成分和补充成分组成。补充成分位于中心成分的后面，可分为两类：

(一) 动补词组

补语补充说明动作行为的结果、趋向、状态等。做动词补语的主要是动词、形容词等。

1. 动词做补语的如：

pat³¹ kui³³	敲碎	jɔt³¹ ʃəi³³	饿死
打 碎		饿 死	
thuʔ⁵⁵ lɔ³¹	出来	thuʔ⁵⁵ lɔ⁵⁵	出去
出 来		出 去	

2. 形容词做动词补语的如：

| tsɔ³³ tʃɔ³³ | 吃饱 | khun⁵⁵ kji³¹ | 唱好 |
| 吃 饱 | | 唱 好 | |

(二) 形补词组

形容词的补语表示性质状态的趋势和状态，对形容词起补充、说明的作用。例如：

| nɛ³¹ tɔʔ³¹ lɔ³¹ | 红起来 | kji³¹ tɔʔ³¹ lɔ³¹ | 好起来 |
| 红 起 来 | | 好 起 来 | |

十四、话题句的基本特点

茶山语属话题凸显型语言，话题句是一种常见的句型。

(一) 话题句的形式分类

话题结构可以用话题助词来标记，也可以用语法位置来表示。由此，可从形式上将话题分为有标记性话题和无标记性话题两类。有标记话题句的话题标志是在话题成分后加话题助词 ka³¹。例如：

ŋa⁵⁵ mɔʔ³¹/⁵³ ka³¹ ŋɔ³¹ tʃhaŋ⁵⁵ tju³¹ mjuʔ⁵⁵.　　我们是茶山人。
我们　（话助）茶山人　种

phə̌⁵⁵ na⁵⁵ ji³³ kjɔʔ³¹ ka³¹ la³¹ pan³¹ ma³¹ ŋɔt⁵⁵ ʃɿ⁵⁵.　　明天还不是星期天。
明天　　　（话助）星期天　不　是 还

无标记话题句则是把话题性成分置于句首，其后直接跟述题性成分。例如：

aŋ⁵⁵/³⁵ xaiʔ⁵⁵ tsəi³¹ ŋ³¹ wui³¹ lɔ³¹ tsei³¹ ŋɔt⁵⁵.　　这些菜是我买来的。
菜　这些 我 买来 的 是

ʃɿ⁵⁵ wɔm⁵⁵ ŋ³¹ ma³¹ mɛ⁵³ tsɔ³³.　　桃子我不喜欢吃。
桃子　我 不 喜欢 吃

nɛ³¹ tsəi³¹ ma³¹ kji³¹.　　红的不好。
红 的 不 好

(二) 话题成分的多样性

茶山语能充当话题的词类、短语较多。名词、动词、形容词、代词、名物化结构、名词性短语、动词性短语、形容词性短语以及数量短语等都能做话题。副词、虚词不能充当话题。数词通常须和量词一同做话题。例如：

1. 名词或名词性短语做话题：

ʃ⁵⁵ wəm⁵⁵ ŋ³¹ ma³¹ mɛ⁵³ tsɔ³³.　　　　　　桃子我不喜欢吃。
桃子　我　不 喜欢 吃

khə̌⁵⁵ ŋji⁵⁵ ka³¹ la³¹ pan³¹ ai⁵³ ŋjiʔ³³.　　　今天星期二。
今天　（话助）星期 二 天

tji³³ xaiʔ⁵⁵ khjap⁵⁵ na⁵⁵ tsəi³¹ ma³¹ ŋuɔt⁵⁵, ŋa⁵⁵ tsəi³¹ ta³¹ ŋuɔt⁵⁵.
衣 这 件 你的 的 不 是 我的 的 而是
这件衣服不是你的，而是我的。

2. 名物化结构做话题：

nɛ³¹ tsəi³¹ ka³¹ panʔ³³, ŋjau³¹ tsəi³¹ ka³¹ xuʔ⁵⁵.　　红的是花，绿的是叶。
红 的 （话助）花 绿 的（话助）叶子

xjui³³ tsəi³¹ ŋ³¹ ma³¹ ɔ³¹.　　　　　　黄的我不要。
黄 的 我 不 要

3. 代词做话题：

ŋjaŋ³³ ka³¹ ŋa⁵⁵/³³ pa³³.　　　　　　他是我的父亲。
他（话助）我的 父亲

xaiʔ⁵⁵ tsəi³¹ ka³¹ nɛ³¹ tsəi³¹.　　　　　这是红的。
这 的 （话助）红 的

ŋ³¹ ka³¹ ŋɔ³¹ tʃhaŋ⁵⁵, ŋjaŋ³³/³⁵ ka³¹ lji³³ səu³¹.　　我是茶山（人），他是傈僳（人）。
我（话助）茶山 他 （话助）傈僳

4. 数量结构做话题：

ta³¹ kəuk⁵⁵ t̲a̲i³¹/⁵³ (ŋji³¹) ɛ³³, ta³¹ kəuk⁵⁵ t̲a̲i³¹/⁵³ (ŋji³¹) ma³¹ ɛ³³.
一 个 说 去 一 个 说 不 去
一个说去，一个说不去。

5. 形容词做话题：

kji³¹ ka³¹ kji³¹, ŋ³¹ ma³¹ wui³¹.　　　　好是好，我不买。
好（话助）好 我 不 买

6. 动词或动词性结构做话题：

wuʔ³¹/⁵⁵ ŋj̲u³³/³¹ ni³¹ kji³¹ tsəi³¹ pɔ³¹/⁵³.　　养猪有好处。
猪 养 的话 好 的 有

mu³¹ tu³¹ tsɔŋ³³/³¹ ni³¹ ŋjəp³¹, tshɔ³¹ su³³ ni³¹ nɛ³³.
汽车 坐 的话 快 路 走（的话）慢
坐车快，走路慢。

7. 话题还可以是假设、条件关系复句中的分句。

假设复句中分句是话题的如：

naŋ³¹ lɔ³¹ ni³¹ a³¹ lə̃⁵⁵ mu⁵⁵ ʃə̃³¹ kut³¹ mu⁵⁵　　　你来的话就好好工作吧！

你　来　的话　好好　努力工作

条件复句中分句是话题的如：

lɔ⁵⁵ tjaŋ⁵³ ma³¹ lɔ³¹ lɔ⁵³.　　　一旦回去就不来了。

去　一旦　不　来了

目的复句中分句是话题的如：

ŋui³¹ tʃha⁵⁵ la³¹, ŋjaŋ³³ jəm³³ ka⁽ʔ⁾⁵⁵ la³¹ mu⁵⁵ tsui³¹ʾ³³.

钱　为了　他　辛苦　（助）活　做

为了钱，他辛苦干活。

十五、判断句的基本特点

（一）茶山语的判断句有两种表现形式：显性判断和隐形判断。

1. 显性判断，即加判断词 ŋuɔt⁵⁵ "是"表判断。一般用于否定判断，在 ŋuɔt⁵⁵ 前面加否定词 ma³¹ "不"。例如：

ŋjaŋ³³ ka³¹ ŋa⁵⁵ a³¹ maŋ³³ ma³¹ ŋuɔt⁵⁵.　　　他不是我哥哥。

他（话助）我的　哥哥　不　是

phə̃⁵⁵ na⁵⁵ ji³³ kjɔ⁽ʔ⁾³¹ ka³¹ la³¹ pan³¹ ma³¹ ŋuɔt⁵⁵ ʃ⁵⁵.　　　明天还不是星期天。

明天　（话助）星期天　不　是　还

但在并列复句中，若两个分句表示一正一反两个相反的方面，则用 ma³¹ ŋuɔt⁵⁵……ta³¹ ŋuɔt⁵⁵ "不是……而是"连接两个分句。例如：

ŋ³¹ ŋjɔ³¹ tsəi³¹ naŋ³¹ ni³¹ ma³¹ ŋuɔt⁵⁵, ŋjaŋ³³ ni³¹ ta³¹ ŋuɔt⁵⁵.

我　骂　的　你　（宾助）不是　他（宾助）　而是

我骂的人不是你，而是他。

tji³³ xai⁽ʔ⁾⁵⁵ khjap⁵⁵ na⁵⁵ tsəi³¹ ma³¹ ŋuɔt⁵⁵, ŋa⁵⁵ tsəi³¹ ta³¹ ŋuɔt⁵⁵.

衣　这件　你的　的　不　是　我的　的　而是

这件衣服不是你的，而是我的。

2. 隐性判断，即不用判断词，直接表判断。一般用于肯定判断。例如：

ŋjaŋ³³ ka³¹ ŋa⁵⁵ pa³³.　　　他是我的父亲。

他（话助）我的父亲

ŋ³¹ ka³¹ ŋɔ³¹ tʃhan⁵⁵, ŋjaŋ³³ ka³¹ lji³³ səu³¹.　　　我是茶山（人），他是傈僳（人）。

我（话助）茶山　他（话助）傈僳

(二) 判断句的意义类型

判断句中主语跟谓语的意义关系主要有以下三种：

1. 谓语与主语同指一个事物，这种判断句类型最为常见。例如：

  xai⁷⁵⁵ ka³¹ khə̃⁵⁵ tsan³¹ᐟ⁵³ ta³³ kuk³¹.　　　　这是今年的水稻。
  这（话助）今年　（定助）水稻

  thji⁷⁵⁵ ka³¹ ŋa⁵⁵ məu³¹ sau⁵⁵.　　　　　　　　那是我的书。
  那（话助）我的　书

2. 谓语表明主语的种类、属性。例如：

  ŋ³¹ ka³¹ sə̃³¹ lja³³.　　　　　　　　　　　　　我是老师。
  我（话助）老师

  ŋjaŋ³³ ka³¹ phjɛn³¹ mu⁵⁵ tju³¹.　　　　　　　他是片马人。
  他（话助）片马　人

3. 谓语表明主语的时间。例如：

  phə̃⁵⁵ na⁵⁵ ji³³ kjə⁷³¹ ka³¹ la³¹ pan³¹.　　　　明天是星期天。
  明天　　（话助）星期天

十六、受事居前的施受关系句

茶山语受事居前的施受关系句是主谓句的一种独立类型。这种句型与汉语被动句相对应。它以"受事者 +（宾语助词）+ 施事者 +（施事格助词）+ 动词结构（VP）"作为其基本结构。其主要特点如下：

（一）施受格助词的使用有多种情况。

茶山语是 SOV 型语言，以词序和虚词为表达语法意义的重要手段。主动句中，施事居前、受事居后。当施受成分的语序发生改变、受事移至句首时，语义关系就需要依赖格助词来表明。此时为了避免施受关系发生混淆，就须用施事格助词 ŋjei⁵³ 指明施事或用宾语助词 ni³¹ 标志受事，从而使施受关系更加明确。

1. 语义、逻辑不明确，易发生误解的情况下，一般以受事格助词 ni³¹ 标明受事，有时也可以同时加上施事格助词 ja³³ 标明施事。例如：

  ŋ³¹ ni³¹ ŋjaŋ³³ tɛ⁷⁵⁵ no³¹ kəu³¹.　　　　　　　我被他踢疼了。
  我（宾助）他　踢　疼　了

  ŋjaŋ³³ ni³¹ ŋ³¹（ja³³）xjau⁵⁵ pat³¹ kəu³¹.　　他被我打了。
  他（宾助）我（施助）被　打　了

2. 语义不会发生混淆时，一般不加施受格助词，例如：

  ŋja³³ ŋui³¹ khau⁵⁵ səu⁷³¹ khau³³ lə⁵⁵ kəu³¹.　　他的钱被小偷偷走了。
  他的　钱　小偷　　偷　去（助）

ŋ⁵⁵tɔʳ³¹laʳ³¹ŋjauk³¹khau³³tsɔ³³lɔ⁵⁵.　　　　鱼被猫偷吃了。
鱼　猫　　　偷　吃去

3.有时,施事助词和宾语助词同时使用,是为了强调、凸显施事者和受事者。例如：
　　　ŋjaŋ³³ni³¹a³¹pa³³ja³³khat⁵⁵thuʔ⁵⁵kəu³¹.　　　　他被爸爸赶出去了。
　　　他（宾助）爸爸（施助）赶　出　了

4.当交谈双方对所谈内容熟悉,而施事者又无需说明或不必强调时,施事则可不出现。此时受事居于主语的位置,若语义易发生混淆,则要在受事者之后加受事格助词 ni³¹ 标明受事。例如：
　　　ŋja³⁵mɔʳ³¹ni³¹khau⁵⁵səuʳ³¹xjau⁵⁵xua³³kəu³¹.　　　　他们被小偷骗了。
　　　他们　（宾助）贼　　被　欺骗 了
若语义不会混淆,则无需再用格助词。例如：
　　　ŋa⁵⁵məu³¹sau⁵⁵khau³³lɔ⁵⁵kəu³¹.　　　　我的书被偷走了。
　　　我的 书　　偷　去了
在语义不会混淆的情况下,若用了受事格助词则表示对受事者的强调。例如：
　　　ŋa⁵⁵məu³¹sau⁵⁵ni³¹khau³³lɔ⁵⁵kəu³¹.　　　　我的书被偷走了。
　　　我的　书（宾助）偷 去 了

（二）在语义表达上以表示消极义的用法居多,此外还能表示积极义或中性义。例如：
　　　ŋ³¹ni³¹ŋjaŋ³³tɛʔ⁵⁵nɔ³¹kəu³¹.　　　　我被他踢疼了。
　　　我(宾助)他 踢 疼　了
　　　laŋ³¹ŋji³¹a³¹pa³³pat³¹sat⁵⁵kəu³¹.　　　　蛇被爸爸打死了。
　　　蛇　爸爸 打 杀　了
　　　saik⁵⁵xuʔ⁵⁵ni³¹ləi³¹muɔt³¹lɔ⁵⁵kəu³¹.　　　　地上的树叶被风吹走了。
　　　树　叶（宾助）风吹　去　了

（三）谓语动词以带补语的情况居多。这与被动句句式本身强调动作行为带"结果"有关。例如：
　　　mu⁵⁵xuɔt⁵⁵ləŋ³³ŋja³⁵mɔʳ³¹tai³¹thuʔ⁵⁵kəu³¹.　　　　这件事被他们说出去了。
　　　事 这 件　他们　说 出　了
　　　lə³³ŋji³³pəi³¹ŋjɔ³⁵lap⁵⁵nɔʳ³¹kəu³¹.　　　　姑娘被太阳晒黑了。
　　　姑娘　太阳　　晒 黑 了

（四）强调所叙述事件的"已然"性,句尾常带语气助词 kəu³¹ "了"。例如：
　　　mu⁵⁵xuɔt⁵⁵ləŋ³³ŋja³⁵mɔʳ³¹tai³¹thuʔ⁵⁵kəu³¹.　　　　这件事被他们说出去了。
　　　事 这 件　他们　说 出　了
　　　ŋjaŋ³³ni³¹a³¹pa³³ja³³khat⁵⁵thuʔ⁵⁵kəu³¹.　　　　他被爸爸赶出去了。
　　　他（宾助）爸爸 （施助）赶 出 了

（五）从语用上看，受事者居于句首，本身即具有认知上的"凸显"性和较强的话题性，可以视作无标记话题性成分。

十七、复句

茶山语的复句根据分句与分句之间的结构关系可以分为联合复句和偏正复句两大类。联合复句的各个分句之间关系平等，不分主次，互相不修饰、限制或说明；偏正复句中各分句之间的关系有主次之分，其中被修饰、限制的分句是正句，修饰、限制的分句是偏句。这两类根据分句之间的语义关系又可以分为若干小类。具体分类如下：

（一）联合复句

1. 并列关系。例如：

ŋjaŋ³³ mə̆³¹ nɔ³³ ji³¹ᐟ⁵³ mə̆³¹ nɔ³³ ta̱i³¹ᐟ⁵³.　　　　　他一边说一边笑。
他　一边　笑　一边　说

ŋ³¹ jɛn³³ ma³¹ ta̱ʔ⁵⁵, jəi³³ ma³¹ ʃuk⁵⁵.　　　　　　我不抽烟，不喝酒。
我　烟　不　抽　酒　不　喝

ŋjaŋ³³ ŋ³¹ tʃhaŋ⁵⁵ ŋəi³³ sɛʔ⁵⁵ ka̱p⁵⁵, li³¹ su³³ ŋəi³³ sɛʔ⁵⁵ ka̱p⁵⁵.
他　茶山　话　会　讲　傈僳话　会　讲
他会讲茶山话，也会讲傈僳话。

ŋjaŋ³³ tʃuŋ³¹ sə̆³¹ lja³³ ma³¹ ŋu̱t⁵⁵, tʃuŋ³¹ zɔ³³ ta³¹ ŋu̱t⁵⁵.　他不是老师，是学生。
他　学校　老师　不　是　　学生　才　是

khə̆⁵⁵ ŋji⁵⁵ ŋ³¹ ɛ³³ (lɔ³¹), phə̆⁵⁵ na⁵⁵ ji³³ kjɔ³¹ naŋ³¹ ɛ³³.　今天我去，明天你去。
今天　我去（助动）　明天　　你去

2. 承接关系。例如：

ŋjaŋ³³ ɛ³³ lɔ³¹, a³¹ jɔk³¹ ni³¹ ɛ³³ tsui³³ tɔ³¹.　　　他走过去，扶起了奶奶。
他　去（助动）奶奶（宾助）去扶起

jəi³³ ʃŋ⁵⁵ ʃuk⁵⁵ lɔ³¹, tsɔ³¹ tsɔ³³.　　　　　　　　　先喝酒后吃饭。
酒　先　喝（助动）饭　吃

3. 递进关系。例如：

ŋjaŋ³³ ŋjɔʔ³¹ khuaŋ⁵⁵ jɔŋ³³, na̱ik⁵⁵ ləm³³ᐟ⁵⁵ kji³¹.　她不仅漂亮，心也好。
她　面孔　漂亮　　心　　好

4. 解说关系。例如：

ŋ³¹ a³³ nəu⁵⁵ ai⁵³ juʔ³¹ pɔ³¹, ta³¹ juʔ³¹ tʃhəu³³, ta³¹ juʔ³¹ kji³³.
我　妹妹　二个　有　一个　胖　　一个　瘦
我有两个妹妹，一个胖，一个瘦。

5. 选择关系。例如：

naŋ³¹ ta̠i³¹ ja³¹, ma³¹ ŋu̠ɔt⁵⁵ ni³¹ ŋ³¹ ta̠i³¹.　　　　要么你说，要么我说。
你　说（助）不　是的话 我　说

tʃɛŋ³³ tshap⁵⁵ ŋu̠ɔt⁵⁵ lau³¹ ɛ³³ ma³¹ kji³¹ ɛ³³ ku̠ɔt⁵⁵.　　宁可赔钱，也不能去做。
债　还　宁可　去　不能　去 做

wu⁽³¹ ʃɔ⁵⁵ tsɔ³³, pə̆⁵⁵ kjip⁵⁵ nŏu³³ ʃɔ⁵⁵ tsɔ³³.　　　　吃猪肉不如吃牛肉。
猪肉　吃　不如　牛肉 吃

khuan⁵⁵ miŋ³¹ ma³³ ɛ³³, pə̆⁵⁵ kjip⁵⁵ pəi³¹ tʃin³³ ma³³ ɛ³³.　　去昆明不如去北京。
昆明　（方助）去 不如　北京（方助）　去

（二）偏正复句

1. 转折关系。例如：

a³¹ phau⁵⁵ maŋ³³ ⁄ ³⁵ kəu³¹, kuŋ³¹ tuaŋ³³ ka³¹ sɔ⁵⁵ sɔ⁵⁵ kji³¹.
爷爷　老　了　身体（话助）非常　好
爷爷虽然老了，但是身体非常好。

ŋjaŋ³³ ŋjɛn⁵⁵ kji³³ ŋji³¹, ŋu̠ɔt⁵⁵ ləu³¹ ɛ⁽⁵⁵ sɔ⁵⁵ sɔ⁵⁵ pɛ³³.
他　年纪　小，但是　　　非常　勤快
虽然他年纪小，但是非常勤快。

2. 假设关系。例如：

taŋ³³ ⁄ ³⁵ təu⁽⁵⁵ naŋ³¹ jɛn³³ ma³¹ ⁄ ³³ ŋji³¹, ŋ³¹ naŋ³¹ ni³¹ lɔ³¹ ju⁵⁵ pa³³ ⁄ ³¹.
如果　　你　家（方助）在　我 你（宾助）来看（语助）
如果你在家，我去看你。

taŋ³³ ⁄ ³⁵ təu⁽⁵⁵ naŋ³¹ ɛ³³, ŋ³¹ ŋɛ⁽⁵⁵ pɔ³¹ tʃhaŋ³¹ ɛ³³ ta³¹.
假如　　你去 我也　跟　去（语助）
假如你去，我也跟着去。

naŋ³¹ ⁵³ ɛ̠³³ mɛ³¹ ⁄ ⁵³ ŋu̠ɔt⁵⁵ ni³¹, naŋ³¹ ɛ̠³³ ⁄ ³¹.
你　去 肯　的话　你 去
你愿意去的话你就去。

ŋ³¹ ma³¹ ta̠i³¹ thu⁽⁵⁵ ŋu̠ɔt⁵⁵ ni³¹, na̠ik⁵⁵ ləm³³ ⁄ ⁵⁵ ma³¹ ⁄ ³³ ma³¹ pjɔ³³.
我 不　说　出　的话　心　（方助）不　高兴
我不说的话心里不高兴。

naŋ³¹ ma³¹ tsɔ³³ ŋu̠ɔt⁵⁵ ni³¹, ŋ³¹ ŋɛ⁽⁵⁵ ma³¹ tsɔ³³.
你　不　吃　的话　我 也　不 吃
你不吃的话，我也不吃。

mau³³ phaŋ⁵⁵ ŋuɔt⁵⁵ni³¹, ŋ³¹pɔm³¹ma³¹ɛ̠³³ᐟ³¹. 天晴的话,我就去山上。
天 晴 的话 我 山（方助）去

3. 条件关系。例如：

mau³¹ phaŋ⁵⁵ni³¹ ŋa⁵⁵ mɔ⁷³¹ pɔm³¹ phɛ⁵⁵ tɔ⁷³¹ ta³¹. 只要天晴,我们就上山。
天 晴 的话 我们 山 （方助）上（语助）

xaŋ⁵⁵ ta̠i³¹ ta̠i³¹ ŋjaŋ³³ ma³¹ kjɔ³³. 无论谁说他都不听。
谁 说说 他 不听

4. 因果关系。例如：

ŋ³¹ nɔ³¹ kaŋ³¹ ma³¹ ja³³, ma³¹ jɔ³³ thu⁷⁵⁵ lɔ³³.
我 病 因为 没有 出 去
因为我生病了,所以没有出去。

a³¹ pa⁵⁵ ʃəi³³ kaŋ³¹ ma³¹ ja³³, ŋ³¹ tʃuŋ³¹ ma³¹ jɔ³³ tɔ³¹ lɔ³¹.
爸爸 死 因为 我 学校 没有 读 来
因为爸爸去世了,所以我没有来上学。

khə̠⁵⁵ ŋji⁷⁵⁵ mau³³ᐟ³¹ wu³¹ kaŋ³¹ ma³¹ ja³³, thji⁵⁵ mu⁵⁵ ma³¹ᐟ³³ ma³¹ jɔ³³ ɛ³¹.
今天 雨 下 因为 片马 （方助）没有 去
因为今天下雨,不能去片马了。

5. 目的关系。例如：

ŋui³¹ tʃha⁵⁵la³¹, ŋjaŋ³³ jɔm³³ ka⁷⁵⁵ la³¹ mu⁵⁵ tsui³¹.
钱 为了 他 辛苦 （助）干活
为了钱,他辛苦干活。

nɔ³¹ sɔ⁷³¹ tʃha⁵⁵la³¹, ŋjaŋ³³ na³³ ju³³ ɔŋ⁵⁵ tja̠ŋ³¹.
病 看 为了 他 手表 卖 掉
为了看病,他把手表卖了。

第三节　片马茶山语的词汇特点

一、构词法的主要特点

(一) 合成词：合成词又可分为并列式、修饰式、支配式、附注式、附加式等类。

1. 并列式合成词

(1) 并列式合成词的音节特点

并列式合成词以双音节词占多数。例如：

| khu⁵⁵au⁵⁵ | 炊具 | lɔ⁷³¹khjəi³³ | 手脚 |
| 碗 锅 | | 手 脚 | |

四个音节的词语一般由两个词构成。例如：

la³¹khui⁵⁵la³¹wu⁷³¹	牲畜	a³¹phɔ³¹a³¹tsan³¹	公的母的
狗 猪		公的 母的	
a³¹sa̱ik⁵⁵a³¹tjaŋ³¹	新旧	a³¹pa³³a³¹ŋuɛ³¹	父母
新 旧		父 母	

有些四个音节的并列合成词，可以缩减为两个音节，缩减后意义不变。例如：

a³¹phau⁵⁵ + a³¹thji³³→phau⁵⁵thji³³　　　　　祖宗
祖公　　祖婆

a³¹thju³³ + a³¹nɔ⁷³¹→thju³³nɔ⁷³¹　　　　　黑白
白的　　黑的

有的则不可以缩减。例如：

a³¹pa³³a³¹ŋuɛ³¹　　　　　父母
父　母

a³³maŋ³³a³³nəu⁵⁵　　　　　兄弟
哥哥　弟弟

(2) 并列式合成词的词素构成

有名词性词素并列、形容词性词素并列、动词性词素并列三种。其中以名词性词素的并列居多。

① "名 + 名"式。例如：

tsɔ³¹aŋ⁵⁵	饭菜	lɔ⁷³¹khjəi³³	手脚
饭 菜		手 脚	
khjəi⁵⁵ji̱⁵⁵	屎尿	nə̌u³³ŋjaŋ³³	牛马
屎 尿		牛 马	
ŋap⁵⁵khjiŋ³³	针线	sam³¹tshuaŋ³³	刀剑
针 线		刀 剑	
thɔ⁷⁵⁵kjɔ³³	上下	ŋjɛŋ³³nap³¹	早晚
上 下		晚上 早上	
lɔ⁷³¹pai³¹lɔ⁷³¹jɔ³¹	左右		
左手 右手			

② "形 + 形"式。例如：

| ku⁵⁵ŋji³¹ | 大小 | ŋjəp³¹man³³ | 快慢 |
| 大 小 | | 快 慢 | |

maŋ³³ŋji³¹	老少	nṵ²⁵⁵than³¹	软硬
老 小		软 硬	
thəu³³pu³³	厚薄	kha⁵⁵ŋɔ³¹	多少
厚 薄		多 少	
thju³³nɔ⁷³¹	黑白	tʃhəu³³kji³³	胖瘦
白 黑		胖 瘦	
ku⁵⁵pu³³	粗细	khuaŋ⁵⁵tsḛ³³	宽窄
大 细		宽 窄	
tʃɛn³³tʃhau³¹	酸甜		
酸 甜			

③"动 + 动"式。例如：

| tsɔ³³ʃuk⁵⁵ | 吃喝 | pat³¹sa̱t⁵⁵ | 打杀 |
| 吃 喝 | | 打 杀 | |

④重叠并列式。例如：

| lɔ⁵⁵lɔ⁵⁵lɔ³¹lɔ³¹ | 来来去去 | lɔ³¹lɔ³¹lɔ⁵⁵lɔ⁵⁵ | 来来去去 |
| 去 去 来 来 | | 来 来 去 去 | |

(3)并列式合成词的词义搭配关系

主要有两种方式：

①相关复合：并列的各个词素在意义上、类别上相关。例如：

lɔ⁷³¹khjəi³³	手脚	khjəi⁵⁵jḭ⁵⁵	屎尿
手 脚		屎 尿	
nə̌u³³ŋjaŋ³³	牛马	tsɔ³¹aŋ⁵⁵	饭菜
牛 马		饭 菜	
ŋap⁵⁵khjiŋ³³	针线	sam³³tshuaŋ³³	刀剑
针 线		刀 剑	

②反义复合：各并列词素的意义相对或相反。这种情况的词素一般是形容词。例如：

ku⁵⁵ŋji³¹	大小	ŋjəp³¹man³³	快慢
大 小		快 慢	
maŋ³³ŋji³¹	老少	əthəu³³pu³³	厚薄
老 小		厚 薄	
kha⁵⁵ŋɔ³¹	多少	thju³³nɔ⁷³¹	黑白
多 少		白 黑	

(4)并列式合成词的词素顺序

并列复合词的词序主要受语义因素的制约。大多是，表示积极的、好的、重要的、正面的词素在前。例如：

ŋap⁵⁵khjiŋ³³	针线	tʃhəu³³kji³³	胖瘦
针　线		胖　瘦	
kha⁵⁵ŋjɔ³¹	多少	təu⁵⁵pu³³	厚薄
多　少		厚　薄	
thɔʔ⁵⁵kjɔ³³	上下	ŋjəp³¹man³³	快慢
上　下		快　慢	
ku⁵⁵pu³³	粗细	sam³³tshuaŋ³³	刀剑
大　细		刀　剑	
a³¹pa³³a³¹ŋuɛ³¹	父母	a³¹phau⁵⁵a³¹thji³³	祖宗
父　母		祖公　祖婆	
khuaŋ⁵⁵tsɛ̱³¹	宽窄	a³³maŋ³³a³³nəu⁵⁵	兄弟
宽　窄		哥哥　弟弟	
la³¹khui⁵⁵la³¹wuʔ³¹	牲畜		
狗　猪			

但有的词词序比较灵活，可以自由变换位置。例如：

khjəi⁵⁵ji⁵⁵ = ji⁵⁵khjəi⁵⁵	屎尿	nəu³³ŋjaŋ³³ = ŋjaŋ³³nəu³³	牛马
屎尿　尿屎		牛　马　马　牛	
ŋjɛŋ³³nap³¹ = nap³¹ŋjɛŋ³³	早晚	ku⁵⁵ŋji³¹ = ŋji³¹ku⁵⁵	大小
晚上 早上　早上 晚上		大　小　小　大	

2. 修饰式合成词

修饰名词的词素有名词、形容词、动词、数量词等，位置有在前的也有在后的。名词词素修饰名词词素时，修饰性的名词词素均在前。形容词词素修饰名词词素时，修饰性的形容词词素多在中心词素之后，但也有少部分在中心语素之前。动词词素修饰名词词素时，修饰性的动词词素可在名词中心词素之前，也可在名词中心词素之后。

(1)名词修饰词素 + 名词中心词素→名词。例如：

la³¹xɛ³¹muŋ⁵⁵	中国	mjɛŋ³¹muŋ⁵⁵	缅甸
汉族　国家		缅甸　国家	
tʃa⁵⁵paŋ³³muŋ⁵⁵	日本	aŋ⁵⁵ʃɿ³³	菜籽
日本　国家		菜　籽	
wu³¹tsau³³	村长	aŋ⁵⁵khjəi³³	萝卜
村　官		菜　脚	
nɔt⁵⁵kuk̚⁵⁵	嘴唇	ŋɔʔ⁵⁵sɔt⁵⁵	鸟窝
嘴　皮		鸟　窝	

saik⁵⁵jɔ³¹	森林	pəi³¹pan³³	向日葵
树　地		太阳　花	
muŋ⁵⁵tju³¹	百姓（农民）	mə̆³¹tʃhəi⁵⁵sə̆³¹lja³³	医生
国家　人		药　　　老师	
ŋaŋ³³ljin	马车	pɔm³¹pɛ³¹	山羊
马　车		山　羊	
ŋji³³ŋjap³¹	火钳		
火　钳			

(2) 名词中心词素 + 形容词修饰词素→名词。例如：

aŋ⁵⁵wan³¹	青菜	məu³¹xjui³³	奶浆菌
菜　青		菌　黄	
aŋ⁵⁵thju³¹	白菜	tʃəi³¹kjuɛ³¹	开水
菜　白		水　热	
ŋji³³nɔ⁷³¹	毒	ʃɔ³³tʃhau³¹	木瓜
火　黑		果　甜	

(3) 形容词修饰词素 + 名词中心词素→名词。例如：

| jɔ³³jɛn³³ | 富人 | thəu³³tji³³ | 棉衣 |
| 富　家 | | 厚　衣服 | |

(4) 动词修饰词素 + 名词中心词素→名词。例如：

jɛt⁵⁵jɔ³¹	卧室	kjɛn⁵⁵tuaŋ³³	扣眼儿
睡　地方		扣　洞	
nɔ³¹səu⁷³¹	病人	xun⁵⁵tju³¹	疯子
病　人		疯　人	

(5) 名词中心词素 + 动词修饰词素→名词。例如：

mau³³tsau⁵⁵	阴天	mau³³phaŋ⁵⁵	晴天
天　阴		天　晴	
ŋjɔ⁷³¹tʃɛt³¹	瞎子	nuŋ⁵⁵kəu⁵⁵	驼背
眼　瞎		背　弯	

(6) 除了上述几种单层的修饰式合成词之外，还有一类是多层修饰式合成词。例如：

ŋaŋ³³nam³³pan³³	夜来香	ʃɔ⁵⁵khat⁵⁵khui⁵⁵	猎狗
香　闻　花		肉　追　狗	
luk³¹kɔk³¹pat³¹səu⁷³¹	石匠	lə̆³³ma³¹tʃui³¹səu⁷³¹	售票员
石头　打　人		票　撕　人	

lɔ³¹ mu³³ tʃhaŋ³³	拇指	ŋjɔ⁷³¹ tʃhəi³³ pan⁵³	洗脸盆
手 大 个		脸 洗 盆	
phɔ̃³¹ kat³¹ kuɔt⁵⁵ səu⁷³¹	商人		
生意 做 人			

3. "宾动"支配式合成词。例如：

au⁵⁵ ŋji⁵⁵	锅盖	wu⁵⁵ thuɔp⁵⁵	包头巾
锅 盖		头 包	
tji³³ kjɛn⁵⁵	扣子	tjɔ³¹ jam⁵⁵	篱笆
衣服 扣		墙 围	
khjəi³¹ kjau⁵⁵	跛子		
脚 断			

4. 附注式合成词：由名词词素加量词词素组成，量词素对名词起附注作用。例如：

ʃ1³³ lji⁵⁵ tʃɛn⁵³	梨树	ʃ1³³ saŋ⁵⁵ tʃɛn⁵³	李树
梨 棵		李子 棵	
xju⁵⁵ tʃɛn⁵³	松树	khu⁷⁵⁵ khjap⁵⁵ tʃɛn⁵³	茶树
松 棵		茶 棵	
naik⁵⁵ ləm³¹	心脏	tʃiŋ⁵⁵ ləm³¹	肾
心 个		肾 个	
nɔ³³ khjap⁵⁵	耳朵	kuk³¹ tʃhap⁵⁵	谷粒
耳 一片		谷 一粒	
saik⁵⁵ tʃəŋ³¹	木头	məu³¹ sau⁵⁵ tʃham³³	字
木、树 一节		书 颗	
tsham³¹ pau³¹	辫子		
头发 一大把			

5. 附加式合成词

主要是在词根上添加前缀、后缀构成。词缀中以后缀为多。前缀的意义很虚，只能依附在词根上而存在。后缀大多是由实词语法化而来的，但语法化的程度不一致，语法化程度低的还带有一定的词汇意义，甚至还能作为词根构词。

（1）前缀

前缀 a³³-（有时读 a⁵⁵ 或 a³¹）是一个多功能的词素，兼有构词、构形和配音等方面的功能。

①前缀 a- 的构词功能主要是：加在表示亲属称谓、植物、事物、方位、时间等名词素之前构成双音节或多音节名词。①

---

① 据傅爱兰《藏缅语的 a 音节》(《民族语文》1996 年第 3 期) 的研究，藏缅语族语言双音节化与 a- 的产生关系密切，凡是双音节化倾向明显的语言，a- 前缀也较丰富。

a³¹phau⁵⁵	爷爷	a³¹jɔk³¹	奶奶
a³¹pa³³	父亲	a³¹ŋuɛ³¹	母亲
a³³maŋ³³	哥哥	a³³pəi³³	姐姐、嫂子
a³³nəu⁵⁵	弟弟	a³³nəu⁵⁵	妹妹
a³³maŋ³³	姐夫	a³¹pu³¹mu⁵⁵	伯父
a³¹mɛ³¹mu⁵⁵	伯母	a³¹ji³³	姑父、姨父
a³¹pɔ̠n³³	根	a³¹tuɔt⁵⁵	芽儿
a³¹ŋjau³³	种子	a³¹kuŋ³¹	中间
a³¹jam³¹	旁边	a³¹thuŋ³¹	角儿
a³¹khjau³³	尖儿	a³¹jam³¹	边儿
a³¹khəu³³	里	a³¹naik⁵⁵	去年
a³¹khaŋ³¹	刚才	a³¹ŋji⁵⁵	盖子
a³¹pa̠t⁵⁵	渣滓		

a-在组成复合词或短语时,大多不可以省略。例如：

a³³maŋ³³ a³³nəu⁵⁵ 兄弟 a³¹pa³³a³¹ŋuɛ³¹ 父母
哥哥 弟弟 父 母

a³¹pu³¹mu³³a³¹mɛ³¹mu³³ 伯父伯母
伯父 伯母

但也有少数可以省略 a-的。例如：

a³¹phau⁵⁵ + a³¹thji³³→phau⁵⁵thji³³ 祖宗
祖公 祖婆

②前缀 a³³- 的构形功能主要是：附加在形容词或动词前构成名词。例如：

saik⁵⁵ → a³³saik⁵⁵ 新的 tjaŋ³¹→a³³tjaŋ³¹ 旧的
ŋui³¹ → a³³ŋui³¹ 弯的

由形容词加前缀 a³³- 构成的名词,还可以构成并列复合词。例如：

a³¹saik⁵⁵a³¹tjaŋ³¹ 新旧新的 a³¹phɔ³¹a³¹tsan³¹ 公的母的
新的 旧的 公的 母的

(2)后缀

后缀有多种不同的意义类型,虚化程度也不一。尚未完全虚化的后缀,语义处于半实半虚的状态,严格说,应称之为"半后缀",主要出现在表示"阴、阳"义上。后缀主要有以下几种：

① -tsəi³¹：用于形容词词素或动词词素后构成名词。例如：

nɔʔ³¹tsəi³¹ 黑的 thju³¹tsəi³¹ 白的
黑 的 白 的

xjiŋ³³ tsəi³¹	长的	ljoŋ³³ tsəi³¹	短的
长 的		短 的	
tai³¹ tsəi³¹	说的	tsɔ³³ʹ³⁵ tsəi³¹ʹ⁵³	吃的
说 的		吃 的	
juŋ³³ tsəi³¹ʹ⁵³	用的		
用 的			

② -lu³¹ʹ³³：表雄性义，多用于家畜及某些兽类。由实词 a³¹ lu³¹ʹ³³ "公的"的词根虚化而成。例如：

nə̆u³³ lu³¹	公牛	ŋjaŋ³³ lu³¹	公马
牛 公		马 公	
ʃə̆⁵⁵ pɛ³¹ lu³¹	公羊	khui⁵⁵ lu³¹	公狗
羊 公		狗 公	
wɔm³¹ lu³¹	公熊	pə̆³¹ tʃa̱u³¹ lu³¹	公鸭
熊 公		鸭 公	
khjau³¹ mu³³ lu³¹	公鹅	ŋjauk³¹ lu³¹	公猫
鹅 公		猫 公	

③ -phə³¹：表阳性，用于人和鸟类，还可用于人和家养动物。由 a³¹ pa³³ "父亲"一词的词根虚化而成。例如：

juʔ³¹ phə³¹	舅父	juʔ³¹ phə³¹	岳父
舅 父		岳 父	
kjɔʔ³¹ phə³¹	公鸡	ŋɔʔ⁵⁵ phə³¹	雄鸟
鸡 公		鸟 公	

④ -tsan⁵³：表雌性。例如：

wuʔ³¹ tsan³¹	母猪	ŋjaŋ³³ tsan³¹	母马
猪 母		马 母	
nə̆u³³ tsan³¹	母水牛	pu³¹ tʃap³¹ tsan³¹	母鸭
水牛 母		鸭 母	
khjau³¹ mu³³ tsan³¹	母鹅	khui⁵⁵ tsan³¹	母狗
鹅 母		狗 母	
məu³³ tsan³¹	母牛	ŋjauk³¹ tsan³¹	母猫
牛 母		猫 母	
kjɔʔ³¹ tsan³¹	母鸡	ŋɔʔ⁵⁵ tsan³¹	雌鸟
鸡 母		鸟 母	

tsə̃³³lu³³tsan³¹　　母虎　　　wɔm³¹tsan³¹　　母熊
虎　母　　　　　　　　　熊　母

⑤ -ŋji³¹：表阴性，多用于人。例如：

ju⁷³¹ŋji³¹/⁵⁵　　舅母　　　ju⁷³¹ŋji³¹/⁵⁵　　岳母
舅　母　　　　　　　　　岳　母

⑥ -tʃɛn³¹：表示复数"们"，用在生命度较高的名词和人称代词后面。例如：

tjɛn³¹tʃaŋ⁵⁵tʃɛn³¹　朋友们　　sə̃³¹lja³³tʃɛn³¹　老师们
朋友　　们　　　　　　老师　们

tʃuŋ³³lɔ³³tʃɛn³¹　　学生们
学生　　们

tʃɛn³¹还可单独做词用，与指示代词一起构成指量结构。例如：

xai⁷⁵⁵la³¹khui⁵⁵tʃɛn³¹/⁵³　这群狗
这　狗　　群

⑦ -mɔ⁷³¹：用于代词词素后表"们"。例如：

ja⁵⁵/ŋa⁵⁵mɔ⁷³¹　　我们　　　na³⁵mɔ⁷³¹　　你们
我　　们　　　　　　　　你　们

ŋja³³mɔ⁷³¹　　他们
他　们

⑧ -taŋ³¹：用于人称代词词素后，表人称代词的"俩"。例如：

ŋ³¹taŋ³¹　　　我俩　　　na³⁵taŋ³¹　　你俩
我　俩　　　　　　　　　你　俩

ŋja³⁵taŋ³¹　　他俩
他　俩

⑨ -tsɿ³¹：用于指示代词词素后表"些"。例如：

xai⁷⁵⁵tsɿ³¹　　这些　　　thji⁷⁵⁵tsɿ³¹　　那些
这　些　　　　　　　　　那　些

（二）四音格词

茶山语有丰富的四音格词。四音格词是由四个音节按照一定的规律搭配起来的，在语音、语法、语义和修辞上都有自身不同于复合词或短语的特点。

1. 词素数量

从词素数量上看，有的四音格词由两个词素组成。例如：

tai³¹tai³¹tʃhiŋ³¹tʃhiŋ³¹　说说笑笑　　tai³¹tai³¹ji³¹ji³¹　　说说笑笑
说　说　笑　笑　　　　　　　　　　说　说　笑　笑

a³¹khjin⁵⁵a³¹mun³¹	成千上万	aŋ⁵⁵thju³³aŋ⁵⁵wan³¹	白菜青菜
千　　　万		白菜　　青菜	
saik⁵⁵ku⁵⁵saik⁵⁵ŋji³¹	大树小树		
大树　　小树			

有的由四个词素组成。例如：

| wu⁵⁵xui³¹ŋjɔʔ³¹thuə ʔ³¹ | 头昏眼花 |
| 头　昏　眼　花 | |

2. 叠音类型

从叠音的情况看，四音格词主要有 ABCD、AABB、ABAC、ABCB 等四种类型，其中以 AABB 式和 ABAC 式居多（A、B、C、D 分别代表四个不同的音节）。这四种类型分别举例如下：

（1）ABCD 式：

ŋjɛŋ³¹kuŋ⁵³nap³¹san⁵⁵	深更半夜	nə̃³¹taŋ⁵⁵lɔ³¹kjɔp⁵⁵	耳环戒指
晚上　　凌晨		耳环　　戒指	
wu⁵⁵xui³¹ŋjɔʔ³¹thuə ʔ³¹	头昏眼花		
头　昏　眼　花			

（2）AABB 式：

kau³¹kau³¹lau³¹lau³¹	高高兴兴	tai³¹tai³¹tʃhiŋ³¹tʃhiŋ³¹	说说笑笑
高　高　兴　兴		说　说　笑　笑	
tai³¹tai³¹ji³¹ji³¹	说说笑笑	lɔ⁵⁵lɔ⁵⁵lɔ³¹lɔ³¹	来来去去
说　说　笑　笑		去　去　来　来	
waŋ³¹waŋ³¹thuʔ⁵⁵thuʔ⁵⁵	进进出出	ŋui³¹ŋui³¹tɛn³³tɛn³³	弯弯曲曲
进　进　出　出		弯　弯　曲　曲	
thɔʔ⁵⁵thɔʔ⁵⁵kjɔ⁵⁵kjɔ⁵⁵	上上下下	san³¹san³¹sɿ³¹sɿ³¹	干干净净
上　上　下　下		干　干　净　净	
maŋ³³maŋ³³ŋji³¹ŋji³¹	老老少少	xjip⁵⁵xjip⁵⁵thaŋ³¹thaŋ³¹	前前后后
老　老　少　少		前　前　后　后	
ŋjaŋ³¹ŋjaŋ³¹ŋjɛn³³ŋjɛn³³	高高低低	tʃɛn³³tʃɛn³³tʃhau³¹tʃhau³¹	酸酸甜甜
高　高　低　低		酸　酸　甜　甜	

（3）ABAC 式：

aŋ⁵⁵thju³³aŋ⁵⁵wan³¹	白菜青菜	tʃhɔ³¹ku⁵⁵tʃhɔ³¹ŋji³¹	大路小路
菜　白　菜　青		路　大　路　小	
nuk³¹thju³³nuk³¹nɔʔ³¹	黄豆黑豆	saik⁵⁵ku⁵⁵saik⁵⁵ŋji³¹	大树小树
豆　白　豆　黑		树　大　树　小	

| a³¹khjin⁵⁵a³¹mun³¹ 千万 | 成千上万 | phaŋ⁵⁵lɔ⁵⁵phaŋ⁵⁵lɔ³¹ 翻去翻来 | 翻来覆去 |

（4）ABCB 式：

| xjiŋ³³tsəi³¹ljɔŋ³³tsəi³¹ 长的短的 | 长的短的 | lɔ³¹ŋəp³¹khjəi³³ŋəp³¹ 手快脚快 | 手勤脚快 |
| ŋia̠ŋ³³tsəi³¹ŋɛŋ³³tsəi³¹/⁵³ 高的低的 | 高的低的 | | |

二、借词

（一）借词的来源

茶山语中的借词主要借自汉语、景颇语、缅语和英语等。其中以汉语和景颇语借词居多。

1. 茶山语中汉语借词数量较多。

茶山语中的汉语借词，以名词为主，也有部分动词、形容词、量词，以及少量的数词和副词。

①借自汉语的名词。从汉语中借用来的名词以与日常生活息息相关的词居多。从自然、地理、房屋建筑、宗教、语言、文化、节日，到人物、动物、植物、食物、衣着、用具等，都有借自汉语的。例如：

tuaŋ³³	洞	ʃl̩³³xui⁵⁵	石灰
kai⁵⁵	街	pjiŋ³³kuaŋ³¹	宾馆
tʃuan⁵⁵	砖	wa³³	瓦
kui⁷³¹	箱子	mɔ⁷³¹	磨（面）
kjui³³tsl̩³³	锯子	pjɛn³¹tan³¹	扁担
pan³³ljɛn⁵⁵	镰刀	thɔ³³la³³tʃi³³	拖拉机
pjiŋ³³xjaŋ³³	冰箱	tshau³¹kɔ³¹	草果
thuŋ³¹	铜	thjɛ³¹	铁
su⁵⁵ʃl̩⁵⁵	钥匙	phau³³tʃaŋ⁵⁵	鞭炮
la³¹tsl̩³³	辣椒	xəu⁵⁵suan³¹	蒜
jaŋ³¹ji⁵⁵	马铃薯	kha⁵⁵fəi³³	咖啡

②借自汉语的动词。例如：

sa̠t⁵⁵	杀	su⁵⁵	锁
pɔ̠³³	抱	pau³³	背
xuan⁵⁵	疯	xəŋ³¹	恨
kjau⁵⁵	教	kjui³³	锯
san³¹	散开	sɔn³³	数（数）
thuɔn⁵⁵	吞	tsuŋ⁵⁵	栽（树）

③借自汉语的量词,以货币、度量衡量词居多,个体量词较少。例如:

  tɔn³¹   (吃一)顿

④借自汉语的形容词。例如:

  pu³³   薄   tsɛ³³   窄

  lan̠³³   懒   pjɛ⁵⁵   扁

  lan⁵⁵   蓝   maŋ⁵⁵   忙

2. 有少量词借自景颇语。例如:

  phǎ⁵⁵ljan³¹ 蝴蝶   məu³¹sau⁵⁵ 纸

  thɔt⁵⁵   搬(家)   mau⁵⁵   奇怪

  pha³¹tʃɔt³¹ 手绢儿

3. 茶山人居住在中缅边界,与边境缅甸人互相通婚,交易往来,因而茶山语也从缅语里吸收了一些词汇丰富自己。例如:

  na³³jui³³   钟   mu⁵⁵   事情

  mjuʔ⁵⁵   城市   muŋ⁵⁵tan³³ 国家

  sa⁵⁵pja³¹   肥皂   sə³¹lja³³   老师

  sə̌³³kɛ³³   摩托   fɔŋ⁵⁵   手机

  tat⁵⁵ʃin³¹   电视、电影 sɿ³³tji³³   光盘

缅语借词中,有的是缅语借自英语的。例如:

  nam⁵⁵pat⁵⁵ 第   mu³³tɔ³³   汽车

(二)借用方式

主要有以下三种:

1. 全词借入。例如:

  tuaŋ³³   洞

  kai⁵⁵   街

  tʃuan⁵⁵   砖

  mjɛŋ³¹ muŋ⁵⁵   缅甸

  缅(借缅) 国家(借傣)

  tʃa⁵⁵paŋ³³ muŋ⁵⁵   日本

  日本(借缅) 国家(借傣)

2. 借词释义。由借词加本语词注释共同构成。例如:

  təu³³laŋ⁵⁵pan³³   吊兰花

  吊兰(借)花(本)

  sa⁵⁵pja³¹phəi³³   洗衣粉

  肥皂(借)粉(本)

3. 半音半译。进入茶山语的汉语借词,有的已具有构词能力,能与汉语词的音一起构成新词。例如:

su⁵⁵ ʃๅ⁵⁵ 钥匙
锁(借)音译

第四节 片马茶山语与勒期语的比较

片马茶山语(以下简称茶山语)与勒期语(以潞西地区的勒期语为代表)比较接近,二者在语音、词汇、语法上都有许多相同的特点。这里先比较茶山语与勒期语的词源关系,然后分析对比二者的语音对应关系。

一、茶山语与勒期语词源比较

为了认识茶山语和勒期语的关系,了解这两种语言的来源及演变,我们对这两种语言的1000个基本词进行了词源比较。这两种语言 1000 词的词源关系有三种类型:同源词、半同源词、异源词。分述如下:

(一) 同源词

"同源词"是指两种语言的词具有共同的来源,在语音上存在对应关系。通过词源比较,发现茶山语和勒期语的同源词共有 563 个,占比较总数 1000 词的 56.3%。本文对这 563 个同源词中的 417 个单音节词的语音对应情况进行了统计分析,分出四种情况:

1. 声韵调全相同的

属于这种类型的词共有 57 个,占比较总数 1000 词的 5.7%。举例如下:

茶山语	勒期语	汉义
kji³³	kji³³	星星
sɔʔ⁵⁵	sɔʔ⁵⁵	气
la³¹phɔʔ⁵⁵	la³¹phɔʔ⁵⁵	粥(稀饭)
khjaŋ³³	khjaŋ³³	橡子
tsan³¹	tsan³¹	年
ŋjaŋ³³	ŋjaŋ³³	他
xaŋ⁵⁵	xaŋ⁵⁵	谁
pɔŋ⁵⁵	pɔŋ⁵⁵	(一)桶(水)
ŋ³³	ŋ³³	五
a³¹jam³¹	a³¹jam³¹	旁边
khat⁵⁵	khat⁵⁵	(一)条(绳子)

khjap⁵⁵	khjap⁵⁵	（一）张（纸）
jɔm³³	jɔm³³	力气
a³¹pa̱t⁵⁵	a³¹pa̱t⁵⁵	渣滓
thaŋ⁵⁵	thaŋ⁵⁵	柴
khu̱ʔ⁵⁵	khu̱ʔ⁵⁵	碗
kuk³¹	kuk³¹	水稻
tuaŋ³³	tuaŋ³³	洞
tsam³¹	tsam³¹	桥
na̱p⁵⁵	na̱p⁵⁵	鼻涕

2. 声韵调中有两个相同的

这种类型的词共有 218 个，占比较总数 1000 词的 21.8%。具体可分为以下三种情况：

(1) 声母、声调相同，韵母不同的

这一情况的同源词共有 196 个，占比较总数 1000 词的 19.6%。例如：

茶山语	勒期语	汉义
pəi³¹	pei³¹	太阳
nɔ̱t⁵⁵	nua̱t⁵⁵	嘴
a³¹phau⁵⁵	a³¹phou⁵⁵	爷爷
ʃɛn⁵⁵	ʃɛn⁵⁵	虱
tshi³³	tshe³³	十
mɔʔ³¹	mɔːʔ³¹	做（梦）
lai̱ŋ³³	lə̱ŋ³³	（去一）次
ŋ³¹	ŋo³¹	我
kju̱ʔ⁵⁵	kju̱ʔ⁵⁵	干
ŋui³¹	ŋə:³¹	爱
lu̱ɔt⁵⁵	lu̱:t⁵⁵	抢
kɔ̱ʔ⁵⁵	kɔ̱:ʔ⁵⁵	敲
jɔʔ³¹	jɔːʔ³¹	织
jam³³	ja:m³³	肿
ŋuɛ³³	ŋy:³³	暖和
tʃɛn³³	tʃi:n³³	酸
sɔm⁵⁵	su:m⁵⁵	轻
thɔʔ⁵⁵	thɔ̱ʔ⁵⁵	锋利
kjiŋ³³	kjə:ŋ³³	清（的）
tui̱⁵⁵	tə̱⁵⁵	绳子

(2) 声母、韵母相同,声调不同的

这一情况的同源词共有 13 个,占比较总数 1000 词的 1.3%。例如:

茶山语	勒期语	汉义
ʃɿ³³	ʃɿ⁵⁵	水果
jau³³	jau³¹	难
sɔm³³	sɔm⁵⁵	三
ʃɛ³¹	ʃɛ³³	牵(牛)
lɔp⁵⁵	lɔp³¹	坟
tsham³¹	tsham³³	头发
lɔʔ³¹	lɔʔ³³	手
tʃhɛn³¹	tʃhɛn³³	米
khuŋ³¹	khuŋ³³	梁
tsɔm³³	tsɔm⁵⁵	(一)双(鞋)

(3) 韵母、声调相同,声母不同的

这一情况的同源词共有 9 个,占比较总数 1000 词的 0.9%。例如:

茶山语	勒期语	汉义
ŋjaŋ³³	mjaŋ³³	马
ŋjɛn³¹	mjɛn³¹	(一)夜
wu ʔ³¹	vu ʔ³¹	猪
tshɔt⁵⁵	tsɔt⁵⁵	肺
tju³¹	pju³¹	人
tji³³	pji³³	衣服
ŋji³³	mji³³	火
(la³¹)ŋjuk³¹	mjuk³¹	猴子
ŋjiŋ³¹	mjiŋ³¹	名字

3. 声韵调中有一个相同的

这种类型共有 118 个,占比较总数 1000 词的 11.8%。具体可分为以下三种情况:

(1) 声母相同,韵母、声调不同的

这一情况的同源词共有 71 个,占比较总数 1000 词的 7.1%。例如:

茶山语	勒期语	汉义
tshɔ³³	tsho⁵⁵	盐
kjəi³¹	kjei³³	胆
khjau³¹	khjou³³	犄角
tʃəi³³	tʃe:i⁵⁵	(布)密

茶山语	勒期语	汉义
sɛʔ⁵⁵	sɛː⁵³	懂
thai³¹	thaːi⁵⁵	交换
ni⁵³	nɛː⁵⁵	压
khau³³	khaːu⁵⁵	偷
pa̠uʔ⁵⁵	po̠u³³	木筏
pu³³	po̠ː⁵⁵	薄
kjo̠³¹	kjo̠³³	三脚架
phaŋ³¹	phaːŋ⁵³	开（门）
tsuŋ⁵⁵	tso̠ːŋ³³	竖（的）
nɔʔ³¹	nɔːʔ⁵⁵	早
tʃhau³¹	tʃhaːu³³	甜
phɔ³¹	phɔː³³	补（衣）
tʃau³³	tʃaːu⁵⁵	穿（针）
kjau⁵⁵	kjaːu³³	（棍子）断
ŋɔ³³	ŋɔː⁵⁵	借（工具）

（2）韵母相同，声母、声调不同的

这一情况的同源词只有 2 个，占比较总数 1000 词的 0.2%。例如：

茶山语	勒期语	汉义
xjɛt³¹	ʃɛt⁵⁵	八
ma³¹	a³³	不

（3）声调相同，声母、韵母不同的

这一情况的同源词共有 45 个，占比较总数 1000 词的 4.5%。例如：

茶山语	勒期语	汉义
tʃəi³¹	kjei³¹	水
ljo̠³³	jo̠³³	舌头
xjo³³	ʃo̠³³	百
xjiŋ³³	ʃəːŋ³³	长
wɛ³³	vɛː³³	远
tjiŋ⁵⁵	pjəːŋ⁵⁵	满
tʃuɔp⁵⁵	khjuːp⁵⁵	缝
ta̠ʔ⁵⁵	pa̠ʔ⁵⁵	抽（烟）
thju³³	phju³³	白
sa̠ik⁵⁵	ʃəːk⁵⁵	新
ŋəi³³	mei³³	四

ŋjaŋ³³	mja:ŋ³³	高
ŋjɔ³³	mjɔ:³³	多
thji⁵⁵	phjə:k⁵⁵	辣
ŋjəp³¹	mja:p³¹	快
ŋjuŋ³¹	mjɔ:ŋ³¹	穷
tjɛt³¹	pji:t³¹	（线）断
tji³³	pje:i³³	给
tjam³¹	pja:p³¹	跳（远）

4. 声韵调全不同的

这种类型共有 24 个，占比较总数 1000 词的 2.4%。例如：

茶山语	勒期语	汉义
tʃhə³¹	khjo³³	路
puɔt³¹	pho:t⁵⁵	凸
tji³¹	pji:³³	横（的）
ŋju³³	mju:⁵⁵	铺
tʃa³³	tʃhɛ:n⁵³	欠（钱）
ŋui³¹	kɔ:i⁵⁵	弯
tʃhau⁵⁵	khja:u⁵³	擤
xai⁵⁵	xjɛ³³	这
tʃhəu³³	tʃu:⁵⁵	（猪）肥
sam³¹	ʃam³³	刀
thji⁵⁵	thə³³	（近指）那
ku⁵⁵	kji:³³	大
tjiŋ³³	pjə:ŋ⁵⁵	满（了）
thjɔ³¹	phjɔ:³³	破（篾）
kui³³	kju:p³¹	（碗）破（了）

表 4－2：同源词同源状况分类统计表

同源类型		数量	比例
声韵调全同		57	5.7%
声韵调中有两个相同	声母、声调相同，韵母不同	196	19.6%
	声母、韵母相同，声调不同	13	1.3%
	韵母、声调相同，声母不同	9	0.9%
声韵调中有一个相同	声母相同，韵母、声调不同	71	7.1%
	韵母相同，声母、声调不同	2	0.2%
	声调相同，声母、韵母不同	45	4.5%
声韵调全不同		24	2.4%

统计说明：

1. 语音对应只统计单音节词（带 a-词头的也包括在内，在词源比较时只根据词根进行比较），共 417 个。

2. 有两读的只统计一次。

（二）半同源词

"半同源词"是指两种语言的词有部分语素具有同源关系，另一部分语素没有同源关系。同源的那一部分语素在语音上存在对应关系，不同源的那一部分语素在语音上不存在语音对应关系。通过词源比较，发现茶山语和勒期语的半同源词共有 148 个，占比较总数 1000 词的 14.8%。半同源词还可分为以下两种类型：

1. 音节数相同的

这种类型共有 73 个，占比较总数 1000 词的 7.3%。根据语素的同源关系，可分为以下三种情况：

（1）1 个语素同源，1 个语素不同源。

这一情况的半同源词共有 70 个，占比较总数 1000 词的 7%。例如：

茶山语	勒期语	汉义
luk^{31} kɔk^{31}	luk^{31} tsəŋ^{31}	石头
ŋjɔ^{731} mau^{33}	mjɔ^{731} tsham^{33}	眉毛
ŋjɛ^{33} lɔ^{33}	mji^{33} mji^{33}	妇女
ju^{731} ŋji^{55}	ju^{731} pho^{53}	舅母
wu̲^{731} au$^{31/33}$	vu^{731} ti̲^{55}	野猪
ʃɿ^{55} tʃəi^{33}	a^{31} tʃei^{55}	核儿
ʃɿ^{33} li^{55}	ʃɿ^{55} sa̲ŋ^{55}	梨
xu^{55} jau^{33}	khǔ^{55} xo^{33}	稻草
əu^{55} kjɔp^{55}	muk^{31} kjɔp^{55}	帽子
thuŋ^{55} kəŋ^{33}	thuŋ^{55} jei^{33}	杵
tsham^{31} tsai^{31}	tsham^{33} nək^{55}	辫子
lə̌^{33} kjəi^{31}	kji^{33} paŋ^{55}	成年人
nuŋ^{31} kəu^{55}	taŋ^{31} kou^{55}	驼子
khji^{33} khu^{33}	khjei^{33} səŋ^{55}	蹄
nə̌^{33} tʃuŋ^{31}	nə̌^{33} khɔm^{33}	牛圈
tjɔ^{31} jaŋ^{31}	tshə̌^{53} jam^{31}	墙
tsaŋ^{31} kuŋ^{31}	tsan^{31} nam^{55}	夏
jɛn^{33} thaŋ^{33}	khjaŋ^{55} thaŋ^{33}	房檐
tji^{33} tʃhɿ^{55}	lə̌^{55} tʃhy^{55}	腰带

khau⁵⁵ səu⁷³¹	khou⁵⁵ xɔp⁵⁵	贼

(2) 2个语素同源，1个语素不同源

这一情况的半同源词只有2个，占比较总数1000词的0.2%。例如：

茶山语	勒期语	汉义
pɔm³¹ pɛ³¹ mau⁵⁵（半）	tʃhət⁵⁵ pat³¹ mou⁵⁵	羊毛
pau³³ lɔ⁵⁵ khjiŋ³¹（半）	pou³³ tso³³ khjiŋ³³	丝

(3) 3个语素同源，1个语素不同源

这一情况的半同源词共有1个，占比较总数1000词的0.1%。例如：

茶山语	勒期语	汉义
saŋ³³ phɔ⁷³¹/⁵⁵ ŋji³³ kjɔ⁷³¹	saŋ³³ phə̆⁵⁵ nəp³¹ ŋjei⁵⁵	后天

2. 音节数不同的

这种类型共有75个，占比较总数1000词的7.5%。根据构词语素的数目，可分为以下四种情况：

(1) 一种语言用1个语素，另一种语言用2个语素。

这一情况的半同源词共有64个，占比较总数1000词的6.4%。例如：

茶山语	勒期语	汉义
kuŋ³¹	kuŋ³¹ tuaŋ³³	身体
ʃŏ⁵⁵ jou³³	jau³³	骨头
jɛn⁵⁵	kju⁷³¹ jɛn³³	松鼠
pu³¹ ʃɿ⁵⁵	pu³¹	核桃
tshu³³	ʃɔ⁵⁵ tʃou³³	脂肪油
mji³³ kɔk⁵⁵	ŋji³³	灯
pat³¹ tu³¹	təu³¹	锤子
sə̆⁵⁵ pju³¹	tjɔ³¹	灵魂
mja:ŋ³¹	ju⁵⁵ ŋjaŋ³¹	看见
khjuŋ⁵⁵ tsa:u⁵⁵	tsau⁵⁵	咳嗽
ləŋ³¹ pa:t³¹	laiŋ³¹	跌倒
na:m³¹	ʃɔm³³ nam³¹/⁵³	臭
thaŋ³³	thaŋ³¹ phɛ³³	后
mɔt⁵⁵ tsuk⁵⁵	mɔt³¹	勺子
vu⁷³¹ phə⁵⁵	phei⁵⁵	糠
ʃŏ⁵⁵ mou⁵⁵	mau⁵⁵	毛
mjɔ⁷³¹	ŋjɔ⁷³¹ tʃəi³³	眼睛
wo³¹	wu³¹ khau³¹	村子

| tam³¹kho³³ | tam³¹ | 疤 |
| jɔ³¹ | tsɔ³¹jɔ³¹ | 庄稼 |

(2) 一种语言用 1 个语素,另一种语言用 3 个语素。

这一情况的半同源词共有 1 个,占比较总数 1000 词的 0.1%。例如:

| 茶山语 | 勒期语 | 汉义 |
| jɛŋ³³saŋ³³ŋji³¹/⁵⁵ | mji³³ | 妻子 |

(3) 一种语言用 2 个语素,另一种语言用 3 个语素。

这一情况的半同源词共有 9 个,占比较总数 1000 词的 0.9%。例如:

茶山语	勒期语	汉义
lə̌³³ŋji³³	mji³³ji³³tso³³	姑娘
ʃə̌⁵⁵pɛ³¹	tʃhət⁵⁵pat³¹nu⁵⁵	绵羊
kə̌⁵⁵luŋ⁵⁵	mak³¹kə̌⁵⁵lɔŋ⁵⁵	蝌蚪
kuk³¹ŋjaŋ³³	tuk³¹ŋjaŋ³³tʃhɛn³³	糯米
ŋji³³mət³¹tuŋ⁵⁵	mji³³pjuŋ⁵⁵	吹火筒
pəi³¹waŋ³¹ʃuat⁵⁵	pei³¹vaŋ³¹	西

(4) 一种语言用 2 个语素,另一种语言用 4 个语素。

这一情况的半同源词只有 1 个,占比较总数 1000 词的 0.1%。例如:

| 茶山语 | 勒期语 | 汉义 |
| tʃaŋ³³khjɔ⁷⁵⁵la³¹khjaŋ³³ | la⁷³¹kaŋ³³ | 蜘蛛 |

表 4-3:半同源词同源状况分类统计表

	半同源类型	数量	比例
音节数相同	1 个语素同源,1 个语素不同源	70	7%
	2 个语素同源,1 个语素不同源	2	0.2%
	3 个语素同源,1 个语素不同源	1	0.1%
音节数不同	一种语言用 1 个语素,另一种语言用 2 个语素	64	6.4%
	一种语言用 1 个语素,另一种语言用 3 个语素	1	0.1%
	一种语言用 2 个语素,另一种语言用 3 个语素	9	0.9%
	一种语言用 2 个语素,另一种语言用 4 个语素	1	0.1%

(三) 异源词

"异源词"是指两种语言的词没有共同的来源,在语音上不存在对应关系。通过词源比较,发现茶山语和勒期语的异源词共有 289 个,占比较总数 1000 词的 28.9%。根据异源的类型可分为以下两种情况:

1. 固有词异源的

这种类型共有 251 个,占比较总数 1000 词的 25.1%。例如:

茶山语	勒期语	汉义
tʃɔ⁵⁵	mji³¹tsei⁵⁵	土
kə̆⁵⁵thɔ⁽⁵⁵	lɔ⁷³¹san̠³³	肩膀
jaŋ⁵⁵khun⁵⁵tjɔt³¹	pɔt⁵⁵lu⁷³¹	膝盖
khjuŋ⁵⁵kjɔk⁵⁵	ʃə̆⁵⁵kan̠⁵⁵	痰
phɔ³¹pəi⁵⁵	ju⁽⁵⁵kɛ³¹	男人
phəi⁵⁵thaŋ³¹	lat³¹kjo³³	叔叔
lə̆⁵⁵pɛ³¹ᐟ⁵³	ma:³³ɖ:⁵³ju⁷³¹	老大
tuək⁵⁵	kjan̠³³	蚊子
tsɔ³¹	wɔm³³	饭
khum⁵⁵pai³¹	pə̆³¹təŋ⁵⁵pɔk⁵⁵	窗子
khjap⁵⁵	lə̆⁵⁵mo⁵⁵	月
ləm³³	tʃham⁵⁵	（一）个（鸡蛋）
ʃu⁽⁵⁵	təŋ³³	（一）捆
kui³³	thu:n³³	捡
ni³³	tʃa:ŋ⁵³	近
tsai³¹	nə:k³¹	编（辫子）
tam̠⁵⁵	ka:u⁵⁵	躲藏
zɔ³³wan³¹ᐟ⁵³	wɔm³³pu:t³¹	怀孕
kɔ⁷³¹	pha:u³³	（母鸡）叫
wui⁵⁵	kə:³¹	跑

2. 因借词而异源的

这种类型共有 38 个，占比较总数 1000 词的 3.8%。可以分为两种情况：

（1）一方借，一方不借。

指一方借用别的语言的词语，一方则用固有词。这一情况共有 32 个，占比较总数 1000 词的 3.2%。例如：

茶山语	勒期语	汉义
thuŋ³¹（汉）	kjei³³	铜
thjɛ³¹（汉）	tʃɔ⁷³¹tɔ̠⁽⁵⁵	铁
ju³¹（汉）	tsə̆³³kjei³³	锈
ju⁷³¹tsau³³	tɔm³³sa⁵³（景颇）	巫师
ləi⁵⁵	jaŋ⁵⁵（汉）	秧
xua³³sɛŋ³³（汉）	mji³¹nuk³¹	花生
sɿ³³tsɿ³³（汉）	than³³mju̠⁵⁵	席子

茶山语	勒期语	汉义
sɔ³⁵ji³³（汉）	pjɔm³¹	蓑衣
taŋ³¹ŋa⁵⁵	pan³¹ʃɔ̰ʔ⁵⁵（载瓦）	全部
jaŋ⁵⁵xɔ⁵⁵（汉）	mji³³pat³¹	火柴
san⁵⁵（汉）	pei³¹ko³¹	伞
kjui³³tsʅ³³（汉）	sək⁵⁵ʃək⁵⁵	锯子
pjɛn³¹tan³¹（汉）	xap⁵⁵	扁担
pan³³ljɛn⁵⁵（汉）	ʃəm³³ŋui⁵⁵	镰刀
kjaŋ³³khjiŋ³¹′⁵³	ʃei⁵⁵（汉）	筛子
mɔ̰ʔ³¹（汉）	luk³¹ləŋ³³	（石）磨
tʃaŋ³¹tʃhon⁵⁵（汉）	tʃap⁵⁵tʃhəŋ⁵³	钹
khjiŋ⁵⁵（景颇）	toŋ³³	千
naiŋ³³	ʃa:u⁵⁵（汉）	少
nam³¹pjɔ³¹	xu:m³³（傣）	（气味）香
ljam⁵⁵	tse:n³³（汉）	剪
khjiŋ³¹	ʃa:i⁵⁵（汉）	筛（米）
thuɔn⁵⁵（汉）	mja:u³³	吞
sɔ⁵⁵	mji:t³¹（景颇）	想
lai⁵⁵	ka̠:³³（景颇）	写

（2）双方从不同的语言借入。

指双方分别从不同的语言借入词语，也包括一方全借，一方半借的。这类情况共有 6 个，占比较总数 1000 词的 0.6%。例如：

茶山语	勒期语	汉义
tʃau³³xua̰ʔ⁵⁵（汉）	mɔ³³phi³³（景颇）	乞丐
tʃʅ⁵⁵tau³¹；tʃi³¹tsʅ³³（汉）	mak³¹tʃək⁵⁵（傣）	橘子
xəu⁵⁵suan³¹（半汉）	la³¹sǫn³³（汉）	蒜
la³¹pu³³（汉）	tum³¹pa³³（景颇）	喇叭（唢呐）
tɔn³¹（汉）	ma⁵⁵（缅）	（吃一）顿
maŋ⁵⁵（汉）	kji:n⁵⁵（景颇）	忙

表 4-4：异源词异源状况分类统计表

异源类型		数量	比例
固有词异源		251	25.1%
借词异源	一方借，一方不借	32	3.2%
	双方从不同的语言借入	6	0.6%

二、茶山语与勒期语的语音对应关系

(一) 声母对应情况

1. 双唇音

勒期语的双唇音有 p、ph、m、w，以及与之对应的腭化音 pj、phj、mj，共七个。茶山语也有 p、ph、m、pj、phj、mj、w 七个双唇音，但它们之间的对应关系较为复杂，具体情况如下：

(1) 在双唇音声母（非腭化）上，勒期语和茶山语有一部分词读音相同。例如：

勒期语	茶山语	汉义
pei³¹	pəi³¹	太阳
pei³¹ nɔm³¹	pɛi³¹ nɔm³¹	亲戚
pou³³	pau³³	虫
phə̆³¹ lou³³	phə̆⁵⁵ lau³¹	尘土
a³¹ phou⁵⁵	a³¹ phau⁵⁵	爷爷
phu:t⁵⁵	phuk⁵⁵	剥（花生）
mou³³（wɔ³¹）	mau³³（wu³¹/⁵³）	雨
mu:t³¹	muɔt³¹	吹（喇叭）
mɔ:ʔ³¹	mɔʔ³¹	做（梦）
wo̭⁵⁵ lɔm⁵³	wu⁵⁵ lɔm³¹/⁵³	头
wɔm³¹	wɔm³¹	熊
wu:t³¹	wɔt³¹	穿（衣）

(2) 勒期语的双唇送气清塞音有少量词与茶山语的双唇不送气清塞音对应。例如：

勒期语	茶山语	汉义
a⁵⁵ pho⁵³	a³¹ pa³³	父亲
phəŋ⁵⁵ tʃhou³¹	pəŋ³³ tʃhau³¹	甘蔗
pho:t⁵⁵	puɔt³¹	凸

(3) 勒期语双唇腭化清塞音大多与茶山语的舌尖中腭化清塞音对应。例如：

勒期语	茶山语	汉义
pju³¹	tju³¹	人
pji³³ jaŋ³³	tjɔ³³ jaŋ³³	蜜蜂
pji³³	tji³³	衣服
phji⁵⁵ tɔm³³	thji⁵⁵ tɔm³³	腰
phju:³³	thju³³	白
phjɔ:ʔ⁵⁵	thjɔʔ⁵⁵	拆（房子）
phjɔ:³³	thjɔ³¹	破（簸）

(4)勒期语的双唇腭化鼻音大都与茶山语的舌根腭化鼻音对应。例如：

勒期语	茶山语	汉义
mji³³	ŋji³³	火
mjaŋ³³	ŋjaŋ³³	马
mju³¹ʃɛn⁵⁵	ŋji³¹ʃɛn⁵⁵	蜈蚣

此外,勒期语的双唇鼻音有少量与茶山语的双唇或舌根腭化鼻音对应。例如：

勒期语	茶山语	汉义
mɔŋ³³thɔŋ⁵⁵	mji³¹ʃap³¹	裙子
mei³³tso³³	ŋji³¹zɔ³³	孙子
mei³³	ŋjəi³³	四

2. 唇齿音

勒期语有 f、v 两个唇齿音,只出现在少数词语上。茶山语没有唇齿音,借词出现少量的唇齿清擦音 f。如：fa³¹tʃan³¹"发展",fəi³³tʃi³³"飞机"。勒期语的唇齿音在茶山语里,f 与 x 对应,个别与 kh 对应。如：勒期语"叶子"a³¹fu̠ʔ⁵⁵,茶山语读为 sa̠ik⁵⁵xu ʔ⁵⁵；勒期语"茶"fu ʔ⁵⁵khjap⁵⁵,茶山语读为 khu ʔ⁵⁵khjap⁵⁵。

此外,勒期语的唇齿浊擦音 v 大都与茶山语双唇半元音 w 对应。例如：

勒期语	茶山语	汉义
vu ʔ³¹	wu ʔ³¹	猪
va:ŋ³¹	waŋ³¹	进（屋）
vɛː³³	wɛ³³	远

3. 舌尖前音

勒期语的舌尖前音有 ts、tsh、s,共三个。茶山的舌尖前音除了 ts、tsh、s 这三个外,还有 z,共 4 个。勒期语和茶山语舌尖前音的对应关系具体如下：

(1)在舌尖前音声母上,勒期语和茶山语有一部分词读音相同。例如：

勒期语	茶山语	汉义
tsam³¹	tsam³¹	桥
kjɔʔ³¹tsəŋ³¹	kjɔʔ³¹tsan³¹	母鸡
tso³¹	tso³¹	粮食
tsho⁵⁵	tshɔ³³	盐
tsham³³	tsham³¹	头发
tsha:u⁵³	tshau³¹	堵塞
sɔʔ⁵⁵	sɔʔ⁵⁵	气
jɔm⁵⁵səŋ⁵⁵	jɛn³³san³¹	主人
sə̠k⁵⁵	sa̠ik⁵⁵	树

(2)勒期语的舌尖前塞擦音有的与茶山语里的舌叶音对应。例如：

勒期语	茶山语	汉义
tsɔm⁵⁵mou⁵⁵	tʃum³³mau³³	云
tshou⁵⁵tso³³	tʃhau⁵⁵zɔ³³⁄³¹	孤儿

有少量与茶山语的舌根腭化音对应。例如：

勒期语	茶山语	汉义
lɔʔ³¹tsɔp⁵⁵	lɔʔ³¹kjəp⁵⁵	戒指
tsɔ:ŋ⁵⁵	kjɔʔ⁵⁵	戴（帽子）

还有少量与茶山语在送气与否上存在不同的对应。例如：

勒期语	茶山语	汉义
tsɔt⁵⁵	tshɔt⁵⁵	肺
tshou³³	tsau³³	官

4. 舌尖中音

勒期语的舌尖中音有 t、th、n、l，共四个。茶山语的舌尖中音除了 t、th、n、l 这四个外，还有 t、th、l 的腭化音 tj、thj、lj，共七个。勒期语和茶山语舌尖中音的对应关系具体如下：

(1)在舌尖中音声母（非腭化）上，勒期语和茶山语有一部分词读音相同。例如：

勒期语	茶山语	汉义
taŋ⁵⁵pou⁵⁵	taŋ⁵⁵pau⁵⁵	大腿
tou³³kəp⁵⁵	tauʔ⁵⁵kup⁵⁵	乌龟
ta:m³¹	tam³¹	平
thui³³	thuɛ³³	声音
thaŋ⁵⁵	thaŋ⁵⁵	柴
thɔ:ʔ⁵⁵	thɔʔ⁵⁵	锋利
nɔ³³	nɔ³³	鼻子
nək⁵⁵lɔm³³	naik⁵⁵lɔm³³	心脏
nu:⁵⁵	nuʔ⁵⁵	（植物）嫩
lei³¹	ləi³¹	风
lɔʔ³³	lɔʔ³¹	手
laŋ³³mju³¹	laŋ³¹ŋji³¹	蛇

(2)勒期语舌尖中音有的与茶山语的舌尖中腭化音对应。例如：

勒期语	茶山语	汉义
la:m³¹	ljua³¹	宽
la:i³³	lji³³	重
lɛ³³sʅ³³	lji³³səu³¹	傈僳人

thə³³	thji⁵⁵	（近指）那
thə³³mo³³	thji⁵⁵ma³¹	那里
thə³³su⁵⁵	thji⁵⁵tʃa³¹	那样

5. 混合舌叶音

勒期语的混合舌叶音有 tʃ、tʃh、ʃ、ʒ 四个。茶山的舌叶音没有 ʒ，只有 tʃ、tʃh、ʃ 三个音，它们之间的对应关系如下：

(1) 有一部分词读音相同。例如：

勒期语	茶山语	汉义
tʃuŋ³³ku⁵³	tʃiŋ³³ku⁵⁵	南瓜
tʃu:t⁵⁵	tʃuɔt⁵⁵	（路）滑
tʃəŋ⁵⁵lɔm³³	tʃiŋ⁵⁵lɔm³¹	肾
tʃha:ŋ⁵³	tʃhaŋ³¹	跟（跟在后面）
ʃŏ⁵⁵tʃhɛ⁷³¹	ʃə̆⁵⁵tʃhəi⁷³¹	麂子
tʃhɛn³³	tʃhɛn³¹	米
ʃu:t⁵⁵	ʃut⁵⁵	错
ʃŏ⁵⁵kuk⁵⁵	ʃɔ⁵⁵kuk⁵⁵	皮肤
ʃɛ:³³	ʃɛ³³	抽（出）

(2) 勒期语舌叶送气音有的与茶山语的不送气音对应。例如：

勒期语	茶山语	汉义
tʃhɛ⁷⁵⁵	tʃui⁵³	撕
tʃhə̆⁵⁵khuŋ⁵⁵	tʃə̆⁵⁵tʃhup⁵⁵	屁股
tʃhɛ:n⁵³	tʃa³³	欠（钱）

(3) 勒期语舌叶清擦音有的与茶山语的舌根腭化清擦音对应。例如：

勒期语	茶山语	汉义
ʃɛt⁵⁵	xjɛt³¹	八
ʃə:ŋ³³	xjiŋ³³	长
ʃɔ:⁷⁵⁵	xjɔ⁷⁵⁵	害羞

(4) 勒期语舌叶清擦音有的与茶山语的舌尖前清擦音对应。例如：

勒期语	茶山语	汉义
ʃam³³	sam³¹	刀
ʃə:k⁵⁵	saik⁵⁵	新

6. 舌面中音

勒期语和茶山语都只有一个舌面中浊擦音 j。二者有一部分词读音相同。例如：

勒期语	茶山语	汉义
jou³³ mjɔ⁷³¹	jau³³ ŋjɔ⁷³¹	骨节
jɔm³³	jɛn³³	房子
jɔːŋ⁵⁵	juŋ⁵⁵	美

7. 舌根音

勒期语的舌根音有 k、kh、ŋ、x、ɣ，以及前面四个音的腭化音 kj、khj、ŋj、xj，共九个。茶山语的舌根音有 k、kh、ŋ、x、kj、khj、ŋj、xj，共八个，比勒期语少一个 ɣ。它们之间的对应关系如下：

（1）在舌根声母（包括腭化与非腭化）上，勒期语和茶山语有一部分词读音相同。例如：

勒期语	茶山语	汉义
kui⁵⁵	kuɛ⁵⁵	箍儿
kəːk⁵⁵	kuk⁵⁵	包（药）
kaːt⁵⁵	kat⁵⁵	放（盐）
khuk⁵⁵ lei⁵⁵	khə̆³¹ lai³³	跳蚤
khuŋ³³	khuŋ³¹	梁
ŋou³¹ pji³¹	ŋjɔ⁷³¹ tji³¹	眼泪
ŋaːp⁵⁵	ŋap⁵⁵	读
xuːt⁵⁵	xuɔt⁵⁵	泼（水）
xuat⁵⁵	xuɔt⁵⁵	脓
kji³¹ nɔ⁷³¹	kju⁷³¹ nɔ⁷³¹	老鼠
kjɔ⁵⁵	kjɔː⁵⁵	掉（下）
khjei³³	khjəi³³	脚
khjəŋ³³	khjiŋ³³	线
ŋjɛt⁵⁵	ŋjɛt⁵⁵	七
ŋjɔː⁷³¹	ŋjɔ⁷³¹	（饭）熟

（2）勒期语非腭化舌根声母有少量词与茶山语的腭化舌根声母对应。例如：

勒期语	茶山语	汉义
kɛː³¹	kjəi³¹	（病）痊愈
kɔː⁷³¹	kjam³³	裂开
kɛː³¹	kji³¹	能够
ŋɛː³¹	ŋji³¹	小
xəː³³	xjui³³	黄

（3）勒期语腭化舌根声母有少量词与茶山语的非腭化舌根声母对应。例如：

勒期语	茶山语	汉义
kji:³³	ku⁵⁵	大
kjam³³ taŋ⁵³	khɔm⁵⁵ taŋ³¹ᐟ⁵³	门槛

（4）勒期语舌根浊擦音 ɣ，茶山语里没有这个音。由于勒期语的 ɣ 出现频率很低，只发现一个同源词。其对应关系是：

勒期语	茶山语	汉义
ɣə:³¹	wui³¹	买

（5）勒期语舌根腭化音与茶山语的舌叶音对应。例如：

勒期语	茶山语	汉义
kji:³³	tʃɔ³³	饱
kjei³¹	tʃəi³¹	水
kjei³¹ tshɔm³³	tʃəi³¹ tshɔm³¹	（水）碓
khjo³³	tʃhɔ³¹	路
khja:u⁵³	tʃhau⁽⁵⁵	擤
khju:p⁵⁵	tʃuɔp⁵⁵	缝

此外，舌根音声母还有一些例词少的对应。如勒期语的舌根鼻音 ŋ 在茶山语里与零声母对应。如"萝卜"一词，勒期语的 ŋaŋ⁵⁵khjei³³ 与茶山语的 aŋ⁵⁵khjəi³³ 对应。

（二）韵母对应情况

1. 单元音韵母

勒期语共有 34 个单元音韵母：ɿ、i、e、ɛ、a、ɔ、u、ə、y、ɿ̣、ị、ẹ̣、ạ、ɔ̣、ụ、ə̣、y̧、ɿ:、i:、ɛ:、a:、ɔ:、u:、ə:、y:、ɿ̣:、ị:、ɛ̣:、ạ:、ɔ̣:、ụ:、ə̣:、y̧:，单元音松紧对立、长短对立。茶山语共有 12 个单元音韵母：ɿ、i、ɛ、a、ɔ、u、ɿ̣、ị、ɛ̣、ạ、ɔ̣、ụ，单元音只有松紧对立。勒期语的基本单元音韵母是 ɿ、i、e、ɛ、a、ɔ、u、ə、y，共 9 个。茶山语的基本单元音韵母为：ɿ、i、ɛ、a、ɔ、u，共 6 个，比勒期语少了 e、ə、y 三个韵母。下面是对它们的对应情况：

（1）在单元音韵母上，勒期语和茶山语有一部分词读音相同。例如：

勒期语	茶山语	汉义
ʃɿ⁵⁵	ʃɿ³³	水果
pji³³	tji³³	衣服
mji³³	ŋji³³	火
ʃɛ³³	ʃɛ³¹	牵（牛）
ta³¹	ta³¹	一
a³³	ma³¹	不
pju³¹	tju³¹	人

勒期语	茶山语	汉义
pu³¹ʃʅ⁵⁵	pu³¹	核桃
kji̱³³	kji̱³³	星星

（2）勒期语的 o 在茶山语中读为开口度大一点的圆唇元音 ɔ。例如：

勒期语	茶山语	汉义
ʃo̱⁵⁵	ʃɔ̱⁵⁵	肉
kjo̱³³	kjɔ̱³¹	三脚架
no̱³³	nɔ̱³³	鼻子
ʃo̱³³	xjɔ³³	百
kjo³¹pho⁵³	kjɔ³¹phɔ³¹	公鸡
khjo³³	tʃhɔ³¹	路

勒期语还有一部分舌面后、高、圆唇元音 o，在茶山语中读为舌位高一点的圆唇元音 u。例如：

勒期语	茶山语	汉义
wo̱⁵⁵lo̱m⁵³	wu⁵⁵lɔm³¹/⁵³	头
wo³³	wu³³	竹子
lo̱⁵⁵	lu̱⁵⁵	裤子

（3）勒期语的单元音韵母有的与茶山语的复合元音韵母对应。例如：

勒期语	茶山语	汉义
tsʅ³¹	tsui³¹	牙齿
sʅː⁵⁵	sui⁵⁵	磨（刀）
u̱³³	ə̱u³³	肠子
no³³	nəu³³	牛
nə̌³³lo³³	nə̌u³³lu³³	公牛
ʃɛn⁵⁵u⁵³	sɛn⁵⁵əu³¹	虮子
u̱⁵³	ə̱u⁵⁵	（鸡）蛋
tsu³³	tsəu³³	刺儿
tə̱⁵⁵	tu̱i⁵⁵	绳子
ŋə³¹	ŋui³¹	钱（货币）
xjɛ³³	xai⁵⁵	这
ŋɛː⁵⁵	kjuɛ³¹	热
kɛ³¹	kjəi³¹	（病）痊愈
ŋyː³³	ŋuɛ³³	暖和
ʃyː⁵⁵	ʃui⁵⁵	带（孩子）
tʃyː⁵⁵	tʃuɛ⁵⁵	到达

tə:³¹	tui³¹	（虫子）动
xə:³³	xjui³³	黄
tə:⁵⁵	tui⁵⁵	拴（牛）

（4）勒期语的单元音韵母有的与茶山语的带喉塞音韵尾韵母对应。例如：

勒期语	茶山语	汉义
tho̠³³	thu̠ʔ³³	（一）拃
nə̠:⁵³	nu̠ʔ⁵⁵	软
sɛ̠:⁵³	sɛ̠ʔ⁵⁵	懂
nu:⁵⁵	nu̠ʔ⁵⁵	（植物）嫩
ʃɛ̠:³³	ʃɛ̠ʔ³¹	拖（木头）
xɔ:⁵³	xaʔ³¹	张（嘴）

（5）勒期语的元音分长短音，茶山语不分，只有短元音。所以勒期语的长元音与茶山语的短元音对应。例如：

勒期语	茶山语	汉义
kji:⁵⁵	kji³³	瘦
pji:³³	tji̠³¹	横（的）
ji:³¹	ji³¹	笑
vɛ:³³	wɛ³³	远
nɛ:³¹	nɛ³¹	红
ʃɛ̠:³³	ʃɛ̠³³	抽（出）
jɔ:⁵⁵	jɔ⁵⁵	有（钱）
kjɔ:³³	kjɔ³³	听
ŋɔ:⁵⁵	ŋɔ³³	借（工具）
ku:³³	ku³¹	渡（河）
ju:³¹	ju³¹	取

（6）一般情况下，勒期语松元音与茶山语松元音对应，紧元音与茶山语紧元音对应。例如：

勒期语	茶山语	汉义
ʃɿ⁵⁵	ʃɿ³³	水果
nɛ:³¹	nɛ³¹	红
nu:⁵⁵	nu̠ʔ⁵⁵	（植物）嫩
ʃɛ̠:³³	ʃɛ̠³³	抽（出）
ʃɛ̠:³³	ʃɛ̠ʔ³¹	拖（木头）
u̠⁵³	əu⁵⁵	（鸡）蛋

还有一些勒期语与茶山语在元音松紧上不对应。例如：

勒期语	茶山语	汉义
ŋo̰:⁵⁵	ŋo³³	借（工具）
tho̰³³	thuʔ³³	（一）拃
pji:³³	tji³¹	横（的）
nə̰³³tʃɛt³¹	no̰³³tʃɛt³¹	聋子

2. 复合元音韵母

勒期语共有 19 个复合元音韵母：ei、ḛi、e:i、ḛ:i、ai、a̰i、ɔi、ɔ̰i、ɔ:i、ɔ̰:i、ui、ua、uɛ、au、a:u、a̰:u、ou、o̰u、iau。茶山语共有 12 个复合元音韵母：ai、ə̰i、au、ə̰u、ɜu、ui、a̰i、əi、a̰u、ui、ɜ̰u、ṵe。勒期语除了有松紧元音的对立外，还有长短元音的对立，而茶山语元音不分长短，复合元音没有长短对立，只有松紧元音的对立。他们之间的对应关系如下：

（1）在复合元音韵母上，勒期语和茶山语中有一部分词读音相同，这类词出现频率较小。例如：

勒期语	茶山语	汉义
khui⁵⁵	laʔ³¹khui⁵⁵	狗
sui⁵⁵	sui⁵⁵	血
jau³¹	jau³³	难

（2）勒期语的 ei、ḛi、e:i、ḛ:i 复合元音韵母，茶山语大部分词读为 əi、ə̰i。例如：

勒期语	茶山语	汉义
pei³¹	pəi³¹	太阳
lei³¹	ləi³¹	风
kjei³¹	tʃəi³¹	水
kjḛi³³	kjə̰i³¹	胆
mje:i⁵⁵	ŋjəi⁵⁵	闭（口）
mje:i⁵⁵	ŋjəi⁵⁵	关（门）
ʃe:i³³	ʃəi³³	死
mje:i³³	ŋjəi³³	问
tʃhe:i⁵⁵	tʃhəi³³	洗（衣）

勒期语的 ei、ḛi、e:i、ḛ:i 复合元音韵母，有的与茶山语的单元音对应。例如：

勒期语	茶山语	汉义
lə̰³¹xei³³	la³¹xɛ³¹	汉族
khə̰⁵⁵ŋjei⁵⁵	khə̰⁵⁵ŋjiʔ⁵⁵	今天
ŋjei⁵⁵kuŋ³¹	ŋji³³kuŋ³¹	白天
ŋje:i³¹	ŋji³¹	在（屋里）

(3)勒期语的 ou、o͡u 复合元音韵母,大部分与茶山语 au、a͡u 或者带辅音韵尾的 auk、auʔ 对应。例如:

勒期语	茶山语	汉义
mou³³khuŋ³³	mau³³′³⁵khuŋ³¹	天
wo³¹tsou³³	wu³³tsau³³	头人(寨首)
a³¹phou⁵⁵	a³¹phau⁵⁵	爷爷
phə̌³¹lou³³	phə̌⁵⁵lau³¹	尘土
lə̌³¹ŋjou³³	laʔ³¹ŋjauk³¹	猫
p̠ou³³	p̠auʔ⁵⁵	船

(4)勒期语的长元音复合元音韵母,与茶山语的短元音复合元音韵母对应。例如:

勒期语	茶山语	汉义
ŋja:u³¹	ŋjau³¹	绿
tsha:u⁵⁵	tshau⁵⁵	染
tʃa:u⁵³	tʃau⁵³	煮
nja:u⁵⁵	ŋjau⁵⁵	(花)蔫
tha:i⁵³	thai³¹	换
la:i³³	lai³³	经过
t̠a:i⁵³	t̠ai³¹	说

此外,勒期语包含复合元音 ɔːi 的韵母,在茶山语中读为 əi。如"灰(的)"一词,勒期语为 mɔːi⁵⁵,茶山语为 məi⁵⁵;再如"解开"一词,勒期语为 phɔːi³¹,茶山语为 phəi³¹。

3. 带辅音韵尾的韵母

勒期语共有 117 个带辅音韵尾的韵母:im、i̠m、iːm、i̠ːm、in、i̠n、iːn、iŋ、i̠ŋ、iːŋ、iːp、iːt、i̠t、ik、i̠k、ɛn、ɛ̠n、ɛːn、ɛ̠ːn、ɛŋ、ɛp、ɛ̠p、ɛːp、ɛ̠ːp、ɛt、ɛ̠t、ɛk、ɛʔ、ɛ̠ʔ、am、a̠m、aːm、a̠ːm、an、a̠n、aːn、a̠ːn、aŋ、a̠ŋ、a:ŋ、aːŋ̠、ap、a̠p、aːp、a̠ːp、at、a̠t、aːt、a̠ːt、ak、a̠k、aːk、aʔ、a̠ʔ、aːʔ、ɔm、ɔ̠m、ɔːm、ɔ̠ːm、ɔn、ɔ̠n、ɔŋ、ɔ̠ŋ、ɔp、ɔ̠p、ɔt、ɔ̠t、ɔk、ɔ̠k、ɔʔ、ɔ̠ʔ、ɔːʔ、um、u̠m、uːm、u̠ːm、un、u̠n、uːm、u̠ːm、un、u̠n、u:n、uŋ、u̠ŋ、u:ŋ、u:p、u̠:p、ut、u:t、u̠:t、uk、u̠k、u:k、u̠:k、uʔ、u̠ʔ、u:ʔ、u̠:ʔ、əŋ、ə̠ŋ、əːŋ、ə̠ːŋ、ək、ə̠k、əːk、ə̠ːk、əʔ、ə̠ʔ、uan、uaŋ、iaŋ、ia̠ŋ、uat、uɛn。其中,带 m 韵尾的有 19 个,带 n 韵尾的有 19 个,带 ŋ 韵尾的有 20 个,带 p 韵尾的有 13 个,带 t 韵尾的有 14 个,带 k 韵尾的有 16 个,带喉塞音韵尾的有 16 个。茶山语共有 59 个带鼻音韵尾韵母:in、iŋ、ip、it、ik、iʔ、ɛn、ɛt、an、am、aŋ、ap、at、ɔm、ɔn、ɔŋ、ɔp、ɔt、ɔʔ、ɔk、un、uŋ、up、ut、uk、u̠ʔ、ə̠n、ə̠ŋ、uan、uaŋ、aik、aiŋ、ɛu̠ʔ、tɛu、ncu、tɜ、i̠ŋ、ik、ɛn、p̠ɛu、ɜ̠ʔ、a̠m、a̠n、a̠ŋ、a̠p、a̠t、ə̠ŋ、ɛ̠ʔ、ə̠t、ə̠p、u̠ŋ、u̠p、u̠k、ə̠ŋ、u̠ʔ、ɪʔ、aik、uɔt、uɛʔ,茶山语带辅音韵尾的韵母远远少于勒期语,这主要是因为带辅音韵尾的韵母缺乏长短元音的对立,松紧元音的对立也不完整。带辅音韵尾的韵母在勒期语韵母总数中占绝大多数,包含辅音韵尾的词在词汇中也占绝大多数。勒期语与茶山语带辅音韵尾韵母的对应关系如下:

(1)勒期语和茶山语带辅音韵尾的韵母,有一部分词韵母相对应。例如:

勒期语	茶山语	汉义
pou³³ phjik⁵⁵	pau³³ thjik⁵⁵	臭虫
kjɔ⁷³¹ pjɛn³³	kjɔ⁷³¹ tjɛn³³	鸡冠
jɛn⁵⁵	kju⁷³¹ jɛn³³	松鼠
pji³³ kjɛn⁵⁵	tji³³ kjɛn⁵⁵	扣子
mjɔ⁷³¹ tʃɛt³¹	jɔ⁷³¹ tʃɛt³¹	瞎子
la³¹ jɛt³¹	la⁷³¹ jɛt³¹	蚂蚁
ŋjɛt⁵⁵	njɛt⁵⁵	七
xjɛt³¹	ʃɛt⁵⁵	八
pɔm³¹	pɔm³¹	山
phji⁵⁵ tɔm³³	thji⁵⁵ tɔm³³	腰
wo⁵⁵ lɔm⁵³	wu⁵⁵ lɔm³¹/⁵³	头
lɔp³¹	lɔp⁵⁵	坟
tʃhɔʔ⁵⁵	tʃhɔʔ⁵⁵	肚脐
sɔʔ⁵⁵	sɔʔ⁵⁵	气
lɔʔ³³	lɔʔ³¹	手
tsɔn³¹	tsɔn³¹	老鹰
a³¹ pɔn³³	a³¹ pɔn³³	根
khuŋ⁵⁵ pɔp³¹	khuŋ⁵⁵ pɔp³¹	猫头鹰
pɔŋ⁵⁵	pɔŋ⁵⁵	(一)桶(水)
tsɔp⁵⁵	tsɔp⁵⁵	(一)把(米)
a³³ ŋɔt⁵⁵	ma³¹ ŋuɔt⁵⁵	假
muk³¹ kjɔp⁵⁵	əu⁵⁵ kjɔp⁵⁵	帽子
jɔ⁷³¹ kan³³	jɔ⁷³¹ kan³³	织布机
pan³³	pan³³	花
tsam³¹	tsam³¹	桥
tsham³³	tsham³¹	头发
a⁵⁵ nam³³	nam³³	穗
nap⁵⁵	nap⁵⁵	鼻涕
kaŋ³³	kaŋ³³	生命
ŋɔ̌³¹ taŋ³³	ŋa⁵⁵ taŋ³¹	我俩
tuaŋ³³	tuaŋ³³	洞
ŋə̌⁵⁵ laŋ⁵⁵	ŋə̌³¹ laŋ³³	额头

mji³³jap³¹	ŋji³³/⁵⁵ŋjap⁵⁵/³³	草木灰
nə̆³³khjap⁵⁵	nə̆³³khjap⁵⁵	耳朵
nua̱t⁵⁵ku̱k⁵⁵	nɔt⁵⁵kuk⁵⁵	嘴唇
mjuk³¹(la³¹)	ŋjuk³¹	猴子
ta̱ŋ⁵⁵khuk⁵⁵	ta̱ŋ³³khuk⁵⁵	凳子
tshat⁵⁵	tshat⁵⁵	鹿
khat⁵⁵	khat⁵⁵	（一）根（草）
a³¹pa̱t⁵⁵	a³¹pa̱t⁵⁵	渣滓
(ta³¹)mun³¹	mun³¹	万
nuŋ⁵⁵khuŋ³³	nuŋ⁵⁵khuŋ³¹	背
tuŋ³¹	tuŋ³¹	翅膀
vuʔ³¹	wuʔ³¹	猪
juʔ⁵⁵kɛ³¹	juʔ³¹kui³¹	男人
mjaŋ³³tsəŋ³¹	ŋjaŋ³³tsəŋ³¹	母马
pəŋ⁵⁵	pəŋ⁵⁵	客人

（2）勒期语中包含长元音的带辅音尾韵母，与茶山语的短元音的带辅音韵尾韵母对应。例如：

勒期语	茶山语	汉义
sa̱:n⁵⁵	san³¹	干净
sa̱:n⁵⁵	san⁵⁵	洒（水）
pa̱:n³³	pan³³	涩
ŋa:m⁵⁵	ŋam⁵⁵	冷
ta:m³¹	tam³¹	平
sa̱:t⁵⁵	sa̱t⁵⁵	杀
pa:t³¹	pat³¹	拍（桌子）
ka̱:ŋ³¹	kaŋ³¹	烤（火）
la:ŋ⁵⁵	laŋ⁵⁵	吊
la̱:ŋ⁵⁵	la̱ŋ⁵⁵	挂（在墙上）
ka:ŋ³³	kaŋ³¹	烘
na:p⁵⁵	nap³¹	叠（被）
ŋa̱:p⁵⁵	ŋa̱p⁵⁵	读
la:p⁵⁵	lap⁵⁵	晒（衣服）
ŋjɔ:ʔ³¹	ŋjɔʔ³¹	（饭）熟
khɔ:ʔ⁵⁵	khɔʔ⁵⁵	剖

勒期语	茶山语	汉义
kɔ:ʔ55	kɔʔ55	敲
kjɔ:ʔ55	kjɔʔ55	梳
lə̯ʔ31 tsɔp55	lə̯ʔ31 tʃɔp55	拳
tsɔ̯t55	tshɔt55	肺
po:ŋ31	pɔŋ33	蒸
ɔ:ŋ55	ɔŋ55	卖
kjɔ:ŋ55	kjɔŋ55	抠
tsɔ̯ŋ33	tsɔŋ33	坐
kju:k31	kjuk31	害怕
ʃu:k55	ʃuk55	喝
ʃu:t55	ʃut55	错（了）
khu:n55	khun55	唱
khu:ŋ55	khuŋ55	凹
ŋə:ŋ55	ŋəŋ55	腻
tə:ŋ53	təŋ53	紧

（3）勒期语中包含紧元音的带辅音韵尾韵母，与茶山语的包含松元音的带辅音韵尾韵母对应。例如：

勒期语	茶山语	汉义
ma̯n55	man55	草
ʃa̯m33	sam31	刀
ŋa̯p55	ŋap55	针
tsə̯33 ʃa̯ŋ33	lə̯33 ʃaŋ33	小孩儿
lə̯ʔ31 tsɔ̯p55	lə̯ʔ31 kjɔp55	戒指
sək55 tɔ̯m53	səik55 lɔm33	木头
ŋɔ̯ʔ55 mju̯k55	ŋə̯ʔ31 ŋjuk55	芭蕉
tʃu̯ŋ31 ʃu̯k55	tʃuŋ33 ʃuk55	礼物
ŋɔ̯55	ŋɔ55	鸟
ʃɔ̯:ʔ55	xjɔʔ55	害羞
ʃɛ̯n55	ʃɛn55	虱
ŋə̯31 pjɛn33	nɔ33 phjɛn33	鳞
ju̯ʔ31 mji53	juʔ31 ŋji33	岳母

（4）勒期语u:t、u:t 组带辅音韵尾韵母，茶山语中有的词读为 uɔt、ɔt。例如：

勒期语	茶山语	汉义
ŋu:t55	ŋuɔt55	是

勒期语	茶山语	汉义
lu̱:t⁵⁵	luɔt⁵⁵	抢
ku̱:t⁵⁵	kuɔt⁵⁵	做
khju:t⁵⁵	khjɔt⁵⁵	脱（衣）
tʃu̱:t⁵⁵	tʃɔt⁵⁵	（路）滑
ŋu̱:t⁵⁵	ŋuɔt⁵⁵	真
mu:t³¹	muɔt³¹	吹（喇叭）
wu:t³¹	wɔt³¹	戴（手镯）
ʃu:t⁵⁵	ʃɔt⁵⁵	错
nu:t³¹	nɔt³¹	拔（草）

（5）勒期语u̱:p、u:p 组带辅音韵尾韵母，茶山语中有的词读为 uɔp、ɔp。例如：

勒期语	茶山语	汉义
su̱:p⁵⁵	suɔp⁵⁵	摸
khju:p⁵⁵	tʃuɔp⁵⁵	缝
thu:p⁵⁵	thuɔp⁵⁵	戴（包头）
wu̱:p⁵⁵	wɔp⁵⁵	孵
pu:p⁵⁵	pɔp³¹	腐烂
ŋu̱:p⁵⁵	ŋɔp⁵⁵	盖（土）

（6）勒期语舌根鼻音韵尾大部分与茶山语的舌尖中鼻音韵尾对应。例如：

勒期语	茶山语	汉义
tsəŋ³¹	tsan³¹	鼓
səŋ⁵⁵	san⁵⁵	肝
lɔ̱ʔ³¹ səŋ⁵⁵	lɔʔ³¹ san³¹³³	爪子
kjɔʔ³¹ tsəŋ³¹	kjɔʔ³¹ tsan³¹	母鸡
jɔm⁵⁵ səŋ⁵⁵	jɛn³³ san³¹	主人
lɔʔ³¹ səŋ⁵⁵	lɔʔ³¹ san³³	指甲
mjɛn⁵⁵	ŋjɛn³³ jɔ³³	晚上
khuŋ³³ tsəŋ³¹	khuŋ³³ tsan³¹	柱子
khj:ŋ³³	khjɛn³³	挑选

（7）勒期语一些韵母的辅音韵尾与茶山语中的辅音韵尾不对应。例如：

勒期语	茶山语	汉义
tʃɔm³¹	tʃɛn³³	（一）群（羊）
ŋju:m³³	ŋjɛn³³	低（矮）
jɔm³³	jɛn³³	房子
phu:t⁵⁵	phuk⁵⁵	剥（花生）

tʃham⁵⁵	tʃhap⁵⁵	（一）粒（米）

(8) 勒期语一些韵母的辅音韵尾与茶山语中的辅音韵尾对应。例如：

勒期语	茶山语	汉义
kji:n⁵⁵	kjɛn⁵⁵	扣（扣子）
kji:n³¹	kjɛn³³	挠（痒）
tʃi:n³³	tʃɛn³³	酸
ŋju:n⁵⁵	ŋjɔn⁵⁵	浸泡
ŋju:n⁵⁵	ŋjɔn⁵⁵	泡（茶）
tsɔ:ŋ³³	tsuŋ⁵⁵	竖（的）
jɔ:ŋ⁵⁵	juŋ⁵⁵	美
a³¹nək⁵⁵	a³¹naik⁵⁵	去年
sək⁵⁵	saik⁵⁵	树
ʃə:k⁵⁵	saik⁵⁵	新
lə:ŋ³¹	laiŋ³¹	滚
ləŋ³³	laiŋ³³	（去一）次
mjə:ŋ³¹	ŋjiŋ³¹	响
ʃə:ŋ³³	xjiŋ³³	长
khjəŋ³³	khjiŋ³³	线
ʃəŋ³³	xjiŋ³³	金子
lə:k⁵⁵	laiʔ³¹	称（粮食）
tsan³¹sək⁵⁵	tsan³¹saiʔ⁵⁵	新年

（三）声调对应情况

勒期语有 4 个声调，分别为高平 55 调、中平 33 调、高降 53 调、低降 31 调。茶山语基本声调有 3 个，分别为高平 55 调、中平 33 调、低降 31 调，茶山语也有 53 调，但它只出现在变调中和少量词中。例如：təŋ⁵³"紧"、xaŋ⁵³"谁"。

(1) 在高平、中平和低降调上，勒期语和茶山语中大部分词声调相同。例如：

勒期语	茶山语	汉义
sɔʔ⁵⁵	sɔʔ⁵⁵	气
nuat⁵⁵	nɔt⁵⁵	嘴
ʃo⁵⁵	ʃɔ⁵⁵	肌肉
kji³³	kji³³	星星
mji³³	ŋji³³	火
nɔ³³	nɔ³³	鼻子
kjei³¹	tʃəi³¹	水

tsam³¹	tsam³¹	桥
lei³¹	ləi³¹	风

（2）勒期语的中平调，在茶山语中有的读为低降调。例如：

勒期语	茶山语	汉义
khjo³³	tʃhɔ³¹	路
lɔʔ³³	lɔʔ³¹	手
khjou³³	khjau³¹	犄角

（3）勒期语的低降调，在茶山语中有一少部分词读为高平调。例如：

勒期语	茶山语	汉义
lɔp³¹	lɔp⁵⁵	坟
a⁵⁵nɔʔ³¹	a³³nəu⁵⁵	弟弟
nəːk³¹	nau⁵⁵	深

（4）勒期语的高平调，在茶山语中有一部分词读为低平调。例如：

勒期语	茶山语	汉义
pɔː⁵⁵	pu³³	薄
kjiː⁵⁵	kji³³	瘦
tʃeːi⁵⁵	tʃəi³³	（布）密

（5）勒期语的高降调，在茶山语中有一部分词读为低降调。例如：

勒期语	茶山语	汉义
tshaːu⁵³	tshau³¹	堵塞
tʃhaːŋ⁵³	tʃhaŋ³¹	跟（跟在后面）
thaːi⁵³	thai³¹	换

附 录

一 访谈录

泸水县文化局祝林荣局长访谈

访谈对象：祝林荣，36岁，景颇族（浪峨人），泸水县文化局局长
访谈时间：2009年7月21日
访谈地点：泸水县片马镇电信宾馆
访谈人：范丽君

问：请简要介绍一下您个人的工作经历。

答：我1973年出生于泸水县，景颇族，大学文化程度。1992年7月参加工作。参加工作后，先后在泸水县农业局、上江乡政府、县委组织部、片马镇、文化局等部门工作。担任过县农业局技术员、乡政府文书、科技助理员、上江乡蛮云村科技副村长、县委组织部副科级组织员、片马镇党委副书记、镇长、书记兼片马口岸管委会副主任、县委组织部常务副部长、县文化局局长兼县新闻出版局局长等职。曾获全州民族团结模范、全州扶贫工作先进个人、优秀党务工作者等多项表彰，1996年至1998年度被云南日报社聘为特约通讯员，共有40多篇新闻、散文、论文等在中央、省、州级报刊发表。

问：请介绍一下您家庭语言使用情况和文字使用情况。

答：从语言使用上看，和父母以及弟兄姐妹间，主要用云南汉语方言和浪峨语，与周围同事说云南方言和傈僳语，与家里妻子、孩子主要讲云南汉语方言。文字使用汉字，不会使用景颇文和傈僳文。

问：作为文化局长，您对景颇族的文化保存有什么样的计划？

答：景颇族是远古的氐羌族后裔。和其他民族一样，勤劳、善良、勇敢、智慧，在漫长的历

史发展长河中,创造了丰富而灿烂的民族文化,民族艺术绚丽多姿。在民族歌、舞、乐器、服饰、婚丧、纺织、民居建筑等方面具有独特的民族文化内涵,为景颇族和各民族的团结发挥了重要作用。近十多年以来,由于国内外各种文化的交流,传统的民族文化,如一些民间艺术都不同程度受到冲击。保护和发展民族文化任务十分紧迫而艰巨。按照省、州、县的相关政策要求,计划从以下几个方面入手,做好景颇文化的保护。一是根据省委、省政府把景颇族列为云南四个特困跨境民族之一的指示,在经济、社会、文化等各方面加大扶持。二是紧紧抓住中央加强少数民族文化繁荣发展的政策机遇,贯彻好各项政策。三是在全县建立一个景颇文化传承村和景颇文化传袭馆,进行各方面的传承和传袭。四是在景颇族群众相对集中居住的片马和鲁掌登埂两地设立双语教育点,进行语言普及,文化传承。五是支持、培养好老、中、青相结合的民间文艺人才和文化传承人,组织文艺队,开展群众性活动。六是开展传统节日活动为主的节日文化活动,广泛开展国内外景颇同胞间的文化交流,发展好景颇文化。七是以市场为导向,文化与旅游贸易结合,发展景颇文化产业(包括餐饮、服饰、音响、文化创意、文化交流、经贸等)。

问:请介绍一下片马景颇族的文化教育情况。

答:片马景颇族的文化教育情况和整个边境地区少数民族的教育发展状况大体一致。片马回归祖国后的五十年,群众在文化教育重视程度、教育普及面以及群众受教育情况等方面取得了长足发展。与过去相比,可以说发展和成绩是主流。就片马乃至整个怒江景颇族群众文化教育而言,大体上可以分为这么三个阶段:第一阶段是怒江解放和片马回归到改革开放以前(1978年以前),这个阶段整个怒江的文化教育从一片空白开始,初步建立起文化教育雏形。怒江景颇族是人口较少的民族之一,国家高度重视边境地区的民族干部培养,培养了一批景颇族干部(包括医生、教师、军队人才、机关干部等)。第二阶段是从改革开放到上世纪90年代初。国家对边疆各民族的文化教育政策支持力度较大,以定民族、定人员、定资金等倾斜政策大量培养少数民族干部,推动了民族地区文化教育的发展。第三阶段是上世纪90年代后期至今。由于教育体制改革,国家对贫困地区一些教育上的扶持,从学生个人支持转向侧重于区域性基础设施建设等方面。现在,泸水文化教育方面面临一些困难,表现在:农村贫困家庭基本上无力供读大学生,景颇族地区也如此;即使能够大学毕业,但就业压力很大,就业思想观念保守,就业出路单一,因此农村很多家庭学生读完初中或高中就回家了。现在片马地区景颇族和怒江地区大多数农村一样,完成九年义务教育的多,出去读大学的较少(一方面供起,供得起完成学业的,能否就业也是个未知数)。整体上来说,整个景颇族文化教育方面喜也有忧。

问:您对下一代语言衰退的问题怎样看待?

答:民族语言在下一代衰退的问题,在现实生活中较普遍,农村、机关都存在,机关尤出。依我看来主要有以下几个方面原因:主观方面,主观上对保护民族语言使用和传语言的重要性和重要意义认识不足或者说无意识,没有自觉性。在生活、工作中使用民的自觉性不足或没有,特别在家庭生活中也如此,大多用云南汉语方言。客观方面,在经济全球化、文化多元化的进程中,人们生活、工作、社交、信息媒体等方面都用汉语交流,从语言环境上看使用民族语言,特别是对下一代进行民族语言交流的机会就少了。景颇族在怒江是少数民族中人口较少的少数民族,一方面语言使用环境少,在工作、生活中,除汉语外,傈僳语、白语是使用较多的语言。另一方面,因为是傈僳族自治州,在招考公务员时,自治州制定了一条政策,对主体民族傈僳族和独有民族独龙、普米、怒族有加分政策。因此一部分景颇族从实际需求出发,在下一代报民族时不报景颇族,改报傈僳族或其他民族,这样对母语的传承也有影响。

问:请介绍一下泸水景颇族的服饰、婚丧嫁娶、文化习俗、宗教传说的保存情况。

答:从服饰保存情况来看,对所有景颇族地区来说,片马景颇族保存古老的服饰较好,没有较多的改变。婚丧嫁娶方面,农村中保存了一些,但是一部分已趋于大众化了。生活文化等一些习俗保存得也不是很好,主要是没有文化保护的自觉性。宗教传说方面,农村里还是以口传方式保存。

问:泸水县的民族关系和谐与语言和谐是如何实现的?

答:从泸水的历史现实分析,泸水民族和谐与语言和谐的原因可以从以下几个方面考虑。从历史角度看,自古以来泸水地处滇西横断山脉纵谷区,生存区域和空间狭小,无论民族怎样迁徙,各民族怎样交汇,始终没有一支数量众多、经济强大的民族统治或控制这一区域,各民族都以一定的数量在这片土地上生生息息,相互交融,相互补充发展。从宗教角度去看,各民族在发展过程中,都存在万物神灵崇拜和信仰基督教等,不存在哪个民族信仰一种宗教和对这个区域进行信仰控制的问题。从现实角度看,中央民族政策巨大的优越性在泸水县很好地体现了出来,各级党委政府在贯彻中央民族政策中,不折不扣地推动了民族和谐发展。

问:您对泸水县非物质文化的保留和传承有何设想?

答:泸水县目前公布为国家级非物质文化遗产的有2项,省级6项,州级772项、县级95项,我们按照"保护为主、抢救第一,合理利用、传承发展"的指导方针,进行保护。主要措施有:一是做好非物质文化遗产的申报工作,使更多的优秀非物质文化项目进入国家、省级名录;二是抓好非物质文化传承人队伍建设,使非物质文化代代相传,落实好非物质文化传承人的待遇;三是按照各民族的区域分布在全县范围内设立国家级、省级、州级非物质文化的传承村;四是按照"合理开发利用"原则,根据市场化运作,把优秀非物质文化节目在全国、全省展演,提升质量,促进传承。

问:我们中央民族大学"985工程"片马景颇语研究课题组这次来片马进行调查,向景颇人民学到了很多东西,你们给我们的工作给予了很大的支持,帮助我们的工作,您是怎样看待这样的工作的?

答:这次以中央民族大学学术名师、"985工程"创新基地主任、首席科学家戴庆厦教授带领的中央民族大学"985工程"片马景颇语研究课题组到怒江片马进行调查,这个调查规格高,层次高,意义重大。由国家"985工程"创新基地这样国家层面的科研团队到片马专程就一个民族的语言情况全面系统调研,在怒江尚属首次,开创怒江社会科学研究先河,这对于少数民族聚集的泸水乃至怒江来说是有重要意义的。怒江泸水许多民族在这块社会科学方面的研究是一个空白。怒江在景颇族发展和迁徙历史上曾经是一个重要的区域,但由于各种原因,形成书面文字的较少,系统研究怒江景颇族仍是一个空白,这次调查组的片马之行具有重要意义,所做之事对怒江景颇族而言是具有里程碑意义的。这么高层次的专家对怒江景颇族进行系统调查研究是对怒江景颇族的民族自信心、自豪感的最大鼓舞,对景颇族同胞的最大关怀。戴老师一行在片马期间,克服生活、工作等方面的困难,白天进村入户调查,晚上加班到深夜,调查深入细致,整理科学规范有序,在较短时间内做了大量工作。这种务实的工作作风、严谨的治学态度、科学的工作方法和高素质的团队协作精神,感染、感动、教育了当地的干部群众,对我来说是一种教育、一种启迪、一种收获,更是一种鞭策,受益匪浅。

集"山区、民族、贫困、宗教、边疆"为一体的怒江,贫穷而又富饶。怒江的发展离不开各个方面的支持,同时也能给很多领域的研究提供帮助,特别是对社会科学系统的研究,因此我们希望中央民族大学"985工程"创新基地在泸水设一个联系点,以便长期、系统开展调查研究,以促进当地经济社会发展,若能建立联系点,是泸水人民之福。

泸水县文化局局长助理、怒江驼峰航线纪念馆馆长普建雄访谈

访谈对象:普建雄,43岁,傈僳族,大专学历,现任泸水县文化局局长助理、怒江驼峰航线纪念馆馆长

访谈时间:2009年7月21日晚

访谈地点:泸水县片马镇电信宾馆

访谈人:余成林

问:您好,请您介绍一下您的家庭情况好吗?
答:现在家里两口人,妻子程巧巧,22岁,汉族,家庭妇女。平时做一些刺绣工作,经济条件还不错。

问:请您介绍一下泸水县的经济地理情况。
答:泸水县原来都过着面朝黄土背朝天的生活,现在大家都知道了发展经济的重要性。南边以草果、漆树、核桃、养殖为主,如养山羊,有的家庭可以养三五百只山羊;西边以种植梅子、木瓜为主;东边以工业为主,有硅矿加工厂;北边以种植水稻、蔬菜等农业为主。泸水县原来有个口号"东工业,西边贸,南农北电,中城镇"。

问：听说您在片马工作的时间比较长，请您介绍一下片马镇的有关情况。

答：我1993年到片马工作，2005年后在泸水县文化局工作。当时进来的时候，片马的边贸才刚刚开始，到1995年，边贸已经开始非常红火了，一直持续到2005年。特别是在1998至2003年，片马的边贸情况已经发达到了极致，连开饭店的也通宵作业。这几年当地的老百姓也学会了做生意，把自己的荒地都出租给木材老板堆放木材，他们的生活也变好了，纷纷买了摩托车、拖拉机、汽车。尤其是多层小楼不断出现，完全改变了原来落后贫穷的状态。

问：您可以介绍一下片马甚至泸水县的景颇族的有关情况吗？

答：我在片马工作的后几年才知道一些景颇族的情况，因为平时和他们都是用傈僳语或者汉语和他们交流。他们个个都会讲傈僳语，所以原来很不在意他们是景颇族，一直认为他们是傈僳族。后来通过不断地询问，才发现他们是景颇族。由于各个方面的原因，他们愿意把自己的民族报成傈僳族。因为傈僳族在当地有一些优越性。

问：您对景颇族以后的发展有什么看法？

答：我看了一下，他们景颇族是非常团结的，都在为共同的民族利益而努力。像德宏的陇川、缅甸的腊扎，他们都有自己的活动日期，发扬他们自己的文化。像片马茶山人的新米节，也是为了增加彼此的感情，相互交流。只要政策上再体现一点优越性，他们的发展会更好。

问：您对片马的年轻人学习茶山话有什么看法？

答：实际上不要说年轻人，我也想学。在德宏那边考察的时候，感觉他们的民族歌曲、民族舞蹈非常好。现在片马的年轻人基本上都会讲自己的母语，但是也有一些讲得不是太好的。傈僳族的语言在小学已经普及，我想茶山话也应该在学校普及一下，目的无非就是保留和发扬民族的语言。泸水、福贡、贡山与缅甸相连，有很大的语言交流空间。可以在老百姓中聘请一些会茶山话及景颇文的人作为老师，一个星期教一两节课就行了。

问：您对各民族之间使用不同的语言进行交流有什么看法？

答：我们这里居住了好几个民族，因为每个民族都有自己的语言，平时遇到不同的民族就要和他们用不同的民族语言进行交流，学习不同的民族语言，和不同的民族交流就更方便一些。尤其是茶山人会多种语言，有的甚至会8种语言。这样各民族之间打交道就没有什么困难。

问：作为文化主管部门，您对景颇族的文化发展有什么看法？应该采取哪些方面的措施保护景颇文化？

答：对我们怒江来讲，景颇族是少数民族中的少数民族。但是他们的文化历史非常悠久，他们的文化应该保护起来，要作为一种非物质文化遗产保护起来，发扬光大。如歌曲、语言、舞蹈、祭祀文化、节日等等都是传统的文化。

问：您对通过中缅跨境通婚保护茶山话有什么看法？

答：实际上中缅跨境通婚是保护茶山话的一个比较好的形式。因为缅甸那边基本都是茶山人，相互通婚，中国这边也认可，并且发给准生证。两边只是相隔一条小河，一碗饭可以端到两边吃。正是两边通婚,才使茶山话保留得这么完整。

问:您对少数民族地区信仰宗教有什么看法?

答:1988年,我还在当老师的时候,因为宗教信仰自由,我们学校就有一位老师信仰基督教。基督教的教义同样可以起到维护社会安定,促进民族团结的作用。

问:您对少数民族地区的民族政策有些什么建议?

答:实际上,说大一点就是怒江州,对少数民族的政策应该更好地体现少数民族的特点,更好地体现民族区域自治的特点。应该多结合民族地区少数民族的特点,多培养一些民族地区的基层民族干部。

片马兽医站技术员和设香访谈

访谈对象:和设香,傈僳族,1982年1月出生,云南农业职业技术学院专科毕业,片马镇兽医站技术员

访谈地点:2009年7月16日晚

访谈时间:泸水县片马镇电信宾馆

访谈人:余成林

问:您好,请您介绍一下您家里的情况好吗?

答:我老家是兰坪石登乡小格拉村委会大格拉村,和剑川相连,兰坪的白语不太纯,家里有6口人,爸爸、妈妈、哥哥、姐姐、弟弟,爸爸是白族,妈妈是傈僳族,都在家务农。我2007年12月份毕业后到片马工作。哥哥、姐姐、弟弟现在都在家里,没有出去打工,弟弟出去了一年就回来了。

问:你们村里的情况怎么样?

答:我们村里主要是白族、傈僳族、回族。村里的回族也会白语、傈僳语。全村有1000人,相当于片马的一个镇。大格拉村有400多人,全村分一社,二社。村里白族占70%,回[族]少,他们主要是从外边迁移过来的,其他的都是傈僳族。村里的白族和傈僳族的关系很[好],回族的关系也还不错,平时也没有什么矛盾。

问:你们村里的生活怎么样?

答:我们年人均收入大约在800元左右。金顶镇和通甸镇最富。

粮食作物主要是玉米、稻谷、小麦还有大麦、高粱,下雨的时候还可以,不下雨的时[候]解决不了。村里有些年轻人还是出去打工,远一点的去广东那边,近一点的就在乡里[打]工。

问：您会哪些语言？平时用什么话交流？

答：我会白语，还会傈僳语，汉语。最早开始学习的是白语，然后才是傈僳语，最后是汉语。上学之前不会汉语，小学时候才开始学习汉语，小学老师是白族，上课的时候用汉语教学，下课就用白语交流，但是上初中后才敢和别人用汉语交流，因为初中的时候汉族的学生多。平时见了白族就说白语，见了傈僳族就说傈僳语。和家里人、村里的老人学习白语，听多了就会了。爷爷、奶奶经常在家里说傈僳语，爸爸、妈妈也会傈僳语。在片马大多数时候说汉语，很少说傈僳语，因为老家的傈僳语和这里不怎么相同。村里还有一位在这里工作的，和他在这里就说白语。打电话和家人都是用白语。有的家里从小不教孩子学习白语，只教汉语，因为小孩子学汉语对写作文有帮助。

二　片马茶山语与潞西勒期语 1000 词对照

序号	汉义	片马茶山语	潞西勒期语
1	天	mau³³/³⁵ khuŋ³¹	mou³³ khuŋ³³
2	太阳	pəi³¹	pei³¹
3	月亮	la̠⁵⁵ mu⁵⁵	lo̠⁵³
4	星星	kji³³	kji³³
5	云	tʃum³³ mau³³	tsɔm⁵⁵ mou⁵⁵
6	风	ləi³¹	lei³¹
7	雨	mau³³（wu³¹/⁵³）	mou³³（wɔ³¹）
8	霜	kju³³	ŋa̠n³³ phju³³
9	露水	tʃuɛ³³	ŋa̠n³³ tʃu⁵⁵
10	火	ŋji³³	mji³³
11	（火）烟	ŋji³³ khau⁵⁵	mji³³ khou⁵⁵
12	气	sɔ⁷⁵⁵	sɔ⁷⁵⁵
13	山	pɔm³¹；tʃiŋ³³	pɔm³¹
14	河	tʃəi³¹ laŋ³¹	kjei⁵⁵ məŋ³³
15	洞	tuaŋ³³	tuaŋ³³
16	井	tʃəi³¹ luŋ³³	kjei³¹ laŋ³¹
17	沟	ta̠k⁵⁵ khjɔ⁵⁵	xɔŋ⁵³
18	路	tʃhɔ³¹	khjo³³
19	平坝	pa̠³³ tsɿ³³；tam³¹	pa̠³³ tam³¹
20	土	tʃɔ⁵⁵	mji³¹ tsei⁵⁵
21	水田	tʃəi³¹ ta̠n³³	jo³¹ thuŋ⁵⁵
22	旱地	jo³¹	pɔm⁵³/³¹ jo⁵³/³¹
23	石头	luk³¹ kɔk³¹	luk³¹ tsəŋ³¹
24	沙子	sə̃⁵⁵ ʃɔk³¹	sə̃⁵⁵ mui³¹
25	尘土	phə̃⁵⁵ la̠u³¹	phə̃³¹ lo̠u³³
26	水	tʃəi³¹	kjei³¹
27	金子	xjiŋ³³	ʃəŋ³³
28	银子	ŋui³¹	ŋə³¹
29	铜	thuŋ³¹	kjei³³
30	铁	thjɛ³¹	tʃɔ⁷³¹ tɔ⁷⁵⁵
31	锈	ju³¹	tsə̃³³ kjei³³
32	炭	xjuɛ⁵⁵	mji³³ ky³³
33	盐	tsho³³	tsho⁵⁵

34	草木灰	ŋji³³/⁵⁵ ŋjap⁵⁵/³³	mji³³ jap³¹
35	村子	wu³¹ khau³¹	wo³¹
36	桥	tsam³¹	tsam³¹
37	坟	lɔp⁵⁵	lɔp³¹
38	身体	kuŋ³¹ tuaŋ³³	kuŋ³¹
39	-头	wu⁵⁵ lɔm³¹/⁵³	wo⁵⁵ lɔm⁵³
40	头发	tsham³¹	tsham³³
41	辫子	tsham³¹ tsai³¹	tsham³³ nək⁵⁵
42	额头	ŋə̌⁵⁵ laŋ³³	ŋə̌⁵⁵ laŋ⁵⁵
43	眉毛	ŋjɔʔ³¹ mau³³	mjɔʔ³¹ tsham³³
44	眼睛	ŋjɔʔ³¹ tʃəi³³	mjɔʔ³¹
45	鼻子	nɔ̠³³	nɔ̠³³
46	耳朵	nə̌³³ khjap⁵⁵ ; nɔ³³	nə̌³³ khjap⁵⁵
47	脸	ŋjɔʔ³¹	mjɔʔ³¹ tuaŋ³³
48	嘴	nɔ̠t⁵⁵	nuat⁵⁵
49	嘴唇	nɔ̠t⁵⁵ ku̠k⁵⁵	nuat⁵⁵ ku̠k⁵⁵
50	胡子	nɔ̠t⁵⁵ mji³³	nuat⁵⁵ mə³³
51	下巴	ŋam³¹ thaŋ³³	ŋam³³ thaŋ³³
52	脖子	laŋ³¹ tsai³³	ləŋ³¹ tsəŋ³³
53	肩膀	kə̌⁵⁵ thɔʔ⁵⁵	lɔʔ³¹ san³³
54	背	nuŋ⁵⁵ khuŋ³¹	nuŋ⁵⁵ khuŋ³³
55	腋	bɔʔ³¹ tʃap⁵⁵	lɔʔ³¹ tʃhap⁵⁵
56	胸	jaŋ³¹ kaŋ³¹	jaŋ³¹ kaŋ³¹
57	乳房	nau⁵⁵	nou⁵⁵
58	肚子	wɔm³³ tau³³	wɔm³³ tou³³
59	肚脐	tʃhɔʔ⁵⁵	tʃhɔʔ⁵⁵
60	腰	thji⁵⁵ tɔm³³	phji⁵⁵ tɔm³³
61	屁股	tʃə̌⁵⁵ tʃhup⁵⁵	tʃhə̌⁵⁵ khuŋ⁵⁵
62	大腿	ta̠ŋ⁵⁵ pau⁵⁵	ta̠ŋ⁵⁵ pou⁵⁵
63	膝盖	jaŋ⁵⁵ khun⁵⁵ tjɔt³¹	pɔt⁵⁵ luʔ³¹
64	小腿	khjəi³³ puʔ³¹/⁵³	khjei³³ puʔ⁵³
65	脚	khjəi³³	khjei³³
66	胳膊	bɔʔ³¹/⁵³ puʔ³¹/⁵³	lɔʔ³¹ puʔ⁵³
67	手	bɔʔ³¹	lɔʔ³³
68	手指	bɔʔ³¹ ŋja̠u³³	lɔʔ³¹ ŋjo⁵⁵
69	拇指	bɔʔ³¹ mu³³ tʃhaŋ³³	lɔʔ³¹ mo⁵⁵ tsham⁵⁵
70	中指	bɔʔ³¹ khuŋ³³ tsaŋ³¹/⁵³	tuaŋ⁵⁵ ŋjo⁵⁵
71	小指	bɔʔ³¹ lɔ³³ kam³³ tham³¹	lɔʔ³¹ mo⁵⁵ tʃham⁵⁵
72	指甲	bɔʔ³¹ san³³	lɔʔ³¹ sə̠ŋ⁵⁵
73	拳	bɔʔ³¹ tʃɔ̠p⁵⁵	lɔʔ³¹ tsɔ̠p⁵⁵
74	肛门	khji⁵⁵ tʃhup⁵⁵ tuaŋ³³	tʃhə̌⁵⁵ khuŋ⁵⁵ tuaŋ³³
75	男生殖器	ŋji⁵⁵	ŋji⁵⁵
76	睾丸	ŋji⁵⁵ wɔm³³	ŋji⁵⁵ tʃei⁵⁵

77	女生殖器	tʃup³¹	tʃuʔ³¹
78	皮肤	ʃɔ⁵⁵ jiŋ³¹ ; ʃɔ⁵⁵ kuk⁵⁵	ʃŏ⁵⁵ kuk⁵⁵
79	痣	mə̆³¹ ŋji³³ xjuɛ⁵⁵	ŋɔʔ³¹ mui⁵⁵
80	疮	tam³¹	pjiŋ³¹
81	疤	tam³¹	tam³¹ khɔ³³
82	肌肉	ʃɔ⁵⁵	ʃo⁵⁵
83	血	sui⁵⁵	sui⁵⁵
84	筋	kji³³	ʃŏ⁵⁵ kji³³
85	脑髓	o⁵⁵ nuʔ³¹	u⁵⁵ nuʔ³¹
86	骨头	jau³³	ʃŏ⁵⁵ jou³³
87	肋骨	nam³¹	nam³¹ tʃham⁵⁵
88	骨节	jau³³ ŋjɔʔ³¹	jou³³ mjɔʔ³¹
89	牙齿	tsui³¹	tsɿ³¹
90	舌头	ljɔ³³	jo³³
91	喉咙	khjuŋ⁵⁵	khjuŋ⁵⁵
92	肺	tshɔt⁵⁵	tsɔt⁵⁵
93	心脏	naik⁵⁵ lɔm³³	nək⁵⁵ lɔm³³
94	肝	san⁵⁵	səŋ⁵⁵
95	肾	tʃiŋ⁵⁵ lɔm³¹	tʃəŋ⁵⁵ lɔm³³
96	胆	kjəi³¹	kjei³³
97	胃	əu³³ phu⁵⁵	khjei⁵⁵ pham⁵⁵
98	肠子	əu³³	u³³
99	膀胱	tʃəi³¹ pu⁵⁵	tʃɛʔ³¹ pɔŋ³³
100	屎	khjəi⁵⁵	khjei⁵⁵
101	尿	ji⁵⁵	jei⁵⁵
102	屁	khji⁵⁵	khjei⁵⁵
103	汗	kji³³ tʃəi³¹	pei³¹ ky⁵⁵
104	痰	khjuŋ⁵⁵ kjɔk⁵⁵	ʃə̆⁵⁵ kan⁵⁵
105	口水	sə̆⁵⁵ kan³³	ɣə⁵⁵
106	鼻涕	nap⁵⁵	nap⁵⁵
107	眼泪	ŋjɔʔ³¹ tji³¹	ŋou³¹ pi³¹
108	脓	xuɔt⁵⁵	xuat⁵⁵
109	污垢	xjəi⁵⁵	ʃei⁵⁵
110	声音	thuɛ³³	thui³³
111	尸体	maŋ³¹	maŋ³¹
112	生命	kaŋ³³	kaŋ³³
113	景颇人	phuk⁵⁵	phuk⁵⁵ wo⁵³
114	勒期人	ŋɔ³¹ tʃhaŋ⁵⁵ ; tsai³³ wu³¹/⁵¹	tsəi³³ wo⁵³
115	浪速人	lă³¹ laŋ³¹	laŋ³³ wo⁵³
116	傈僳人	lji³³ səu³¹	lə̆³³ sɿ³³
117	汉族	la³¹ xɛ³¹	lə̆³¹ xei³³
118	人	tju³¹	pju³¹
119	成年人	lə̆³³ kjəi³¹	kji³³ paŋ⁵⁵

120	小孩儿	lə̆³³ ʃaŋ³³	tsə̆³³ ʃaŋ³³
121	老头儿	lə̆³³ khɔk⁵⁵ phau³³	maŋ³³ tso³³
122	老太太	lə̆³¹ khɔk⁵⁵ ŋji⁵⁵	phji⁵⁵ maŋ³³
123	男人	phɔ³¹ pəi⁵⁵	juʔ⁵⁵ kɛ³¹
124	妇女	ŋjĕ³³ lɔ³³	mji³³ mji³³
125	小伙子	phɔ³¹ pəi⁵⁵ zɔ³¹	juʔ⁵⁵ kɛ³¹ tso³³
126	姑娘	lə̆³³ ŋji³³	mji³³ ji³³ tso³³
127	士兵	tʃɛi³¹ lɔ³¹	kji³¹
128	头人（寨首）	wu³³ tsau³³	wo³¹ tsou³³
129	巫师	juʔ³¹ tsau³³	tɔm³³ sa⁵³
130	贼	khau⁵⁵ səuʔ³¹	khou⁵⁵ xɔp⁵⁵
131	病人	nɔ³¹ səuʔ³¹	noː³¹ pju³¹
132	官	tsau³³	tshou³³
133	朋友	pəi³¹ nɔ³¹; tjɛn³¹ tʃhaŋ³¹	pei³¹ nəm³¹
134	瞎子	ŋjɔʔ³¹ tʃɛt³¹	mjɔʔ³¹ tʃɛt³¹
135	跛子	khjəi³³ kjau³³	khjei³³ kuːi⁵⁵
136	乞丐	tʃau³³ xuaʔ⁵⁵	mɔ³³ phji³³
137	麻子	kjuɛ³¹ ʃɿ⁵⁵ ŋju³³	mjɔʔ³¹ ʃɔʔ⁵⁵
138	聋子	nə̆³³ tʃɛt³¹	nə̆³³ tʃɛt³¹
139	驼子	nuŋ³¹ kəu⁵⁵	taŋ³¹ kou⁵⁵
140	傻子	kɔ⁵⁵ səuʔ³¹	pju³¹ na³³
141	疯子	xun⁵⁵ səuʔ³¹	pju³¹ jo³³
142	结巴	ɔ³¹ tui⁵⁵	wo̝⁵⁵ tə̆⁵⁵
143	主人	jɛn³³ san³¹	jɔm⁵⁵ səŋ⁵⁵
144	客人	pəŋ⁵⁵	pəŋ⁵⁵
145	爷爷	a³¹ phau⁵⁵	a³¹ phou⁵⁵
146	奶奶	a³¹ jɔk³¹	a³¹ phji⁵⁵
147	父亲	a³¹ pa³³	a⁵⁵ pho⁵³
148	母亲	a³¹ ŋuɛ³¹	a⁵⁵ mji⁵³
149	儿子	zɔ³³	tsə̆³³ saŋ³³
150	儿媳妇	təu³¹ ŋu⁵⁵	tu³¹ mo⁵⁵
151	女儿	zɔ³³ ŋji³¹ ᐟ ⁵⁵	mji³³ tso³³
152	女婿	zɔ³³	tsə̆³³ mɔʔ⁵⁵
153	老大	lə̆⁵⁵ pɛ³¹ ᐟ ⁵³	maŋ³³ tsəŋ⁵³ juʔ³¹
154	老二	lə̆⁵⁵ laʔ³¹	maŋ³³ latʔ³¹ juʔ³¹
155	孙子	ŋji³¹ zɔ³³	mei³³ tso³³
156	孙女	ŋji³¹ zɔ³³	mei³³ tso³³
157	哥哥	a³³ maŋ³³	a⁵⁵ maŋ³³
158	姐姐	a³³ pəi³³	a⁵⁵ nɔʔ³¹
159	弟弟	a³³ nəu⁵⁵	a⁵⁵ nɔʔ³¹
160	妹妹	a³³ nəu⁵⁵	a⁵⁵ nɔʔ³¹
161	伯父	a³¹ pu³¹ mu⁵⁵	mo⁵⁵ phu⁵³
162	伯母	a³¹ mɛ³¹ mu⁵⁵	mo⁵⁵ mji⁵³

163	叔叔	phəi⁵⁵ thaŋ³¹	lat³¹ kjo³³
164	婶母	mɛ³¹ thaŋ³¹	lat³¹ mji⁵³
165	侄子	təu³¹ zɔ³³	tsŏ³³ saŋ³³
166	嫂子	a³¹ pəi³³	a³¹ pai³¹
167	舅父	juʔ³¹ phɔ³¹	juʔ³¹ pho⁵³
168	舅母	juʔ³¹ ŋji³¹/⁵⁵	juʔ³¹ pho⁵³
169	姨父	a³¹ ji³³	mo⁵⁵ phu⁵³
170	姨母	mɛ³¹ thaŋ³¹	a³¹ mo⁵⁵
171	姑父	a³¹ ji³³	a⁵⁵ vaŋ³¹
172	姑母	a³¹ ji³³	a⁵⁵ nei³¹
173	亲戚	pəi³¹ nɔm³¹	pei³¹ nɔm³¹
174	岳父	juʔ³¹ phɔ³¹	juʔ³¹ pho⁵³
175	岳母	juʔ³¹ ŋji³¹/⁵⁵	juʔ³¹ mji⁵³
176	丈夫	jɛŋ³³ saŋ³³ phɔʔ³¹	laŋ³¹
177	妻子	jɛŋ³³ saŋ³³ ŋji³¹/⁵⁵	mji³³
178	朋友	tjɛn³¹ tʃaŋ⁵⁵	pei⁵³ nɔm⁵³/³¹
179	寡妇	tʃhau⁵⁵ mu⁵⁵	tʃhou⁵⁵ mo⁵⁵
180	孤儿	tʃhau⁵⁵ zɔ³³/³¹	tshou⁵⁵ tso³³
181	牲畜	kau⁵⁵ ŋjau⁵³	kou³³ ŋjou⁵³
182	牛	nŏu³³	no³³
183	黄牛	nŏu³³ tʃuŋ⁵³	nə̆³³ lo³³
184	水牛	nŏu³³ lui³³	nə̆³³ lə³³
185	牛犊	nŏu³³ zɔ³³	nə̆³³ nu⁵⁵
186	公牛	nŏu³³ lu³¹/³³	nə̆³³ lo³³
187	母牛	nŏu³³ tsan³¹	nə̆³³ mji⁵³
188	犄角	khjau³¹	khjou³³
189	蹄	khji³¹ khu³³	khjei³³ səŋ⁵⁵
190	毛	mau⁵⁵	ʃŏ⁵⁵ mou⁵⁵
191	尾巴	ljaṉ³¹	ʃŏ⁵⁵ mji³³
192	马	ŋjaŋ³³	mjaŋ³³
193	马驹	ŋjaŋ³³ zɔ³³	mjaŋ³³ nu⁵⁵
194	公马	ŋjaŋ³³ lu³¹/³³	mjaŋ³³ tsham³³
195	母马	ŋjaŋ³³ tsan³¹	mjaŋ³³ tsəŋ³¹
196	绵羊	ʃə̆⁵⁵ pɛ³¹	tʃhɔt⁵⁵ pat³¹ nu⁵⁵
197	羊毛	pɔm³¹ pɛ³¹ mau⁵⁵	tʃhɔt⁵⁵ pat³¹ mou⁵⁵
198	猪	wuʔ³¹	vuʔ³¹
199	公猪	wuʔ³¹ tuŋ³¹/³³	vuʔ³¹ nu⁵⁵
200	母猪	wuʔ³¹ tsan³¹/⁵³	vuʔ³¹ tsəŋ³¹
201	猪崽	wuʔ³¹ lɔ³³	vuʔ³¹ nu⁵⁵
202	狗	laʔ³¹ khui⁵⁵	khui⁵⁵
203	猫	laʔ³¹ ŋjauk³¹	lə̆³¹ ŋjou³³
204	兔子	tan⁵⁵ lɔʔ³¹	paŋ⁵⁵ tɕi⁵⁵
205	鸡	kjoʔ³¹	kjoʔ³¹ pho⁵³

206	公鸡	kjɔʔ31 phɔ31	kjɔʔ31 pho53
207	母鸡	kjɔʔ31 tsan31	kjɔʔ31 tsən31
208	雏鸡	kjɔʔ31 lɔ33	kjɔʔ31 nu55
209	鸡冠	kjɔʔ31 tjɛn33	kjɔʔ31 pjɛn33
210	翅膀	tuŋ31	tuŋ31
211	鸭子	pu31 tʃap31	pjɛt55
212	鹅	khjaŋ31 mu33	khjaŋ53 mo55
213	鸽子	kuət55 tʃau33	phəŋ55 kjou55
214	老虎	tsə̆33 lu33	lo33 ; lə̆33 mo55
215	龙	san31	man31 tʃuŋ33
216	爪子	lɔʔ31 san31/33	lɔʔ31 səŋ55
217	猴子	(la31) ŋjuk31	mjuk31
218	象	tshaŋ31	tshaŋ33
219	熊	wɔm31	wɔm31
220	野猪	wu̠ʔ31 au31/33	vuʔ31 ti̠55
221	鹿	tshat55	tshat55
222	麂子	ʃə̆55 tʃhəiʔ31	ʃõ55 tʃhɛʔ31
223	豪猪	la31 tju̠33	lə̆31 pju̠33
224	老鼠	kjuʔ31 nɔʔ31	kji31 nɔʔ31
225	松鼠	kjuʔ31 jɛn33	jɛn55
226	狼	wɔm31 khui55	wɔm31 khui55
227	鸟	ŋɔʔ55	ŋɔʔ55
228	鸟窝	ŋɔʔ55 sɔt55	ŋɔʔ55 sɔt55
229	老鹰	tsɔn31	tsɔn31
230	猫头鹰	khuŋ55 pɔp31	khuŋ55 pɔp31
231	燕子	kji̠33 ʃɛn31/53	tʃɛŋ55 tʃaŋ33
232	麻雀	tʃɿ31 jap55	tʃo31 khjaŋ53
233	蝙蝠	phɔʔ55 xjiʔ55	phɔʔ55 ʃi55
234	乌鸦	kə̆55 nɔʔ55	ŋɔ̃ʔ55 nɔʔ31
235	野鸡	kjɔʔ31 lam33	phə̆55 kjɔʔ31
236	布谷鸟	khəuʔ55 tui33	kuk55 ty33
237	孔雀	thaŋ33 kji33 ; mau33 laiŋ33 ŋɔʔ31	wo33 tɔŋ33
238	乌龟	ta̠uʔ55 kup55	tou33 kəp55
239	蛇	la̠ŋ31 ŋji31	la̠ŋ33 mju31
240	四脚蛇	tsaŋ31 kjuŋ31	tsaŋ31 kjuŋ31
241	青蛙	pu̠55	pa̠55
242	蝌蚪	kə̆55 luŋ55	mak31 kə̆55 lɔŋ55
243	鱼	ŋ55 tɔʔ31	ŋə̆31 tso33
244	鳞	nɔ33 phjɛn33	ŋə̆31 pjɛn33
245	虫	pau33	pou33
246	臭虫	pau33 thjik55	pou33 phjik55
247	跳蚤	khə̆31 lai33	khuk55 lei55
248	虱	ʃɛn55	ʃɛn55

249	虮子	sɛn⁵⁵əu⁷³¹	ʃɛn⁵⁵ u⁵³
250	苍蝇	jaŋ³¹ thuŋ⁵⁵	jaŋ³¹ khuŋ⁵⁵
251	蛆	luk³¹	luk³¹
252	蚊子	tuɔk⁵⁵	kjaŋ³³
253	蜘蛛	tʃaŋ³³ khjɔ⁷⁵⁵ la³¹ khjaŋ³³	la⁷³¹ kaŋ³³
254	蜈蚣	ŋji³¹ ʃɛn⁵⁵	mju³¹ ʃɛn⁵⁵
255	蚯蚓	pu⁵⁵ tɛ³¹ la⁷³¹ liaŋ⁵⁵	vu⁷³¹ ti³¹
256	蚂蟥	la⁷³¹ su⁷³¹	la⁷³¹ xam⁵⁵ ; tuŋ⁵³ pjɛn⁵³ᐟ³¹
257	蚂蚁	la⁷³¹ jɛt³¹	la³¹ jɛt³¹
258	蜜蜂	tjɔ³³ jaŋ³³	pji³³ jaŋ³³
259	蝴蝶	phə̌⁵⁵ ljap³¹	phə̌⁵⁵ lam³³
260	蜗牛	nɔ³¹ pat³¹	nə̌⁵⁵ pap³¹
261	树	saik⁵⁵	sək⁵⁵
262	树干	saik⁵⁵ kju³¹	sək⁵⁵ kam³¹
263	树枝	saik⁵⁵ kɔ⁷⁵⁵	sək⁵⁵ kɔ⁷⁵⁵
264	根	a³¹ pɔn³³	a³¹ pɔn³³
265	叶子	saik⁵⁵ xu⁷⁵⁵	a³¹ fu⁷⁵⁵
266	花	pan³³	pan³³
267	水果	ʃɿ³³	ʃɿ⁵⁵
268	酸木瓜	ʃɿ⁵⁵ tʃhau³¹	ʃɿ⁵⁵ kɔ³¹
269	核儿	ʃɿ⁵⁵ tʃəi³³	a³¹ tʃei⁵⁵
270	芽儿	a³¹ tuɔt⁵⁵	a³¹ tsui⁵⁵
271	蓓蕾	pan³³ tʃu⁵⁵	pan³³ tʃu⁵⁵
272	柳树	lju³¹ su⁵⁵	ʃɿ⁵⁵ xɔm⁵⁵ kam³¹
273	松树	xju⁵⁵ tsan³¹	thaŋ⁵⁵ fu³³ kam³¹
274	竹子	wu³³	wo³³
275	藤子	nui³¹	nə³¹ tʃhɔm³³
276	刺儿	tsəu³³	tsu³³
277	桃子	ʃɿ⁵⁵ wɔm⁵⁵	ʃɿ⁵⁵ xɔm⁵⁵
278	梨	ʃɿ³³ li⁵⁵	ʃɿ⁵⁵ saŋ⁵⁵
279	橘子	tʃɿ⁵⁵ tau³¹ ; tʃi³¹ tsɿ³³	mak³¹ tʃɔk⁵⁵
280	芭蕉	ŋɔ⁷³¹ ŋjuk⁵⁵	ŋɔ⁷⁵⁵ mjuk⁵⁵
281	甘蔗	pəŋ³³ tʃhau³¹	phəŋ⁵⁵ tʃhou³¹
282	核桃	pu³¹	pu³¹ ʃɿ⁵⁵
283	庄稼	tsɔ³¹ jɔ³¹	jo³¹
284	粮食	tsɔ³¹	tso³¹
285	水稻	kuk³¹	kuk³¹
286	糯米	kuk³¹ ŋjaŋ³³	tuk³¹ ŋjaŋ³³ tʃhɛn³³
287	种子	ŋjau³³ ʃɿ⁵⁵ ; a³¹ ŋjau³³	a³³ mjou³³
288	秧	ləi⁵⁵	jaŋ⁵⁵
289	穗	nam³³	a⁵⁵ nam³³
290	稻草	xu⁵⁵ jau³³	khǔ⁵⁵ xo³³
291	谷粒	kuk³¹ tʃhap³¹ᐟ⁵⁵	tʃham⁵⁵

292	玉米	la³¹ mji⁵⁵	la³³ mə⁵³
293	棉花	təu³³	ta⁽³¹⁾u³³
294	麻	tʃəi³³	tʃei³¹ mo⁵⁵
295	蔬菜	aŋ⁵⁵ʹ³⁵ ŋjau⁽³¹⁾	ŋa̱ŋ⁵⁵ ; tsɔn⁵⁵
296	萝卜	aŋ⁵⁵ khjəi³³	ŋa̱ŋ⁵⁵ khjei³³
297	辣椒	la³¹ tsɿ³³	lə̄³¹ tsɿ⁵⁵
298	葱	xəu⁵⁵	xo⁵⁵ puŋ³³
299	蒜	xəu⁵⁵ suan³¹	la³¹ sɔn³³
300	姜	tʃhaŋ⁵⁵ kɔ⁽⁵⁵⁾ ; tʃhaŋ⁵⁵	tshaŋ⁵⁵ kɔ⁽⁵⁵⁾
301	马铃薯	jaŋ³⁵ ji⁽⁵⁵⁾	jaŋ³¹ ji³³
302	南瓜	tʃiŋ³³ ku⁽⁵⁵⁾	tʃu̱ŋ³³ ku⁵³
303	黄瓜	tuŋ³¹ xu³³	tuŋ³¹ khɔ⁵⁵
304	黄豆	nuk³¹	nuk³¹ tse̱i⁵³
305	花生	xua³³ sɛŋ³³	mji³¹ nuk³¹
306	芝麻	nam⁵⁵	na̱m⁵⁵ ləŋ³³
307	草	ma̱n⁵⁵	ma̱n⁵⁵
308	蘑菇	mau³¹	mou³¹ lu³¹
309	木耳	mau³¹ kjɛŋ³¹	mou³¹ kjun³³
310	米	tʃhɛn³¹	tʃhɛn³³
311	饭	tsɔ³¹	wɔm³³
312	粥 (稀饭)	la³¹ phɔ⁽⁵⁵⁾	la³¹ phɔ⁽⁵⁵⁾
313	肉	ʃɔ⁵⁵	ʃo⁵⁵
314	脂肪油	ʃɔ⁵⁵ tʃou³³	tshu³³
315	花椒	tsap⁵⁵	tʃap³¹ ʃɿ⁵⁵
316	(鸡) 蛋	əu⁵⁵	u̱⁵³
317	汤	aŋ⁵⁵ tʃəi³¹	tʃhɔn⁵⁵ jəŋ³¹
318	酒	jəi³³	jei³³ phei⁵⁵
319	水酒	ji⁵⁵ʹ³³ tʃam⁵⁵	phə⁵⁵ kaŋ³³
320	开水	tʃɛi³¹ kjuɛ³¹	kjei³¹ luŋ³¹
321	茶	khu⁽⁵⁵⁾ khjap⁵⁵	fu̱⁽⁵⁵⁾ khjap⁵⁵
322	(吸的) 烟	jɛn³³	tshou⁵³ jɛn⁵⁵
323	药	mu³¹ tʃhəi⁵⁵	tʃhei⁵⁵
324	糠	phəi⁵⁵	vu⁽³¹⁾ phə⁵⁵
325	猪食	wu⁽³¹⁾ tsɔ³¹ʹ⁵³	vu⁽³¹⁾ tsɔ³¹
326	线	khjiŋ³³	khjəŋ³³
327	布	mji³¹ sɛ⁵⁵	pa̱n³³
328	丝	pau³³ lɔ⁵⁵ khjiŋ³¹	pou³³ tso³³ khjiŋ³³
329	衣服	tji³³	pji³³
330	衣领	tji³³ kuəp³¹	pji³³ ləŋ³¹
331	衣袖	tji³³ lɔ⁽³¹⁾	pji³³ lɔ⁽³¹⁾
332	扣子	tji³³ kjɛn⁵⁵	pji³³ kjɛn⁵⁵
333	裤子	lu̱⁵⁵	lo̱⁵⁵
334	裙子	mji³¹ ʃap³¹	m̀ɔŋ³³ thɔŋ⁵⁵

335	头帕	əu⁵⁵	wo̠⁵⁵ thɔp⁵⁵
336	帽子	əu⁵⁵ kjɔp⁵⁵	muk³¹ kjɔp⁵⁵
337	腰带	tji³³ tʃhɿ⁵⁵	lə̠⁵⁵ tʃhy⁵⁵
338	裹腿	khjəi³¹ tʃuŋ⁵⁵	khjei³¹ thɔp⁵⁵
339	鞋	thji⁵⁵ kɔk⁵⁵	khjei³¹ tsuŋ⁵⁵
340	梳子	tje⁵⁵	wo̠⁵⁵ kjɔ⁷⁵⁵
341	耳环	nɔ³³ taŋ⁵⁵	nə̆³³ thuŋ⁵⁵；nə̆³³ pjou⁵⁵
342	戒指	b⁷³¹ kjɔp⁵⁵	lə⁷³¹ tsɔp⁵⁵
343	手镯	b⁷³¹ thəŋ⁵⁵	lə⁷³¹ thəŋ⁵⁵
344	枕头	wu⁵⁵ khəuk⁵⁵	wo̠⁵⁵ khuk⁵⁵
345	席子	sɿ³³ tsɿ³³	than³³ mju⁵⁵
346	蓑衣	sɔ³⁵ ji³³	pjɔm³¹
347	房子	jɛn³³	jɔm³³
348	地基	jɛn³⁵ jɔ³¹	jɔm³³ ko³¹
349	房檐	jɛn³³ thaŋ³³	khjaŋ⁵⁵ thaŋ³³
350	牛圈	nə̆³³ tʃuŋ³¹	nə̆³³ khɔm⁵⁵
351	墙	tjɔ³¹ jaŋ³¹	tshə̆⁵³ jam³¹
352	木头	səik⁵⁵ lɔm³³	sə̠k⁵⁵ tɔm⁵³
353	木板	thjɛ⁵⁵	sək⁵⁵ luaŋ³³
354	柱子	khuŋ³³ tsan³¹	khuŋ³³ tsən³¹
355	门	khɔm⁵⁵	khɔm⁵⁵
356	门槛	khɔm⁵⁵ taŋ³¹/⁵³	kjam³³ taŋ⁵³
357	窗子	khum⁵⁵ pai³¹	pə̆³¹ təŋ⁵⁵ pɔk⁵⁵
358	梁	khuŋ³¹	khuŋ³³
359	椽子	khjaŋ³³	khjaŋ³³
360	篱笆	khjaŋ³³ tɛk⁵⁵	tshei⁵³ pji⁵⁵
361	园子	khjaŋ³³ khauk⁵⁵	khjam³³
362	桌子	tsɿ³¹ pɛ⁵⁵	tso³¹ po⁵⁵
363	凳子	taŋ³³ khuk⁵⁵	taŋ⁵⁵ khuk⁵⁵
364	镜子	paŋ³³ tək⁵⁵	mjɔ³³ tʃam⁵³
365	扫帚	ʃɛn⁵⁵ puŋ³¹	pɔn³³ ʃɔm⁵⁵
366	灯	ŋji³³	mji³³ kɔk⁵⁵
367	柴	thaŋ⁵⁵	thaŋ⁵⁵
368	火炭	xuɛ⁵⁵	mji³³ ky³³
369	火石	ŋji³³ luk³¹	mui³³ mji³³
370	火柴	jaŋ⁵⁵ xɔ⁵⁵	mji³³ pat³¹
371	火把	ŋji³³ tuam³¹/⁵³	mji³³ tɔm³¹
372	铁锅	au⁵⁵	ʃam³³ ou⁵⁵
373	盖子	a³¹ ŋji⁵⁵；a³¹ ŋuɔk⁵⁵	a³¹ mjɛi⁵⁵
374	蒸笼	pɔŋ³³	pɔŋ³³ təŋ³³
375	刀	sam³¹	ʃam³³
376	(刀)把儿	sam³¹ tsuam⁵⁵	ʃam³³
377	勺子	mɔt³¹	mə̠t⁵⁵ tsuk⁵⁵

378	碗	khu⁵⁵		khu⁵⁵
379	筷子	tsəu³³		tsə³³ ŋjam⁵⁵
380	罐子	jam³³		jam³³
381	坛子	jam³³		jam³³
382	水桶	tʃəi³¹ puŋ⁵⁵		kjei³¹
383	箍儿	kuɛ⁵⁵		kui⁵⁵
384	三脚架	kjɔ³¹		kjo³³
385	火钳	ŋji³³ ŋjap³¹		ŋjap³¹ tsei⁵⁵
386	吹火筒	ŋji³³ mɔt³¹ tuŋ⁵⁵		mji³³ pjuŋ⁵⁵
387	(背小孩用)背带	pau³³ tji⁵⁵		pou³³ tʃei⁵³
388	钱 (货币)	ŋui³¹		ŋə³¹
389	针	ŋap⁵⁵		ŋap⁵⁵
390	锥子	tʃhu⁵⁵		tɔn³³
391	剪子	kjɛŋ³¹ kɔm³³ ; kjɛŋ³¹ kuam³³		thǒ⁵⁵ tsɛn³³
392	梯子	tsaŋ⁵⁵ laŋ⁵⁵		tsɔm⁵⁵ laŋ³³
393	伞	san⁵⁵		pei³¹ ko³¹
394	锁	su⁵⁵		khɔm⁵⁵ so⁵⁵
395	钥匙	su⁵⁵ ʃɿ⁵⁵		khəm⁵⁵ thou⁵⁵
396	棍子	tuŋ⁵⁵ kuk³¹		kan⁵⁵ taŋ³³
397	船	pau⁵⁵		pou³³
398	自行车	khjəi³¹ lji⁵⁵		khjei³³ lɛŋ⁵⁵
399	木筏	pau⁵⁵		pou³³
400	斧头	wu⁷³¹ tsuŋ³³		wo³³ tsuŋ³³
401	锤子	təu³¹		pat³¹ tu³¹
402	锯子	kjui³³ tsɿ³³		sək⁵⁵ ʃək⁵⁵
403	锄头	khuɔ⁵⁵ mu³³		khɔp⁵⁵
404	扁担	pjɛn³¹ tan³¹		xap⁵⁵
405	绳子	tui⁵⁵		tə⁵⁵
406	楔子	tʃam⁵⁵		sam⁵⁵ tʃam⁵⁵
407	镰刀	pan³³ ljɛn⁵⁵		ʃəm³³ ŋui⁵⁵
408	(水)碓	tʃei³¹ tshɔm³¹		kjei³¹ tshɔm³³
409	臼	tshɔm³¹		tshɔm³³
410	杵	thuŋ⁵⁵ kəŋ³³		thuŋ⁵⁵ jɛi³³
411	筛子	kjaŋ³³ khjiŋ³¹/⁵³		ʃei⁵⁵
412	簸箕	ljuŋ⁵⁵		po⁵⁵ ləŋ⁵⁵
413	(石)磨	mɔ⁷³¹		luk³¹ ləŋ³³
414	织布机	jɔ⁷³¹ kan³³		jɔ⁷³¹ kan³³
415	刀鞘	ʃaŋ³³ tjaŋ³¹/⁵³		ʃam³³ pjap⁵⁵
416	枪	ŋji³¹ wɔm³³		mji³³ ɔm³³
417	弓	pəi³¹ taŋ³³		lei³³
418	箭	ŋjɔ³³		mjo³³ ʃɿ⁵⁵
419	火药	ŋji³³ tʃhəi⁵⁵		mji³³ tʃhei⁵⁵
420	书	məu³¹ sau⁵⁵		mou³¹ sou⁵⁵

421	话	taŋ³³ tʃʅ³¹ ; ŋjəi³³	taŋ³³ kjei⁵³
422	故事	mə̆³³ ŋjəi³³	mo̠³³ mjei³³
423	鼓	tsan³¹	tsəŋ³¹
424	锣	maŋ⁵⁵	maŋ⁵⁵
425	钹	tʃaŋ³¹ tʃhɔn⁵⁵	tʃa̠p⁵⁵ tʃhəŋ⁵³
426	笛子	khə̆⁵⁵ laŋ⁵³	kho⁵⁵ lua̠ŋ⁵³
427	铃	tʃəu³³	tʃu³³
428	喇叭（唢呐）	la³¹ pu³³	tum³¹ pa³³
429	鬼	sʅ⁵⁵ tjɔ³¹/⁵³	nat³¹
430	灵魂	tjɔ³¹	sə̆⁵⁵ pju³¹
431	记号	tshɔm⁵⁵ jɔʔ³¹/⁵³	mə̆³³ ka̠³³
432	力气	jɔm³³	jɔm³³
433	礼物	tʃuŋ³³ ʃuk⁵⁵	tʃu̠ŋ³¹ ʃuk⁵⁵
434	名字	ŋjiŋ³¹	mjiŋ³¹
435	痕迹	taŋ³¹ jɔʔ³¹	a³¹ khɔ³³
436	渣滓	a³¹ pa̠t⁵⁵	a³¹ pa̠t⁵⁵
437	影子	sʅ³¹ jɛ³¹	a⁵⁵ lo̠³³
438	梦	jet³¹/⁵³	jəp⁵⁵ mɔ³¹
439	东	pəi³¹ thuk⁵⁵ ʃuat⁵⁵	pei³¹ thuk⁵⁵
440	西	pəi³¹ waŋ³¹ ʃuat⁵⁵	pei³¹ vaŋ³¹
441	中间	a³¹ kuŋ³¹/⁵³ ; a³¹ tʃɔ³¹	a³¹ kuŋ³¹ ; a³¹ kjo³³
442	旁边	a³¹ jam³¹	a³¹ jam³¹
443	左	lɔʔ³¹ pai³³	lɔʔ³¹ pei⁵⁵
444	右	lɔʔ³¹ jɔ³¹	lɔʔ³¹ jo³¹
445	前	xjip⁵⁵ phɛ³³	ʃək⁵⁵
446	后	thaŋ³¹ phɛ³³	thaŋ³³
447	里	khau³¹ phɛ³³	a³³ khou³³
448	角儿	a³¹ thuŋ³¹	a³³ tʃɔn³³
449	尖儿	a³¹ khjau³³	a³³ phjo⁵⁵
450	边儿	a³¹ jam³¹	a³³ jam³¹
451	上方（地势，河流）	thɔʔ⁵⁵ phɛ⁵⁵	kjei³¹ mɔn³¹
452	下方（地势，河流）	ɔ³¹ phɛ⁵⁵	kjei³¹ thaŋ³³
453	上（桌子上）	a³¹ thɔʔ⁵⁵	a³¹ thɔʔ⁵⁵
454	下（桌子下）	ɔ³¹ phɛ⁵⁵	a³¹ kjei⁵⁵
455	今天	khə̆⁵⁵ ŋjiʔ⁵⁵	khə̆⁵⁵ ŋjei⁵⁵
456	昨天	ŋjiʔ⁵⁵ nap³¹	a³¹ ŋjei⁵⁵ nap³¹
457	前天	xjit⁵⁵ ŋji³³	ʃək⁵⁵ jɔ³¹ ŋjei⁵⁵
458	明天	phə̆⁵⁵ na⁵⁵ ji³³ kjɔ³³	nap³¹ jɔ³¹ ŋjei⁵⁵
459	后天	saŋ³³ phə̆ʔ³¹/⁵⁵ ŋji³³ kjɔʔ³¹	saŋ³³ phə̆⁵⁵ nəp³¹ ŋjei⁵⁵
460	白天	ŋji³³ kuŋ³¹	ŋjei⁵⁵ kuŋ³¹
461	早晨	nap³¹ san⁵⁵	nap³¹ sɔn⁵⁵
462	晚上	ŋjɛŋ³³ jɔ³³	mjɛn⁵⁵
463	月	khjap⁵⁵	lə̆⁵⁵ mo⁵⁵

464	年	tsan³¹	tsan³¹
465	今年	khə̌⁵⁵ tsan³¹′⁵³	khə̌⁵⁵ tsan³¹
466	去年	a³¹ naik⁵⁵	a³¹ nək⁵⁵
467	前年	xjiʳ³¹ tsan³¹	ʃei³³ nək⁵⁵
468	明年	saŋ³³ naik⁵⁵	saŋ³³ na̠k⁵⁵
469	后年	nuŋ³³ naik⁵⁵	nuŋ³³ nək⁵⁵
470	从前	xji³³ phɛ³³	ko⁵⁵ na̠m⁵³
471	现在	kə̌³¹ ʃ1³³	a³¹ khui⁵⁵
472	夏	tsaŋ³¹ kuŋ³¹	tsan³¹ nam⁵⁵
473	冬	tshuŋ⁵⁵ kuŋ³¹	ŋam⁵⁵ nam⁵⁵
474	新年	tsan³¹ saiʔ⁵⁵	tsan³¹ sək⁵⁵
475	一	ta³¹	ta³¹
476	二	ai⁵³	ək⁵⁵
477	三	sɔm³³	sɔm⁵⁵
478	四	ŋjəɪ³³	mei³³
479	五	ŋ³³	ŋ³³
480	六	khjuk⁵⁵	khjuk⁵⁵
481	七	ŋjɛt⁵⁵	ŋjɛt⁵⁵
482	八	xjɛt³¹	ʃɛt⁵⁵
483	九	kau³³	kou³³
484	十	tshɿ³³	tǎ³¹ tshe³³
485	百	xjɔ³³	(ta³¹) ʃo³³
486	千	khjiŋ⁵⁵	(ta³¹) to̠ŋ³³
487	万	mun³¹	(ta³¹) mun³¹
488	(一)个(人)	juʔ³¹	juʔ³¹
489	(一)个(碗)	khjap⁵⁵	khjap⁵⁵
490	(一)条(路)	khaʔ⁵⁵	khat⁵⁵
491	(一)条(绳子)	khat⁵⁵	khat⁵⁵
492	(一)张(纸)	khjap⁵⁵	khjap⁵⁵
493	(一)个(鸡蛋)	lɔm³³	tʃham⁵⁵
494	(一)根(草)	khat⁵⁵	khat⁵⁵
495	(一)粒(米)	tʃhap⁵⁵	tʃham⁵⁵
496	(一)把(扫帚)	kək⁵⁵	lɔm³¹
497	(一)把(米)	tsɔp⁵⁵	tsɔp⁵⁵
498	(一)堆(粪)	pɔm³¹	pɔm³¹
499	(一)桶(水)	pɔŋ⁵⁵	po̠ŋ⁵⁵
500	(一)碗(饭)	khuʔ⁵⁵	khuʔ⁵⁵
501	(一)片(树叶)	khjap⁵⁵	fu̠ʔ⁵⁵
502	(一)个(月亮)	lɔm³³	khjap⁵⁵
503	(一)口(井)	tuaŋ³³	laŋ⁵³
504	(一)朵(花)	pu⁵⁵ tʃɔ³¹	pu⁵⁵
505	(一)句(话)	khɔn⁵⁵	khuan⁵⁵
506	(一)双(鞋)	tsɔm³³	tsɔm⁵⁵

507	(一) 群 (羊)	tʃɛn³³	tʃɔm³¹
508	(一) 节 (竹子)	thuŋ⁵⁵	thuŋ⁵⁵
509	(一) 只 (鞋)	san³¹	tɛ³⁵
510	(一) 筐 (菜)	khɔʔ⁵⁵	tʃɔm⁵⁵ ; pjap⁵⁵
511	(一) 背 (柴)	wən³¹	wan⁵³
512	(一) 捆	ʃuʔ⁵⁵	təŋ³³
513	(一) 串 (珠子)	tʃaŋ³¹	tʃan³¹
514	(一) 滴 (油)	tsɔʔ³¹	tsɔʔ³¹
515	(一) 层 (楼)	kɛʔ⁵⁵	tsa̠ŋ⁵³
516	(一) 间 (房)	jap³¹	kɔk³¹
517	(一) 包 (东西)	thɔp⁵⁵	kək⁵⁵
518	(一) 庹	lam³¹	lam³¹
519	(一) 拃	thuʔ³³	thɔ³³
520	(一) 天	ŋji⁵⁵	ŋjei⁵⁵
521	(一) 夜	ŋjɛn³¹	mjɛn³¹
522	(一) 年	tsan³¹	tsan³¹
523	(走一) 步	pɛ³¹	pi³¹
524	(去一) 次	lai̠ŋ³³	lə̠ŋ³³
525	(吃一) 顿	tɔn³¹	ma⁵⁵
526	一些	tă³¹ jam⁵⁵	tă³¹ jam⁵⁵
527	我	ŋ³¹	ŋo³¹
528	我们	ŋa⁵⁵ mɔʔ³¹ᐟ⁵³	ŋŏ⁵³ nuŋ⁵⁵
529	我俩	ŋa⁵⁵ ta̠ŋ³¹	ŋŏ³¹ ta̠ŋ³³
530	你	naŋ³¹	naŋ³¹
531	你们	na³⁵ mɔʔ³¹	ŋjaŋ³³ nuŋ⁵⁵
532	你俩	na³⁵ ta̠ŋ³¹	nə̆³¹ ta̠ŋ³³
533	他	ŋjaŋ³³	ŋjaŋ³³
534	他们	ŋja³⁵ mɔʔ³¹	ŋja³³ nuŋ³³
535	他俩	ŋja³⁵ ta̠ŋ³¹	ŋjaŋ³³ ta̠ŋ³³
536	自己	ŋ³¹ ŋjaŋ³³	jɔm³³ səŋ³³
537	别人	sɿ³³ pəi³³ ; sə̆³³ pəi³³	sə⁵⁵ pei⁵⁵
538	这	xaiʔ⁵⁵	xjɛ³³
539	这些	xaiʔ⁵⁵ tsɿ³¹	xjɛ³³ pə⁵⁵
540	这里	xjəi³¹ maʔ³¹	xjɛ³³ mŏ³³
541	这样	xjəi³¹ᐟ⁵⁵ tʃa³¹	xjɛ³³ su⁵⁵
542	(近指) 那	thjiʔ⁵⁵	thə³³
543	那些	thjiʔ⁵⁵ tsɿ³¹	xɛ³³ pə⁵⁵
544	那里	thjiʔ⁵⁵ ma³¹	thə³³ mo³³
545	那样	thjiʔ⁵⁵ tʃa³¹	thə³³ su⁵⁵
546	谁	xaŋ⁵⁵	xaŋ⁵⁵
547	什么	tʃha⁵⁵ nuŋ³¹	xa³¹ tʃuŋ³³
548	哪里	kha³¹ ljɛʔ³¹	khă³³ mo³³
549	几时	khă³³ nam³¹ᐟ⁵³	khă³³ khjiŋ³³

550	怎么	kha³³sִ ɿ⁵³	khă³³su⁵⁵
551	多少	kha⁵⁵ŋjɔ³¹	khă⁵⁵mjɔ⁵³
552	其他	kə̆⁵⁵təu³¹	ko⁵⁵jam⁵⁵；ko⁵⁵paŋ³³
553	全部	taŋ³¹ŋa⁵⁵	pan³¹ʃɔʔ⁵⁵
554	大	ku⁵⁵	kji:³³
555	小	ŋji³¹	ŋɛ:³¹
556	高	ŋjaŋ³³	mja:ŋ³³
557	低（矮）	ŋjɛn³³	ŋju:m³³
558	凸	puɔt³¹	pho:t⁵⁵
559	凹	khuŋ⁵⁵	khu:ŋ⁵⁵
560	长	xjiŋ³³	ʃə:ŋ³³
561	短	ljɔŋ³³	ʃə:ŋ³³
562	远	wɛ³³	vɛ:³³
563	近	ni³³	tʃa:ŋ⁵³
564	宽	ljua³¹；khuaŋ⁵⁵	la:m³¹
565	窄	tsɛ³³	tʃa:p⁵⁵
566	厚	thəu³³	thu:³³
567	薄	pu³³	pɔ̰:⁵⁵
568	深	nau⁵⁵	nə:k³¹
569	浅	ma³¹nau⁵⁵	pɔ̰⁵⁵
570	满	tjiŋ⁵⁵	pjə:ŋ⁵⁵
571	瘪	sɔm³³	su:m³³
572	多	ŋjɔ³³	mjɔ:³³
573	少	naiŋ³³	ʃa:u⁵⁵
574	圆	laiŋ⁵⁵	ui³³
575	扁	pjɛ⁵⁵	pji:n⁵⁵
576	尖	thjɔ⁵⁵	tʃhu:n³³
577	平	tam³¹	ta:m³¹
578	歪	ŋui³³	ju:n⁵³
579	横（的）	tji̱³¹	pji:³³
580	竖（的）	tsuŋ⁵⁵	tsɔ̰:ŋ³³
581	直（的）	tan³³	ta:n³³
582	弯（的）	ŋui³¹	kɔ:i⁵⁵
583	黑	nɔʔ³¹	nɔ:ʔ³¹
584	白	thju³³	phju:³³
585	红	nɛ³¹	nɛ:³¹
586	黄	xjui³³	xə:³³
587	绿	ŋjau³¹	ŋja:u³¹
588	灰（的）	mə⁵⁵	mɔ:i⁵⁵
589	重	lji³³	la:i³³
590	轻	sɔm⁵⁵	su:m⁵⁵
591	快	ŋjəp³¹；thjɛʔ⁵⁵	mja:p³¹
592	慢	tsɔ⁵⁵ja⁵⁵；nɛ³³	nɛ:⁵⁵

附录二 片马茶山语与潞西勒期语 1000 词对照

593	早	nɔ³¹	nɔːʔ⁵⁵
594	迟	thaŋ³¹ kjɔ³³	nɛː⁵⁵
595	锋利	thɔʔ⁵⁵	thɔːʔ⁵⁵
596	钝	pu̠⁵⁵	a³¹ thɔʔ⁵⁵
597	清（的）	kji̠ŋ³³	kjəːŋ³³
598	浑浊	muɔn³³	məː³³
599	（猪）肥	tʃhəu³³	tʃuː⁵⁵
600	瘦	kji³³	kjiː⁵⁵
601	干	kjuʔ⁵⁵	kjuːʔ⁵⁵
602	湿	tʃuɛʔ⁵⁵	tʃuːʔ⁵⁵
603	（布）密	tʃəi³³	tʃeːi⁵⁵
604	硬	thaŋ³¹；kju̠ŋ³³	kjuːŋ³³
605	软	nu̠ʔ⁵⁵	nə̠ː⁵³
606	粘	nɛ³³	kjiːn⁵³
607	（路）滑	tʃuɔt⁵⁵	tʃuːt⁵⁵
608	紧	tʃap⁵⁵；tə̠ŋ⁵³	tə̠ːŋ⁵³
609	松	ʃuɛ³³	ʃyː³³
610	脆	kju̠p⁵⁵	ʃyː³³
611	对	tʃu³¹	kɛː³¹
612	错	ʃɔt⁵⁵	ʃuːt⁵⁵
613	真	ŋuɔt⁵⁵	ŋuːt⁵⁵
614	假	ma³¹ ŋuɔt⁵⁵	a³³ ŋɔt⁵⁵
615	生（的）	tʃɛn³³	a³¹ tʃɔm³³
616	新	sai̠k⁵⁵	ʃə:k⁵⁵
617	旧	tshau⁵⁵	tshaːu⁵⁵
618	好	kji³¹	kɛː³¹
619	坏	ma³¹ kji³¹	pjɔːʔ³¹
620	（价钱）贵	phau⁵⁵	phaːu⁵⁵
621	（植物）嫩	nuʔ⁵⁵	nuː⁵⁵
622	年老	lã⁵⁵ khɔʔ⁵⁵；maŋ³³	maŋ³³ tso⁵⁵
623	美	juŋ⁵⁵	jɔːŋ⁵⁵
624	热	kjuɛ³¹	ŋɛː⁵⁵
625	冷	ŋam⁵⁵	ŋaːm⁵⁵
626	暖和	ŋuɛ³³	ŋyː³³
627	难	jau³³	jau³¹
628	（气味）香	nam³¹ pjɔ³¹	xuːm³³
629	臭	ʃəm³³ nam³¹′⁵³	naːm³¹
630	酸	tʃɛn³³	tʃiːn³³
631	甜	tʃhau³¹	tʃhaːu³³
632	苦	khɔ⁵⁵	khɔː⁵⁵
633	辣	thji⁵⁵	phjəːk⁵⁵
634	咸	ŋam³¹	khɔː⁵⁵
635	涩	pan³³	paːn³³

636	腻	ŋəŋ⁵⁵	ŋə:ŋ⁵⁵
637	忙	maŋ⁵⁵	kji:n⁵⁵
638	富	jɔ³³	jɔ:⁵⁵
639	穷	ŋjuŋ³¹	mjɔ:ŋ³¹
640	干净	san³¹	sa:n⁵⁵
641	好吃	ŋam⁵⁵	ŋa:m³³
642	响	ŋjiŋ³¹	mjə:ŋ³¹
643	聪明	tsəik³¹	tsi:n³³
644	蠢	kɔ̰³³	na:³³
645	懒	la̰n³³	nə:³³
646	爱	ŋui³¹	ŋə:³¹
647	按	ni²³¹	tu:n³³
648	拔 (草)	nɔt³¹	nu:t³¹
649	耙 (田)	kjɛ²³¹	pa:³³
650	掰开	khjaŋ⁵⁵	mjə:k⁵⁵
651	摆动	nuɔt³¹；tui³¹	nu:n⁵⁵
652	搬 (家)	tjuŋ⁵⁵	thu:t⁵⁵
653	绑	tui⁵⁵	tə⁵⁵
654	包 (药)	kuk⁵⁵	kə:k⁵⁵
655	剥 (花生)	phuk⁵⁵	phu:t⁵⁵
656	饱	tʃɔ³³	kji:³³
657	抱	pɔ̰³³	pu:n³³
658	背 (孩子)	pau³³	pa:u³³
659	闭 (口)	ŋjəi⁵⁵	mjɛ:i⁵⁵
660	编 (辫子)	tsai³¹	nə:k³¹
661	编 (篮子)	jɔ²³¹	sa:i⁵³
662	病	nɔ³¹	nɔ:³¹
663	补 (衣)	phɔ³¹	phɔ:³³
664	擦 (桌子)	puɔ²³¹	ʃu:t³¹
665	踩	thaŋ⁵⁵	na:ŋ³³
666	藏 (东西)	ʃɔm³¹	ŋju:m⁵⁵
667	插 (秧)	tsɔŋ⁵⁵	ʃɔ:⁵⁵
668	拆 (房子)	thjɔʔ⁵⁵	phjɔ:ʔ⁵⁵
669	搀扶	tsui³³	tu:³³
670	缠 (线)	thui⁵⁵	thə:⁵⁵
671	尝	ʃ1³³	tʃi:m⁵⁵
672	唱	khun⁵⁵	khu:n⁵⁵
673	吵	tjɔ²³¹	pjɔ:ʔ³¹ kɔ⁵⁵
674	炒	lji³³	nɛ:³³
675	沉	nau⁵⁵	nu:p³¹
676	称 (粮食)	lai²³¹	lə:k⁵⁵
677	撑住	thuk⁵⁵	thu:k⁵⁵
678	成了	kji³¹	tu:t³¹ (pjɛ³¹)

679	盛（饭）	khəu⁵⁵	ka̠:t⁵⁵
680	吃	tsɔ³³	tsɔ³³
681	舂	thuŋ⁵⁵	thu:ŋ⁵⁵
682	抽（出）	ʃɛ³³	ʃɛ:³³
683	抽（烟）	ta̠ʔ⁵⁵	pa̠:ʔ⁵⁵
684	出去	thuʔ⁵⁵ lɔ³³	thuʔ⁵⁵ lɔ⁵⁵
685	锄（草）	kjɛt³¹	kha:i⁵³
686	穿（衣）	wɔt³¹	wu:t³¹
687	穿（鞋）	kɔʔ⁵⁵	tsu:ŋ⁵⁵
688	穿（针）	tʃau³³	tʃa:u⁵⁵
689	吹（喇叭）	muɔt³¹	mu:t³¹
690	戳	thau⁵⁵	tha:u⁵⁵
691	催	thjɛ⁵⁵ thjɛʔ⁵⁵	kha:t⁵⁵
692	搓（绳）	ljau³³	ʃu̠:m⁵³
693	错（了）	ʃut⁵⁵	ʃu:t⁵⁵
694	打（人）	pat³¹	pa:t³¹
695	打（枪）	pat³¹	mi³¹ɔm³³ pə:k³¹
696	打瞌睡	jup⁵⁵ ŋui³¹	jɔp⁵⁵ ŋui⁵⁵ ŋɔi⁵⁵
697	打嗝儿	əuʔ⁵⁵	ək⁵⁵ thuŋ⁵⁵
698	带（钱）	tʃ1³¹	wu:n³¹
699	带（孩子）	ʃui⁵⁵	ʃy:⁵⁵
700	戴（帽子）	kjɔʔ⁵⁵	tsɔ:⁵⁵
701	戴（包头）	thuɔp⁵⁵	thu:p⁵⁵
702	戴（手镯）	wɔt³¹	wu:t³¹
703	挡（风）	kɔ³¹	kha:m⁵³
704	（墙）倒	laiŋ³¹	lə:ŋ³¹
705	弄倒（墙）	laiŋ³¹ kaʔ⁵⁵	lɔʔ⁵⁵ lə:ŋ⁵⁵
706	到达	tʃuɛ⁵⁵	tʃy:⁵⁵
707	等待	laŋ⁵⁵	la:ŋ⁵⁵ tɔ⁵⁵
708	地震	ŋji³¹ tui³¹	mi³¹ nɔn⁵⁵ nun⁵⁵
709	低（头）	ŋɔt³¹	ŋu:n⁵⁵
710	点（火）	ŋji³³ tap⁵⁵	ta̠:p⁵⁵
711	燃烧	ŋji³³ ŋɛ⁵⁵	ta̠:p⁵⁵
712	垫	ŋju⁵⁵	mju̠:⁵⁵
713	凋谢	ʃɛt³¹	ʃə̃³³ wu̠:m³³
714	叼	ŋat³¹ tan³¹	ŋa:t³¹ ta³¹
715	掉（下）	kjɔ⁵⁵	kjɔ:⁵⁵
716	钓鱼	nɔ⁵⁵	tə:⁵⁵
717	吊	laŋ⁵⁵	la:ŋ⁵⁵
718	跌倒	laiŋ³¹	ləŋ³¹ pa:t³¹
719	叠（被）	nap³¹	na:p⁵⁵
720	（蚊子）叮	ŋat³¹	ŋa:t³¹
721	懂	sɛʔ⁵⁵	sɛ:⁵³

722	(虫子)动	tui³¹	tə³¹
723	读	ŋap⁵⁵ ; tɔ³¹	ŋa:p⁵⁵
724	堵塞	tshau³¹	tsha:u⁵³
725	渡(河)	ku³¹	ku:³³
726	(线)断	tjɛt³¹	pji:t³¹
727	弄断(线)	ləu³³(弄)thjɛt⁵⁵	kja:u³³
728	(棍子)断	kjau⁵⁵	kja:u³³
729	弄断(棍子)	ləu³³ khjau⁵⁵	lɔ̰ʔ⁵⁵ khja:u⁵⁵
730	堆(草)	tsuŋ³¹	pu:m³¹
731	躲藏	ta̱m⁵⁵	ka:u⁵⁵
732	剁(肉)	tu³¹	tʃa:p³¹
733	踩(脚)	thjɛt⁵⁵	naŋ³¹ thə:ŋ⁵³
734	饿	jɔt³¹	mu:t⁵⁵
735	发抖	nam³¹	na:n⁵⁵
736	发芽	tsui⁵⁵ lɔ³¹	ju:k³¹
737	(把衣服)翻过来	phuk⁵⁵	phuk⁵⁵ ka:t⁵⁵
738	放(盐)	kat⁵⁵	ka:t⁵⁵
739	放牧	kaʔ⁵⁵	tsu:ŋ⁵⁵
740	飞	taŋ³³	ta:ŋ³³
741	分(东西)	kaŋ³¹	ka:m⁵³
742	疯	xuan⁵⁵	ju:³³
743	缝	tʃuəp⁵⁵	khju:p⁵⁵
744	孵	wɔp⁵⁵	wu:p⁵⁵
745	腐烂	pɔp³¹	pu:p⁵⁵
746	盖(土)	ŋɔp⁵⁵	ŋu̱:p⁵⁵
747	盖(被)	ŋɔp⁵⁵	tsə:ŋ⁵⁵
748	干(了)	kjuʔ⁵⁵	xə:⁵³
749	敢	a³¹ wɔm⁵⁵	wu:m⁵⁵
750	干活	mu⁵⁵ tsui³¹	mo⁵⁵ tsɿ³³
751	告诉	tai³¹ kjɔ³³	ta:i⁵³
752	割(肉)	ljam⁵⁵	ja̱:m⁵⁵
753	割(草)	jɛʔ³¹	ja:m⁵⁵
754	硌(脚)	phɛ⁵⁵ pu³³ pu³¹	khji⁵⁵ nɔ:ʔ³¹
755	给	tji³³	pje:i³³
756	跟(在后面)	tʃhaŋ³¹	tʃha:ŋ⁵³
757	够	tham³³	lu:k⁵⁵
758	刮(毛)	khjit⁵⁵	a³¹ ju:ʔ³¹
759	刮(风)	muɔt³¹	xa:u⁵³
760	挂(在墙上)	laŋ⁵⁵	la̱:ŋ⁵⁵
761	关(门)	ŋjəi⁵⁵	mje̱:i⁵⁵
762	滚	laiŋ³¹	lə:ŋ³¹
763	过(桥)	kəu³³	ku:³³
764	过(了两年)	lai³³	la:i³³

765	害羞	xjɔ⁽ʔ⁾⁵⁵	ʃɔːʔ⁵⁵
766	害怕	kjuk³¹	kjuːk³¹
767	喊 (人开会)	lui³³	juːt³¹
768	喝	ʃuk⁵⁵	ʃuːk⁵⁵
769	烘	kaŋ³¹	kaːŋ³³
770	哄	məi⁵⁵	tʃuː⁵³
771	怀孕	zɔ³³ wan³¹/⁵³	wɔm³³ puːt³¹
772	还 (账)	tshap⁵⁵	tshaːp⁵⁵
773	换	thai³¹	thaːi⁵³
774	回	lɔʔ³¹	taːu⁵⁵
775	回答	phuk⁵⁵ tai³¹	tuː⁵⁵
776	会 (写)	sɛʔ⁵⁵ tat³¹	taːt³¹
777	搅浑	ləu³³ ŋuɔn³³	loːu³³ mə³³
778	活 (了)	jiŋ⁵⁵	tə³¹
779	挤 (奶)	ŋjɛt⁵⁵	tʃuːp⁵⁵
780	记得	tshɔm⁵⁵	mǎ³³ tsəŋ³³
781	系 (腰带)	tʃɿ⁵⁵	tʃhyː⁵⁵
782	夹 (菜)	tshi³³	ŋjaːm⁵⁵
783	捡	kui³³	thuːn³³
784	剪	ljam⁵⁵	tseːn³³
785	讲 (故事)	tai³¹	taːi⁵³
786	降落	kjɔ³³	pʃiːt³¹ kjɔː⁵⁵
787	交换	thai³¹	thaːi⁵⁵
788	(烧) 焦	ŋɛ⁵⁵	khaːk⁵⁵
789	嚼	lji⁵⁵	nɛː⁵⁵
790	教	kjau⁵⁵	mɔːʔ⁵⁵
791	(公鸡) 叫	tɔn³¹	tuːn³³
792	(母鸡) 叫	kɔʔ³¹	phaːu³³
793	(马) 叫	(ŋjaŋ³³) xɔŋ³¹	mjaːŋ³¹
794	(狗) 叫	kjap³¹	mjəŋ³¹
795	叫 (名字)	lui³³	juːt³¹
796	揭 (盖子)	xjit⁵⁴	phaːŋ⁵³
797	结 (果子)	tap³³	tʃɿ³³
798	结婚	lɔʔ³¹ tshɔʔ⁵⁵	mji³³ faːŋ⁵³
799	借 (钱)	ŋɔ³³	tʃeːi⁵⁵
800	借 (工具)	ŋɔ³³	ŋɔː⁵⁵
801	浸泡	ŋjən⁵⁵	ŋjuːn⁵⁵
802	进 (屋)	waŋ³¹	vaːŋ³¹
803	经过	lai³³	laːi³³
804	居住	ŋji³¹ jɔ³¹	luːŋ⁵⁵
805	锯	kjui³³ ; xjik⁵⁵ ʃik⁵⁵ jik⁵⁵	ʃəːk⁵⁵
806	卷 (布)	lɔm⁵⁵	təːŋ³³
807	开 (门)	phaŋ³¹	phaːŋ⁵³

808	(水)开(了)	tsəu³³	tsuː³³
809	(花)开(了)	pu̱³³	pɔː⁵⁵
810	开(车)	khaŋ⁵⁵	khaːŋ⁵⁵
811	砍(树)	tsan³³	khəːŋ⁵³
812	看	ju⁵⁵	joː⁵⁵
813	看见	ju⁵⁵ ŋjaŋ³¹	mjaːŋ³¹
814	扛	wuʳ³¹	vuː³³
815	烤(火)	kaŋ³¹	ka̱ːŋ³³
816	靠	ŋɛ³¹	ŋɛː³³
817	咳嗽	tsa̱u⁵⁵	khjuŋ⁵⁵ tsa̱ːu⁵⁵
818	渴	ʃəʔ⁵⁵	khjuŋ⁵⁵ xəː⁵³
819	刻	khjik⁵⁵	məːk⁵⁵
820	肯	mɛ³¹	ka̱ːm³³
821	啃	ŋat³¹	khɛː⁵⁵
822	抠	kjɔŋ⁵⁵	kjɔːŋ⁵⁵
823	扣(扣子)	kjɛn⁵⁵	kjiːn⁵⁵
824	哭	ŋau³¹	ŋaːu³¹
825	拉	ʃɛ³¹	laːŋ³³
826	拉屎	ʃɔ̱³¹	ʃɔ̱ː³³
827	来	lɔ³¹	leː⁵⁵
828	捞	kai³¹	laːp³¹
829	累	ʃaŋ⁵⁵	mjɔːŋ³³
830	连接	tshɔʔ⁵⁵	tshɔʔ⁵⁵
831	量	thu³³	kɛ⁵³
832	裂开	kjam³³	kɔːʳ³¹
833	(水)流	jau³³	jaːu³¹
834	留(种)	ŋjit⁵⁵	mjiːt⁵⁵
835	聋	tʃɛt³¹	tʃiːt³¹
836	漏(水)	paŋ⁵⁵ jau³¹	jaːu³¹
837	滤	təŋ³¹	tʃiːn³³
838	(太阳)落	kjə³³	vaːŋ³¹
839	麻木	tjiŋ³¹	pjəːŋ³¹
840	骂	ŋjə̱³¹	nəːŋ⁵⁵
841	埋	ŋjɔp⁵⁵	ŋju̱ːp⁵⁵
842	买	wui³¹	ɣəː³¹
843	卖	ɔŋ⁵⁵	ɔːŋ⁵⁵
844	满(了)	tjiŋ³³	pjəːŋ³³
845	没有	ma³¹ pɔ³¹	a³¹ ju⁵⁵
846	(火)灭	ʃɛi³¹	sa̱ːt⁵⁵
847	摸	suɔp⁵⁵	su̱ːp⁵⁵
848	磨(刀)	sui⁵⁵	sɿ⁵⁵
849	磨(面)	mɔʳ³¹	ləːŋ³³
850	拿	ju³¹	juː⁵³

附录二　片马茶山语与潞西勒期语 1000 词对照　171

851	挠 (痒)	kjɛn³³	kji:n³¹
852	能够	kji³¹	kɛ:³¹
853	(花) 蔫	ŋjau⁵⁵	ŋja:u⁵⁵
854	拧 (毛巾)	ŋjɛ⁵⁵	nɛ:³¹ tʃu:p⁵⁵
855	凝固	kjuʔ⁵⁵	ka:n⁵⁵
856	呕吐	təuʔ³¹	pha:t⁵⁵
857	(人) 爬	tɔʔ³¹	tɔ:ʔ³¹
858	(虫子) 爬	tu³³	tɔ:ʔ³¹
859	爬(树)	tɔʔ³¹	tɔ:ʔ³¹
860	拍 (桌子)	pat³¹	pa:t³¹
861	跑	wui⁵⁵	kə:³¹
862	泡 (茶)	ŋjɔn⁵⁵	ŋju:n⁵⁵
863	佩带	phji³³	la:ŋ⁵⁵
864	膨胀	pɔŋ³³	pɔ:ŋ³³
865	碰撞	thuŋ⁵⁵	thu:ŋ⁵⁵
866	劈 (柴)	tʃɛk³¹	tʃe:k³¹
867	漂浮	ŋju³³	kja:m⁵⁵
868	泼 (水)	xuot⁵⁵	xu:t⁵⁵
869	破 (箩)	thjɔ³¹	phjɔ:³³
870	(衣服) 破 (了)	tʃui³³	tʃɛ:ʔ³¹
871	(碗) 破 (了)	kui³³	kju:p³¹
872	打破 (碗)	khui³³	khju:p⁵⁵
873	剖	khɔʔ⁵⁵	khɔ:ʔ⁵⁵
874	铺	ŋju³³	mju:⁵⁵
875	欺骗	xua³³	ma:u⁵³
876	骑	tʃɿ³³	tʃy:³³
877	起来	tɔʔ³¹ lɔ³¹	tɔ:⁵³ lɔ:³¹
878	牵 (牛)	ʃɛ³¹	ʃɛ³³
879	欠 (钱)	tʃa³³	tʃhɛ:n⁵³
880	抢	luot⁵⁵	lu:t⁵⁵
881	敲	kɔʔ⁵⁵	kɔ:ʔ⁵⁵
882	翘(尾巴)	ljiaŋ³¹ ŋaŋ³¹	tu:³³ ŋa:ŋ⁵³
883	切 (菜)	tshɛʔ³¹	ʃu:m³³
884	取	ju³¹	ju:³¹
885	娶	ju³¹	ju:³¹
886	去	bɔ⁵⁵ ; ɛ³³	lɔ:⁵⁵
887	(病) 痊愈	kjəi³¹	kɛ:³¹
888	缺(个口)	paŋ⁵⁵	kha:ŋ⁵⁵
889	染	tshau⁵⁵	tsha:u⁵⁵
890	嚷	kai⁵³	kă³³ ʒɔ:³³
891	让 (路)	tshaŋ⁵⁵	xə:⁵⁵
892	扔	təu⁵⁵	tu:⁵⁵
893	揉 (面)	ni³¹	nɛ:³¹

894	洒 (水)	san⁵⁵	sa:n⁵⁵
895	撒 (尿)	ȵi⁵⁵ xɛ⁵⁵	tə:k⁵⁵
896	撒 (种)	khjɔʔ⁵⁵	sa:n⁵⁵
897	散 (会)	nɔ³³	pjɔ:⁵¹
898	散开	san³¹	pɔ:i⁵¹
899	解开	phəi³¹	phɔ:i³¹
900	扫地	ʃəŋ³³	ʃum⁵⁵
901	杀	sa̠t⁵⁵	sa:t⁵⁵
902	筛 (米)	khjiŋ³¹	ʃa:i⁵⁵
903	晒 (衣服)	lap⁵⁵	la:p⁵⁵
904	伸	jɔn⁵⁵	la:m⁵⁵
905	生 (孩子)	khəu³³	su:t⁵⁵
906	剩	ȵɛt³¹	mji:t³¹
907	是	ŋuɔ̠t⁵⁵	ŋu:t⁵⁵
908	梳	tjɛ̠³³；kjɔʔ⁵⁵	kjɔʔ⁵⁵
909	(饭) 熟	ȵjɔʔ³¹	ȵjɔ:ʔ³¹
910	数 (数)	sɔn³³	ŋa:p⁵⁵
911	漱 (口)	tʃɛ³³	tʃy:³³
912	摔 (下来)	laiŋ³¹	pji:k³¹ kjɔ:⁵⁵
913	闩 (门)	kjaŋ³¹	kja:ŋ⁵³
914	拴 (牛)	tui⁵⁵	tə:⁵⁵
915	睡	jɛt⁵⁵	ju:p⁵⁵
916	说	ta̠i³¹	ta̠:i⁵³
917	撕	tʃui⁵³	tʃhɛ:ʔ⁵⁵
918	死	ʃəi³³	ʃe:i³³
919	(米粒) 碎	tji³¹	tʃa:p³¹
920	锁 (门)	su⁵⁵	sɔ:⁵⁵
921	塌	kjɔp³¹	pjɔ:ʔ³¹
922	抬	taŋ³¹	vu:ʔ³¹
923	淌 (泪)	kjɔ³³	ja:u³¹
924	躺	laiŋ³¹	lə:ŋ³¹
925	讨 (饭)	tuŋ³³	wɔ:³³
926	(头) 痛	nɔ³¹	nɔ:³¹
927	踢	tɛʔ⁵⁵	pə:k⁵⁵
928	剃 (头)	kuɔn³³	ju:k³¹
929	舔	ljɔʔ³¹	jɔ:ʔ³¹
930	挑选	khjɛn³³	khj:ŋ³³
931	挑 (担)	taŋ³¹	vu:ʔ³¹
932	跳舞	kɔ³³	kɔ:⁵⁵
933	跳 (远)	tjam³¹	pja:p³¹
934	贴	tap⁵⁵	ta̠:p⁵⁵
935	听	kjɔ³³	kjɔ:³³
936	听见	xjau⁵⁵ kjɔ³³	jɔ:⁵⁵ kjɔ:³³

937	停止	nɔ³³	nɔː³³ ; thəːŋ⁵³
938	偷	khau³³	khaːu⁵⁵
939	吐痰	tjɛ³³	pyː³³
940	推	tuɔn³³	tuːn³³
941	吞	thuɔn⁵⁵	mjaːu³³
942	(蛇) 蜕 (皮)	thaik³¹	khjuːt⁵⁵
943	拖 (木头)	ʃɛʔ³¹	ʃɛː³³
944	脱 (衣)	khjɔt⁵⁵	khjuːt⁵⁵
945	挖	khuɔp⁵⁵	tuː³³ ; khaːi⁵³
946	弯	ŋui³¹ ; kəu⁵⁵ kəu⁵⁵ kəu⁵⁵	kɔːi⁵⁵
947	弄弯	ləu³³ ŋui³³	lɔʔ⁵⁵ kɔːi⁵⁵
948	忘记	tɔ⁵⁵ ŋjit³¹	tɔː⁵⁵ mjeːi⁵³
949	闻 (嗅)	nam³³	naːm³¹
950	问	ŋjəi³³	mjeːi³³
951	洗 (衣)	tʃhəi³³	tʃheːi⁵⁵
952	瞎	tʃɛt⁵⁵	tʃiːt³¹
953	下(蛋)	khjɔ⁵³	khjɔː⁵³
954	下(雨)	wu³¹	wɔː⁵³
955	想	sɔ⁵⁵	mjiːt³¹
956	像	təu³¹	tuː³¹
957	削	tsuɔt⁵⁵	tʃhuːn³³
958	笑	jiʔ³¹	jiː³¹
959	写	lai⁵⁵	kaː³³
960	擤	tʃhauʔ⁵⁵	khjaːu⁵³
961	醒	sɔ⁵⁵	puːn³³
962	休息	nɔ³³	nɔː³³
963	学	xjuʔ⁵⁵	mɔːʔ³³
964	寻找	xjiŋʔ³¹	ʃɔː³³
965	压	ni⁵³	nɛː⁵⁵
966	痒	jɔ³³	jɔː³³
967	养鸡	ŋju³³	mjuː³³
968	咬	ŋat³¹	ŋaːt³¹
969	舀水	khəu⁵⁵	khuː⁵⁵
970	要	saŋ³³ ; ɔ³¹	wɔː³³
971	有 (钱)	jɔ⁵⁵	jɔː⁵⁵
972	栽 (树)	tsuŋ⁵⁵	ʃɔː⁵⁵
973	在 (屋里)	ŋji³¹	ŋjeːi³¹
974	眨 (眼)	ŋjit³¹	laːp³¹
975	摘	thjɔʔ⁵³	khjaːu⁵⁵
976	站	jap³¹	jaːp³¹
977	张 (嘴)	xaʔ³¹	xɔː⁵³
978	蒸	pɔŋ³³	pɔːŋ³¹
979	织	jɔʔ³¹	jɔːʔ³¹

980	指	tuɔn³³	tu:n⁵⁵
981	肿	jam³³	ja:m³³
982	煮	tʃau⁵³	tʃa:u⁵³
983	追	khat⁵⁵	kha:t⁵⁵
984	走	su³³	sɔ̠:⁵⁵
985	醉	jɛt³¹	ji:t³¹
986	坐	tsɔŋ³³	tsɔ̠:ŋ³³
987	做	kuɔt⁵⁵	ku̠:t⁵⁵
988	做（梦）	mɔʔ³¹	mɔ:ʔ³¹
989	宾语助词	ni³¹	le⁵⁵
990	定语助词	ta³³	ta⁵⁵
991	话题助词	ka³¹	ke³³
992	施事助词	ja³³	ŋjei⁵³
993	了	kəu³¹	pje³³
994	吧	aʔ³¹	kɛ̠ʔ⁵⁵
995	如果	taŋ³³/³⁵ təu⁵⁵	tʃaŋ⁵⁵
996	即使	ŋuɔt⁵⁵ lau³¹	ŋɔ̠t⁵⁵
997	因为	kaŋ³¹ ma³¹ ja³³	mə³³ tʃɔ³³ xa³³ su⁵⁵ mo³³
998	为了	tʃha⁵⁵ la³¹	ka³³ ŋ⁵³
999	的话	ŋuɔt⁵⁵ ni³¹	tʃaŋ⁵⁵
1000	不	ma³¹	a³³

三　片马茶山语例句集

1. nɛ³¹ tsəi³¹ ma³¹ kji³¹.　　　　　　　　　红的不好。
　　红　的　不　好

2. ŋjaŋ³³ ka³¹ ŋa⁵⁵⁄³³ pa³³.　　　　　　　　他是我的父亲。
　　他（话助）我的父亲

3. xai⁵⁵ tsəi³¹ ka³¹ nɛ³¹ tsəi³¹.　　　　　　这是红的。
　　这　的（话助）红　的

4. xai⁵⁵ tsəi³¹ ka³¹ ŋa⁵⁵⁄³³ tsəi³¹.　　　　　这是我的。
　　这　的（话助）我的　的

5. ŋ³¹ ka³¹ ŋɔ³¹ tʃhaŋ⁵⁵, ŋjaŋ³³⁄³⁵ ka³¹ lji³³ səu³¹.　　我是茶山（人），他是傈僳（人）。
　　我（话助）茶山　　他（话助）傈僳

6. naŋ³¹ ka³¹ la³¹ xɛ³¹ tju³¹ təu³¹.　　　　你像汉族。
　　你（话助）汉　人　像

7. ŋjaŋ³³⁄³⁵ ka³¹ xaŋ⁵⁵⁄⁵³ ?　　　　　　　他是谁？
　　他　（话助）谁

8. ŋjaŋ³³⁄³⁵ ka³¹ ŋa⁵⁵ a³³ maŋ³³.　　　　　他是我哥哥。
　　他　（话助）我的　哥哥

9. xai⁵⁵ ka³¹ khə̌⁵⁵ tsan³¹⁄⁵³ ta³³ kuk³¹.　　　这是今年的水稻。
　　这（话助）今年　（定助）水稻

10. thji⁵⁵ ka³¹ ŋa⁵⁵ məu³¹ sau⁵⁵.　　　　　那是我的书。
　　那（话助）我的　书

11. nɛ³¹ tsəi³¹ ka³¹ pan³³, ŋjau³¹ tsəi³¹ ka³¹ xu⁵⁵.　　红的是花，绿的是叶。
　　红　的（话助）花　绿的（话助）叶子

12. wu⁷³¹⁄⁵⁵ ŋju³³⁄³¹ ni³¹ kji³¹ tsəi³¹ pɔ³¹⁄⁵³.　　养猪有好处。
　　猪　养　的话好　的　有

13. mu³¹ tu³¹ tsɔŋ³³⁄³¹ ni³¹ ŋjəp³¹, tshɔ³¹ su³³ ni³¹ nɛ³³.　　坐车快，走路慢。
　　汽车　坐　的话快　路走（的话）慢

14. khə̌⁵⁵ ŋji⁷⁵⁵ ka³¹ la³¹ pan³¹ ai⁵³ ŋji⁷³³.　　今天星期二。
　　今天　（话助）星期　二　天

15. ŋ³¹ tsɔ³¹ jɔt³¹ kəu³¹.　　　　　　　　　　　我肚子饿了。
　　我 饭　饿　了

16. ŋjaŋ³³ ka³¹ tʃuŋ³¹ ma³¹ mɛ³¹ tɔ³¹.　　　　他不肯读书。
　　他（话助）学校　不　肯　读

17. khə̌⁵⁵ ŋjiʔ⁵⁵ ŋ³¹ a³¹ khiŋ³³ ma³¹ pɔ³¹ʹ⁵³.　　今天我没有时间。
　　今天　　我　时间　　没　有

18. kji³¹ ka³¹ kji³¹, ŋ³¹ ma³¹ wui³¹.　　　　　　好是好，我不买。
　　好（话助）好 我 不　买

19. xaiʔ⁵⁵ tsəi³¹ ŋ³¹ tsui³¹ʹ³³ pa³¹, thjiʔ⁵⁵ tsəi³¹ naŋ³¹ ɛ³³.　这件事我来做，那件事你去做。
　　这　事　我　做（语助）那　事　你 去

20. ta³¹ kəuk⁵⁵ tai³¹ʹ⁵³ (ŋji³¹) ɛ³³, ta³¹ kəuk⁵⁵ tai³¹ʹ⁵³ (ŋji³¹) ma³¹ ɛ³³.
　　一 个　　说　　　去　一 个　　说　　　　不 去
　　一个说去，一个说不去。

21. xaŋ⁵⁵ʹ⁵³ ɛ³³ mɛ³¹ ŋ xaŋ⁵⁵ʹ⁵³ ma³¹ ɛ³³ʹ³¹ mɛ³¹.　　谁愿意去，谁不愿意去。
　　谁　　 去 肯　谁　　不　去　　肯

22. khjəi³³ ka³¹ tʃhɔ³¹ʹ³³ su³³ tsəi³¹.　　　　　　脚是用来走路的。
　　脚（话助）路　　走　的

23. ŋja³³ pa³³ kuŋ³¹ kji³¹, ŋja³³ ŋuɛ³¹ ka³¹ kuŋ³¹ ma³¹ kji³¹.
　　他 父亲 身体 好　他 母亲（话助）身体 不　好
　　他父亲身体好，他母亲身体不好。

24. xaiʔ⁵⁵ la³¹ tsɿ³³ nɛ³¹ ka³¹ nɛ³¹ ŋma³¹ thji⁵⁵.　　这辣子红倒是红，就是不辣。
　　这　辣子　红（话助）红　不　辣

25. aŋ³⁵ ka³¹ ŋ³¹ tjɛ³³ tsɔ³³ kəu³¹ʹ⁵³, tsɔ³¹ ka³¹ ŋ³¹ ma³¹ tjɛ³¹ tsɔ³³ ʃɿ⁵⁵.
　　菜（话助）我　完　吃　了　　　饭（话助）我 没 全 吃　还
　　菜我吃完了，饭我还没吃完。

26. ʃɿ⁵⁵ wɔm⁵⁵ ŋ³¹ ma³¹ mɛ³¹ʹ⁵³ tsɔ³³.　　　　　桃子我不喜欢吃。
　　桃子　我 不　喜欢　吃

27. sə̌³¹ lja³³ ka³¹ xaŋ⁵⁵ʹ⁵³ ŋṵt⁵⁵?　　　　　　　谁是老师？
　　老师（话助）谁　　是

28. aŋ³⁵ xaiʔ⁵⁵ tsɿ¹ ŋ³¹ wui³¹ lɔ³¹ tsəi³¹ ŋṵt⁵⁵.　这些菜是我买来的。
　　菜 这　些　我 买 来　的　是

29. ŋjaŋ³³ ka³¹ aŋ³⁵ʹ⁵⁵ ɔŋ⁵⁵ səuʔ³¹ ŋŋ³¹ ka³¹ aŋ³⁵ʹ⁵⁵ wui³¹ səuʔ³¹.
　　他（话助）菜　卖 者　我（话助）菜　买　者
　　他是卖菜的，我是买菜的。

30. ŋ³¹ ja³³ naŋ³¹ ka³¹   thji⁵⁵ mu⁵⁵ tju³¹.　　　　我和你都是片马人。
    我 和 你(话助)   片马   人

31. ŋa⁵⁵ tsəi³¹ ka³¹ a³¹ saik⁵⁵, na⁵⁵ tsəi³¹ ka³¹ a³¹ tshau⁵⁵.　　我的是新的，你的是旧的。
    我的的(话助)新的　你的 的(话助)旧的

32. ŋa⁵⁵ a³¹ nəu⁵⁵ ka³¹ a³¹ naik⁵⁵ jɔ³¹ ŋjaŋ³¹ tsɔ³¹.　　　我弟弟是去年生的。
    我的 弟弟(话助)去年 (助) 生   的

33. ŋjaŋ³³ ka³¹ ŋji⁷⁵⁵ nap³¹ tʃə³³ tsəi³¹⁽⁵³⁾.　　　　他是昨天到的。
    他(话助) 昨天   到   的

34. na⁵⁵ ju⁷³¹ phə³¹ ka³¹ xaŋ⁵⁵⁽⁵³⁾ ŋuɔt⁵⁵?　　　　你的岳父是谁？
    你的 岳父(话助) 谁   是

35. ŋa⁵⁵ mɔ⁷³¹⁽⁵³⁾ ka³¹ ŋɔ³¹ tʃhaŋ⁵⁵ tju³¹ mju⁷⁵⁵.　　我们是茶山人。
    我们   (话助) 茶山   人 种

36. xai⁷⁵⁵ tsɿ³¹ ŋja³³ tsəi³¹ ŋ thji⁵⁵ tsɿ⁷⁵⁵ ka³¹ ŋa³³ tsəi³¹.　　这些是他的，那些是我的。
    这 些   他 的   那 些(话助)我 的

37. thji⁷⁵⁵ tsɿ³¹ la³¹ ŋjuk³¹ a³¹ ŋuɔt⁵⁵ a³³?　　　那些是猴子吗？
    那 些   猴子   不 是 (语助)

38. ŋjaŋ³³ ka³¹ ŋa⁵⁵ a³¹ maŋ³³ ma³¹ ŋuɔt⁵⁵.　　　他不是我哥哥。
    他(话助)我的 哥哥   不 是

39. phə̃⁵⁵ na⁵⁵ ji³³ kjɔ⁷³¹ ka³¹ la³¹ pan³¹.　　　明天是星期天。
    明天   (话助) 星期天

40. phə̃⁵⁵ na⁵⁵ ji³³ kjɔ⁷³¹ ka³¹ la³¹ pan³¹ ma³¹ ŋuɔt⁵⁵.　明天是星期天。
    明天   (话助)   星期天

41. ŋ³¹ ma³¹ sɛ⁷⁵⁵ ma³¹ ŋuɔt⁵⁵ ŋ³¹ ma³¹ mɛ³¹ tai³¹⁽⁵³⁾.　我不是不知道，而是不想说。
    我 不 知道 不 是 我 不 肯 说

42. ŋ³¹ ŋjɔ³¹ tsəi³¹ naŋ³¹ ni³¹ ma³¹ ŋuɔt⁵⁵, ŋjaŋ³³ ni³¹ ta³¹ ŋuɔt⁵⁵.
    我 骂的 你(宾助)不 是   他(宾助)而是
    我骂的人不是你，而是他。

43. tji³³ xai⁷⁵⁵ khjap⁵⁵ na⁵⁵ tsəi³¹ ma³¹ ŋuɔt⁵⁵, ŋa⁵⁵ tsəi³¹ ta³¹ ŋuɔt⁵⁵.
    衣 这 件   你的 的   不 是   我的 的 而 是
    这件衣服不是你的，而是我的。

44. taŋ³³ khuk⁵⁵ ŋjaŋ³³ tsɔŋ³³ khjɔp⁵⁵ kəu³¹.　　凳子被他坐坏了。
    凳子   他   坐   坏 了

45. mu⁵⁵ xuɔt⁵⁵ lɔŋ³³ ŋja³⁵ mɔ⁷³¹ tai³¹⁽⁵³⁾ thu⁷⁵⁵ kəu³¹.　这件事被他们说出去了。
    事 这 件   他们   说 出 了

46. ŋjaŋ³³ni³¹ ŋ³¹ （ja³³）xjau⁵⁵ pat³¹ kəu³¹.　　　　他被我打了。
    他（宾助）我 （施助） 被 打 了

47. laŋ³¹ŋji³¹a³¹pa³³ pat³¹sa̱t⁵⁵kəu³¹.　　　　　　　　蛇被爸爸打死了。
     蛇   爸爸   打 杀   了

48. ŋ³¹ ni³¹ ŋjaŋ³³ tɛ⁵⁵nɔ³¹kəu³¹.　　　　　　　　　我被他踢疼了。
    我（宾助）他 踢 疼 了

49. lə̌³³ji³³ pəi³¹ŋjɔ³⁵ lap⁵⁵nɔ⁵¹kəu³¹.　　　　　　　姑娘被太阳晒黑了。
    姑娘   太阳   晒   黑 了

50. ŋja³⁵mɔ⁵¹ni³¹ khau⁵⁵səu⁵¹xjau⁵⁵xua³³kəu³¹.　　　他们被小偷骗了。
    他们（宾助）贼   被 欺骗 了

51. ŋjaŋ³³ ŋui³¹ khau⁵⁵səu⁵¹ khau³³lɔ⁵⁵kəu³¹.　　　　他的钱被小偷偷走了。
    他的 钱 小偷   偷 去 了

52. ŋa³³ məu³¹ sau⁵⁵ khau³³lɔ³³kəu³¹.　　　　　　　　我的书被偷了。
    我 的 书   偷   去 了

53. naŋ³³ŋui³¹ kha⁵⁵ŋjɔ³¹khau³³lɔ⁵⁵kəu³¹?　　　　　你被偷走了多少钱？
    你的钱   多少   偷 去 了

54. tji³³/³¹ lap⁵⁵ tɔ³³ tsəi³¹ mau³³ xjau⁵⁵ tɛ³³ kəu³¹.　晒着的衣服被雨淋了。
    衣服 晒着的   雨 被 淋 了

55. la⁵³¹khui⁵⁵ja³³la⁵³¹ŋjauk³¹a³¹pa³³tuŋ⁵⁵kuk³¹ju³¹kɔ̱⁵⁵tja̱k⁵⁵kəu³¹.
     狗 和 猫 爸爸 棍子 （助） 敲开 了
     狗和猫被爸爸用木棍隔开了。

56. sa̱ik⁵⁵xu̱⁵⁵ ni³¹ ləi³¹ muɔt³¹lɔ⁵⁵kəu³¹.　　　　　　地上的树叶被风吹走了。
    树 叶（宾助）风 吹 去 了

57. khə̌⁵⁵ŋji⁵⁵a³³/³¹nəu⁵⁵xjau⁵⁵ŋjɔ̱³¹kəu³¹.　　　　　弟弟今天被骂了。
    今天   弟弟   被 骂 了

58. jɛn³³ma³³khuɔ⁵⁵mu³³sɿ³³pəi³¹ŋɔ³³lɔ⁵⁵kəu³¹.　　家里的锄头被别人借走了。
    家（方助）锄头 别人 借 去 了

59. ŋa³³ khjəi³¹lji⁵⁵sɿ³³pəi³¹ma³¹tsɔŋ³³lɔ⁵⁵.　　　　我的自行车没被小偷骑走。
    我的 自行车 别人 没 坐 去

60. ŋjaŋ³³ni³¹ ŋə³¹ khat⁵⁵thu⁵⁵kəu³¹.　　　　　　　他被我赶出去了。
    他（宾助）我 赶 出 了

61. khau⁵⁵səu⁵¹ni³¹a³¹pa³³ja³³ khat⁵⁵ thu⁵⁵kəu³¹.　小偷被爸爸赶出去了。
    小偷（宾助）爸爸（施助） 赶 出 了

62. ŋ⁵⁵ tə⁽³¹ la⁽³¹ ŋjauk³¹ khau³³ tsə³³ lɔ⁵⁵.
    鱼 猫   偷   吃   去
    鱼被猫偷吃了。

63. ŋ³¹ ni³¹ ŋjaŋ³³ ta³¹ taŋ³¹ xjau⁵⁵ pat³¹.
    我 (宾助) 他 一 下 被 打
    我被他打了一下。

64. lu̠⁵⁵ tjɛ³³ tʃuɛ⁽⁵⁵ kəu³¹.
    裤子 淋   湿 了
    裤子被淋湿了。

65. ŋə³¹ la⁽³¹ khui⁵⁵ xjau⁵⁵ ŋat³¹.
    我   狗   被   咬
    我被狗咬了。

66. ŋ³¹ nɔ³¹ kaŋ³¹ ma³¹ ja³³, ma³¹ jɔ³³ thu⁽⁵⁵ lɔ³³.
    我 病   因为   没有 出 去
    因为我生病了,所以没有出去。

67. a³¹ pa⁵⁵ ʃəi³³ kaŋ³¹ ma³¹ ja³³, ŋ³¹ tʃuŋ³¹ ma³¹ jɔ³³ tɔ³¹ lɔ³¹.
    爸爸   死   因为   我 学校 没有 读 来
    因为爸爸去世了,所以我没有来上学。

68. khə̌⁵⁵ ŋji⁽⁵⁵ mau³³/³¹ wu³¹ kaŋ³¹ ma³¹ ja³³, thji⁵⁵ mu⁵⁵ ma³¹/³³ ma³¹ jɔ³³ ɛ³¹.
    今天   雨   下   因为   片马   (方助) 没有   去
    因为今天下雨,不能去片马了。

69. taŋ³³/³⁵ təu⁽⁵⁵ naŋ³¹ jɛn³³ ma³¹/³³ ŋji³¹, ŋ³¹ naŋ³¹ ni³¹ lɔ³¹ ju⁵⁵ pa³³/³¹.
    如果   你 家 (方助) 在   我 你 (宾助) 来 看 (语助)
    如果你在家,我去看你。

70. taŋ³³/³⁵ təu⁽⁵⁵ naŋ³¹ ɛ³³, ŋ³¹ ŋɛ⁽⁵⁵ pɔ³¹ tʃhaŋ³¹ ɛ³³ ta³¹.
    假如   你 去   我 也   跟   去 (语助)
    假如你去,我也跟着去。

71. tʃɛŋ³³ tshap⁵⁵ ŋuɔt⁵⁵ lau³¹ ɛ³³ ma³¹ kji³¹ ɛ³³ kuɔt⁵⁵.
    债   还   宁可 去 不能 去 做
    宁可赔钱,也不能去做。

72. ŋjaŋ³³ mə̌³¹ nɔ³³ ji³¹/⁵³ mə̌³¹ nɔ³³ tai³¹/⁵³.
    他   一边   笑   一边   说
    他一边说一边笑。

73. ŋ³¹ jɛn³³ ma³¹ ta̠⁽⁵⁵, jəi³³ ma³¹ ʃuk⁵⁵.
    我 烟 不 抽   酒 不 喝
    我不抽烟,不喝酒。

74. ŋjaŋ³³ ŋɔ³¹ tʃhaŋ³³ ŋjəi³³ sɛ⁽⁵⁵ ka̠p⁵⁵, li³¹ su³³ ŋjəi³³ sɛ⁽⁵⁵ ka̠p⁵⁵.
    他   茶山   话   会 讲   傈僳   话 会 讲
    他会讲茶山话,也会讲傈僳话。

75. ŋjaŋ³³ tʃuŋ³¹ sə³¹ lja³³ ma³¹ ŋuɔt⁵⁵, tʃuŋ³¹ zɔ³³ ta³¹ ŋuɔt⁵⁵.
    他   学校 老师   不 是   学生   才 是
    他不是老师,是学生。

76. khə̌⁵⁵ŋji⁵⁵ŋ³¹ ɛ³³ (lə³¹), phə̌⁵⁵na⁵⁵ji³³kjɔ⁷³¹naŋ³¹ɛ³³.
    今天   我 去（助动）   明天   你 去
    今天我去，明天你去。

77. ŋjaŋ³³ɛ³³lə³¹, a³¹jɔk³¹ni³¹ ɛ³³tsui³³tɔ⁷³¹.   他走过去，扶起了奶奶。
    他 去（助动） 奶奶（宾助）去 扶 起

78. jəi³³ʃŋ⁵⁵ʃuk⁵⁵lə³¹, tsɔ³¹tsɔ³³.   先喝酒后吃饭。
    酒 先   喝（助动）饭 吃

79. xai⁷⁵⁵ nəuk³¹mu³³ku⁵⁵ɛ³¹ku⁵⁵, xjiŋ³³ɛ³¹xjiŋ³³.   这扁豆又长又大。
    这   扁豆   大（助）大 长（助）长

80. ŋjaŋ³³ŋjɔ⁷³¹khuaŋ⁵⁵jəŋ³³, naik⁵⁵lɔmɛl³³/⁵⁵kji³¹. 她不仅漂亮，心也好。
    她   面孔   漂亮   心 好

81. ŋ³¹mə̌³¹nɔ³³naŋ⁵⁵mə̌³¹nɔ³³nai⁷⁵⁵jɔ³³.   我越想越生气。
    我 越   想   越   生气

82. ŋja³³jɛn³³ma³¹ tju³¹sɔ⁵⁵sɔ⁵⁵ŋjɔ³³, mu⁵⁵tsui³³ʃəu⁷³¹pɔ³¹tʃuŋ³¹sə̌³¹lja³³pɔ³¹.
    他 家（方助）人   多   事 做   者 有 学校 老师 有
    他家人多，有当老师的。

83. ŋ³¹a³³nəu⁵⁵ai⁵³ju⁷³¹pɔ³¹, ta³¹ju⁷³¹tʃhəu³³, ta³¹ju⁷³¹kji³³.
    我 妹妹 二 个 有   一 个 胖   一个 瘦
    我有两个妹妹，一个胖，一个瘦。

84. wu⁷³¹ʃɔ⁵⁵tsɔ³³, pə̌⁵⁵kjip⁵⁵nə̌u³³ʃɔ⁵⁵tsɔ³³.   吃猪肉不如吃牛肉。
    猪肉 吃   不如 牛肉 吃

85. khuan⁵⁵miŋ³¹ma³³ ɛ³³, pə̌⁵⁵kjip⁵⁵pəi³¹tʃin³³ma³³ɛ³³. 去昆明不如去北京。
    昆明 （方助）去 不如   北京（方助）去

86. naŋ³¹tai³¹ja³¹, ma³¹ŋuət⁵⁵ni³¹ŋ³¹tai³¹.   要么你说，要么我说。
    你 说（助），不是 的话 我 说

87. a³¹phau⁵⁵maŋ³³/³⁵kəu³¹, kuŋ³¹tuaŋ³³ka³¹sɔ⁵⁵sɔ⁵⁵kji³¹.
    爷爷   老 了   身体（话助）非常 好
    爷爷虽然老了，但是身体非常好。

88. ŋjaŋ³³ŋjɛn⁵⁵kji³³ŋji³¹, ŋuət⁵⁵ləu³¹ɛ⁷⁵⁵sɔ⁵⁵sɔ⁵⁵pɛ³³.
    他 年纪   小，   但是   非常 勤快
    虽然他年纪小，但是非常勤快。

89. naŋ³¹/⁵³ɛ³³mɛ³¹/⁵³ŋuət⁵⁵ni³¹, naŋ³¹ɛ³³/³¹.   你想去的话你就去。
    你 去 想 的话   你 去

90. ŋ³¹ ma³¹ tai̯³¹ᐟ⁵³ thuʔ⁵⁵ ŋuɕ⁵⁵ ni³¹, nai̯k⁵⁵ ləm³³ ma³³ ma³¹ pjɔ³³.
    我   不   说   出   的话   心 （方助）不 高兴
    我不说的话心里不高兴。

91. naŋ³¹ ma³¹ tsɔ³³ ŋuɕ⁵⁵ ni³¹, ŋ³¹ ŋɛʔ⁵⁵ ma³¹ tsɔ³³.   你不吃的话，我也不吃。
    你   不   吃   的话   我 也   不   吃

92. mau³³ phaŋ⁵⁵ ŋuɕ⁵⁵ ni³¹, ŋ³¹ pɔm³¹ ma³¹ ɛ³³ᐟ³¹.   天晴的话，我就去山上。
    天   晴   的话   我 山   （方助）去

93. ŋui³¹ tʃha⁵⁵ la³¹, ŋjaŋ³³ jɔm³³ kaʔ⁵⁵ la³¹ mu⁵⁵ tsui³¹.   为了钱，他辛苦干活。
    钱   为了   他   辛苦   （助）   干活

94. nɔ³¹ sɔʔ³¹ tʃha⁵⁵ la³¹, ŋjaŋ³³ na³³ ju³³ ɔŋ⁵⁵ tjaŋ³¹.   为了看病，他把手表卖了。
    病   看   为了   他   手表   卖   掉

95. xaŋ⁵⁵ tai³¹ tai³¹ ŋjaŋ³³ ma³¹ kjɔ³³.   无论谁说他都不听。
    谁   说   说   他   不   听

96. tʃha⁵⁵ ŋjaŋ³¹ tʃha⁵⁵, tʃha³³ tsɔ³³ mɛ³¹.   见到什么，想吃什么。
    什么   见   什么   什么   吃   想

97. kha⁵⁵ ŋjɔ³¹ tsɔ³³ mɛ³¹ nɛ³¹, kha⁵⁵ ŋjɔ³¹ tsɔ³³ᐟ³¹.   想吃多少，就吃多少。
    多少 吃   想 （语助） 多少   吃

98. ʃɔ⁵⁵ tsɔ³³ thɔʔ⁵⁵ ma³¹ aŋ³⁵ ŋjauʔ³¹ tsɔ³³ ni³¹ kji³¹.   吃菜比吃肉好。
    肉   吃   不如   青菜   吃（宾助）好

99. ŋ³¹ ŋjaŋ³³ thɔʔ⁵⁵ ma³¹ ku⁵⁵.   我没有他大。
    我 他   不如   大

100. tʃhɔ³¹ xaiʔ⁵⁵ khaʔ⁵⁵ thjiʔ⁵⁵ khaʔ⁵⁵ thɔʔ⁵⁵ ma³¹ ni³³.   这条路比那条路近。
     路   这   条   那   条   不如   近

四　　调查日志

2009年7月15日

课题组在耿马的调查暂时告一段落，随即转入片马点的调查。

上午9时，从临沧出发，经昆明转机到保山。泸水县文化局局长祝林荣、局长助理普建雄专程从泸水县赶到保山机场迎接课题组。下机后从保山出发前往怒江傈僳族自治州泸水县。下午5时，到达泸水县城所在地六库，泸水县文化局接待课题组。

晚，课题组召开会议，讨论在泸水县调查的初步设想。进一步明确要对泸水县景颇族语言的使用情况、文化及历史进行调查。并做了人员分工安排。

2009年7月16日

上午10时，从六库出发前往片马。路过高黎贡山和风雪丫口。在祝局长的陪同下，参观了片马人民抗英、抗日纪念馆。课题组从中了解了片马人民的光荣历史。下午4时到达片马后下榻片马电信宾馆。

晚8时，片马镇党委书记姬林二带领身着节日盛装的景颇族、傈僳族、白族姑娘们来到住处，为我们介绍片马地区的社会经济情况，他们还为我们唱起了民族歌谣。之后，我们分别对他们进行了访谈，了解了当地语言、民族和谐情况。

晚10时30分，课题组召开会议，讨论在片马镇调查的初步计划。计划完成一部反映片马茶山人及其语言的书稿。内容包括：茶山人的社会历史状况及历史迁移特点；茶山人语言使用和演变情况；片马的语言和谐。计划收集、拍摄反映茶山人特点的一组照片。

2009年7月17日

上午9时，课题组驱车前往片马镇岗房村入户调查，在那里了解岗房村茶山人语言使用情况。下午3时，赶往古浪村调查茶山人的语言使用情况。

晚7时，召开会议，对当天调查回来的材料进行分工整理。

晚10时，与片马镇党委书记姬林二、副镇长陈莉梅进行了座谈，讨论片马镇茶山人语言使用情况。

2009年7月18日

上午，课题组来到片马镇片马村下片马进行入户调查，对那里的茶山人的语言使用情况进行调查，并对其语言保留情况进行了400词测试。调查结果证明，茶山语基本保留完整，但村中下一代茶山语的语言能力有所衰退。

下午进行 1000 词测试。普助理驱车前往茶山人聚居的寨子采风。

晚，课题组初步拟定全书提纲。

2009 年 7 月 19 日

课题组对胡玉兰、董绍琴进行 1000 词汇的记录，并核对语音记录。其他人继续补充材料、撰写稿件。

晚，记录语法例句。

2009 年 7 月 20 日

上午，课题组前往片马镇片四河村，调查那里的民族语言和谐情况。

下午，向发音人胡玉兰核对校音，整理片马茶山语音系。向董绍琴调查茶山语词汇。余金枝对岗房陈昌路进行了访谈，并对他做了 400 词测试。其他人继续充实数据，撰写材料。

晚上，利用吃饭时间，余金枝对褚学海进行了 400 词测试。

2009 年 7 月 21 日

上午，记录片马茶山语语法和继续核实材料，撰写稿件。

下午，与发音人董绍琴核实词汇材料，继续记录茶山语语法资料。

晚 7 时，课题组成员对青少年进行 400 词测试。

晚 11:30，在泸水县文化局祝林荣局长的组织下，与片马村党支部书记一家及部分片马村民举行联欢晚会。会上，片马村党支部书记褚玉强深情地唱起茶山歌曲，大家深受感动，一起唱歌跳舞，共度难忘宵夜。

2009 年 7 月 22 日

上午，课题组请发音人胡玉兰、董绍琴、褚玉华来到住处，继续核实材料。12 时，片马村党支部书记褚玉强在家设宴为课题组饯行。席间，主人拿出茶山人的镇山刀，给他们最尊贵的客人——戴老师挎上，感谢他在遥远的北京还关心边塞茶山人，为茶山人的子孙留下历史传承的记载。课题组成员深受感动。

下午 3 时，驱车前往怒江州州府——六库。在六库附近，看望分布在六库附近的景颇族浪峨支系。一位嫁给景颇族浪峨支系的傈僳族老人，非常感激我们能来到六库关心他们。她深有感触地说："我们不能忘记自己说的话，忘了自己的话就是忘了自己的祖宗。"

晚，泸水县文化局祝林荣局长设宴为我们饯行，不舍之情溢于言表。

2009 年 7 月 23 日

课题组返回北京。

2009 年 7 月 24 日至 8 月底

课题组分头核实已经写好的材料，并按出版要求统一全书体例。

2009 年 9 月 20 日

书稿交商务印书馆。

五　有关片马的记录照片

　　片马地区是一块神奇的土地，片马茶山人是一个具有特色的民族群体。我们调查组经过实地调查，深受感动，留下了难忘的印象。但是，人们对它并不了解，所以课题组认为有必要为片马茶山人留下一份真实的记录，让国内外了解他们。为此，本书除文字描述外，还破例地多选了一些有价值、有意义的照片作为专题刊登。我们认为，这些照片是有文献价值的，它会成为我国近代民族关系史、边界关系史、民族发展史的一份珍贵的见证物。

　　本章照片分历史篇、现状篇、田野调查篇三部分。这些照片多为泸水县文化局、片马纪念馆普建雄先生所摄或提供。

历　史　篇

1960年中缅边界勘定

附录五　有关片马的记录照片

1960年中缅签字仪式

1961年6月4日，中缅两国边界划定后，雷春国担任云南省片马地区行政管理委员会主任委员

1961年云南省片马地区行政管理委员会旧址

1985年，胡耀邦总书记为片马人民抗英胜利纪念碑题词

附录五 有关片马的记录照片

胡耀邦总书记1985年的题词

怒江驼峰航线纪念馆名誉馆长、陈纳德将军夫人陈香梅女士
为怒江驼峰航线纪念馆题词

在片马建立的怒江驼峰航线纪念馆

矗立在片马边城的片马人民抗英胜利纪念碑

附录五　有关片马的记录照片

二战时期坠毁的美军飞机 C-53 遗骸，现保存在怒江驼峰航线纪念馆

永久的纪念——片马人民抗英胜利纪念馆、怒江驼峰航线纪念馆

横跨怒江的向阳桥

终年风雪、云雾萦绕的片马风雪丫口

附录五　有关片马的记录照片

茶山人老住房 1

茶山人老住房 2

茶山人老住房 3

茶山人老住房 4

现　状　篇

作者与岗房茶山人在一起

原片马镇党委书记祝林荣（右，景颇族）与云南省委常委、
省统战部部长黄毅（景颇族）在一起商议保护片马景颇族传统文化问题

片马口岸

中缅两国口岸紧相连

附录五　有关片马的记录照片　　**195**

下片马茶山人新居

岗房边境上的茶山人新居

通向边寨的公路

新居前挂上吉祥如意的孔雀羽毛

附录五　有关片马的记录照片　　**197**

茶山人头饰

茶山女子头饰

茶山女子背面服饰

茶山女子服饰 1

茶山女子服饰 2

附录五　有关片马的记录照片　199

茶山女子 1

茶山女子 2

茶山女子 3

茶山女子 1　　　　　　　　　　茶山中年女子

茶山青年女子浪罗

附录五　有关片马的记录照片　201

茶山女子剁猪草

茶山女子做春菜

20世纪90年代岗房边寨就已通了自来水

茶山男子练刀舞

附录五　有关片马的记录照片

景颇男子

茶山老人

被誉为"岗房茶山头人"的宗枪先生在家中

少年一代的茶山人

茶山女子在跳目瑙舞

附录五 有关片马的记录照片　205

新式民族服装

幸福的茶山家庭

茶山人族际婚姻家庭（媳妇为汉人）

缅甸茶山人来我片马镇赶集

茶山人在篝火边饮酒欢谈

附录五　有关片马的记录照片　**207**

包新米 1

包新米 2

吃新米1

吃新米2

附录五　有关片马的记录照片　**209**

新米节茶山人祭祀活动 1

新米节茶山人祭祀活动 2

新米节茶山人祭祀活动 3

在新米节上跳起欢乐目瑙纵歌舞 1

附录五　有关片马的记录照片　211

在新米节上跳起欢乐目瑙纵歌舞 2

在新米节上跳起欢乐目瑙纵歌舞 3

中缅边境的景颇族在缅甸腊扎欢度目瑙节 1

中缅边境的景颇族在缅甸腊扎欢度目瑙节 2

附录五 有关片马的记录照片 213

片马镇与缅甸大田坝只有一溪之隔

云雾缭绕的片马镇

怒江大峡谷 1

怒江大峡谷 2

横跨怒江的六库大桥 1

横跨怒江的六库大桥 2

正在建设的泸水新城区 1

正在建设的泸水新城区 2

州府全景

田野调查篇

行进在去片四河的途中

课题组成员参观片马抗英、抗日纪念馆

附录五　有关片马的记录照片　219

片马镇领导及村民到居处看望课题组

认真核对音系

测试族际婚姻家庭儿童陈昌路的语言能力

向片马村党支部书记褚玉强了解社会发展情况

附录五　有关片马的记录照片　221

核对茶山语音系

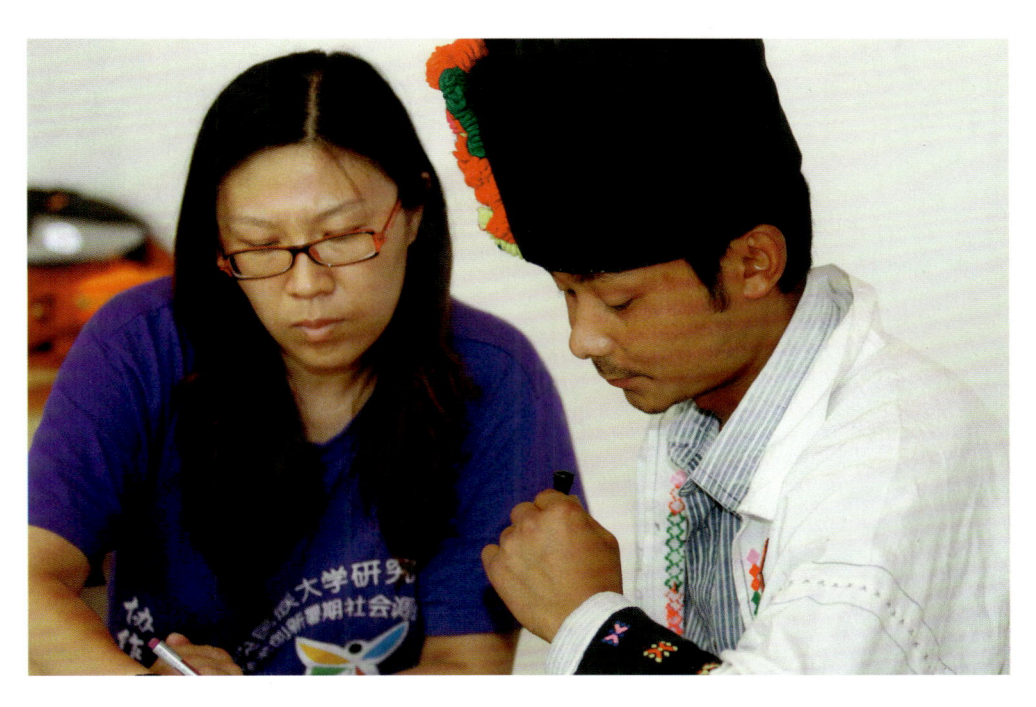

测试下片马组青年的语言能力

在古浪村民宗波家中记录家庭语言使用情况

在岗房村向缅甸嫁来的茶山人了解跨境语言情况

附录五　有关片马的记录照片

泸水县文化局干事张忠英（茶山人，右）协助我们做调查

发音人胡玉兰经培训后帮我们做语言测试

"我们都是双语人。"

古浪茶山老人崩绍会熟练地交换使用茶山、汉、傈僳三种语言

附录五　有关片马的记录照片　　225

我们的发音合作人褚玉华

普建雄登上抗日遗址拍照

参 考 文 献

1. 戴庆厦 2005《浪速语研究》,民族出版社。
2. 戴庆厦、蒋颖、孔志恩 2007《波拉语研究》,民族出版社。
3. 戴庆厦、李洁 2007《勒期语研究》,中央民族大学出版社。
4. 戴庆厦主编 2007《基诺族语言使用现状及其演变》,商务印书馆。
5. 戴庆厦主编 2008《阿昌族语言使用现状及其演变》,商务印书馆。
6. 戴庆厦主编 2008《云南蒙古族喀卓人语言使用现状及其演变》,商务印书馆。
7. 龚佩华、陈克进、戴庆厦 2006《景颇族》,民族出版社。
8. 郭老景 1999《景颇族风俗文化》,德宏民族出版社。
9. 景颇族简史编写组 1983《景颇族简史》,云南人民出版社。
10. 景颇族简史编写组、景颇族简史修订本编写组 2008《景颇族简史》,民族出版社。
11. 祈德川 2001《景颇族支系语言文字》,德宏民族出版社。
12. 徐悉艰、肖家成、岳相昆、戴庆厦 1983《景汉词典》,云南民族出版社。
13. 岳相昆、戴庆厦、肖家成、徐悉艰 1981《汉景词典》,云南民族出版社。
14. 云南民族事务委员会 1999《景颇族文化大观》,云南民族出版社。
15. 云南省泸水县志编纂委员会 1995《泸水县志》,云南人民出版社。

后　　记

　　片马(包括片马、岗房、古浪三地),是一块神奇的热土,也是语言学、民族学研究的一块沃地。我们课题组有幸在气候宜人、山花烂漫的六月到了这块向往已久的地方,经历了一段非常有意义的田野调查。

　　我的专业主要是藏缅语中的景颇族语言。几十年前,当我刚刚跨入景颇族语言研究的门槛时,就从文献记载中得知在怒江州的片马、岗房、古浪一带还有属于景颇族的茶山人和浪峨人的少量分布,还知道这块地方的各族人民曾有过可歌可泣的反对外来侵略者斗争的光荣历史。这块地方的归属,在历史上曾有过"拉锯",直至1960年1月28日中、缅在北京签订《中缅边界协定》后,缅方才于6月4日正式将片古岗地区归还中国。

　　但是,特别吸引我的还有一点,就是分布在这里的少数民族及其语言特殊的学术价值。我们都知道,景颇族的主体,主要分布在德宏州,但在怒江州的片马一带还有少量分布。这里的茶山人和浪峨人,是景颇族的支系,是定居于片马一带的古老民族,与邻邦缅甸只有一溪之隔。他们与德宏州的主体景颇族分离后,长期失去联系,使用的语言成了一个"孤岛语言",发生了一些特殊的变化。"孤岛语言"的语言演变不同于聚居语言,也不同于杂居语言。语言研究者对语言的兴趣,往往偏重于一些特殊的现象、特殊的规律。很久以来,我一直想着要到这个地方做一次实地的田野调查,但一直没有这个机会。

　　中央民族大学"985"工程的语言国情调查,为我们开展片马的语言调查提供了条件。课题组等不及学校放暑假就动身了。当汽车进入片马地区后,我们静静向窗外望去,扑面而来的是美丽而又壮观的画面。巍峨的高黎贡山,是中国各族人民不屈不挠精神的象征;风雪丫口,仿佛在向我们诉说中国各族人民过去苦难的历程;庄严而有气派的片马国门,让我们深深感到作为中国人的骄傲。

　　片马各族群众安居乐业,幸福安康。我们长期做田野调查的人有个经验,初到一地只要看看人们的面孔,就能从他们的表情中得到当地状况的信息。走进片马的村村寨寨,迎接我们这些远方来的客人的,是一张张和善的、乐于助人的、无忧无愁的面孔。这个多民族聚集的片马,人们除了说自己的母语外,还会兼用另外民族的语言;族际婚姻家庭和睦相处,受到长者的鼓励;不同民族的节日大家一起过,一起欢乐;有困难,不同民族互相帮助,一叫就来;……一位普通的景颇族村民对我们说:"我们和其他民族就像一家人,没感到有民族的差别。"什么是民族和谐,什么是语言和谐,我想说起来也简单,这些具体的点点滴滴就是嘛!

　　离别片马时,片马镇的领导和村寨的父老兄弟姐妹几次设宴欢送我们。令我终身难忘的是,临离别时,片马村党支部书记褚玉强把他家收藏多年的茶山人佩刀和缀有银泡的挎包送给我。他深情地对我说："阿波（茶山人对最尊敬的人的尊称）从那么远来帮助我们，我们感激不尽。送给你的佩刀会为你排除荆棘，开辟道路。你会像佩刀上的藤篾一样，永远坚韧有力。"

　　课题组在片马的田野调查取得了意想不到的成果。我们由衷地感激片马村寨的各族群众对我们的无私帮助。泸水县文化局局长祝林荣（景颇族）、局长助理普建雄（傈僳族）、张宗英（景颇族）全程与我们一起调查，课题组得到他们三位细心的照顾。还要感谢片马镇党委书记姬林二（傈僳族）、副镇长陈莉梅、文化站站长和全体工作人员对我们的帮助。

　　我们愿将这本饱含少数民族情谊的书献给片马各族人民！

戴 庆 厦

2009 年 8 月 5 日